KB153952

박정희 바로 보기

우리가 알아야 할 9가지 진실

박정희 바로 보기

우리가 알아야 할 9가지 진실

송 복 | 김인영 | 여 명 | 조우석 | 유광호
류석춘 | 이지수 | 최종부 | 배진영 | 왕혜숙

기파랑

차례

| 차례

| 차례

| 차례

박정희 시대의 왜곡

'왜', '어떻게' 그리고 미래

송 복*

1. 당파성이 죽인 역사와 인물들

"거짓이 판치는 세상에 진실을 알리는 것은 혁명"이라고 말한 것은 『1984』의 작가, 조지 오웰이었다. 조지 오웰의 말대로 설혹 그러한 노력이 '혁명'까지는 아니라도 좋다. 진실을 캐내고 알리려는 것은 학자로서 최소한의 사명이다. 학자는 사실을 객관적으로 규명하기 위해서 연구를 하고, 그리고 그 사실이 진실로서 인식되도록 체계화한다. 이유는 오웰의 말대로 '거짓이 판치는 세상' 때문이 아니라 '거짓을 견뎌 내지 못하는' 학자 스스로의 성향 때문이다.

여기 9편의 글은 '진실을 알리려는 목적'으로 쓴 것이다. 물론 학

* 연세대학교 명예교수

자라고 다 그런 것은 아니다. 거짓을 보고도 거짓인 줄 모르는 학자들도 많고, 반대로 거짓인 줄 번연히 알면서도 시세(時勢)에 몰려 거짓을 참이라고 주장하는 학자들도 적지 않다. 그럼에도 거짓을 보면 견디지 못하고 이를 꼭 바로잡아야겠다는 일군(一群)의 학자들이 세상에는 반드시 있다. 그들의 끈질긴 노력으로 잘못 알려진 사실은 일부나마 바로 고쳐지고, 잘못 만들어진 이론은 완전치는 않다 해도 바르게 펼쳐진다. 그것을 도로(徒勞)라고 말하는 사람들도 있지만, 그렇게 하지 않으면 학자의 임무를 저버리고 학문의 의미 또한 잃게 된다고 생각하는 학자들은 세상에 꼭 있다.

서구의 철학자, 심리학자들은 "사람의 마음은 본능적으로 당파심으로 차고, 사람의 귀는 태생적으로 편파적이다"라고 말한다. 그래서 '쇠귀에 경 읽기'라는 말도 나오고, '그래 봤자 소용이 없다'는 말도 한다. 그럼에도 기어코 세상을 바로잡자고 하는 사람들이 있다. 바로 말하고 바르게 고치자고 하는 사람들이다. 이는 지금 우리 시대만이 아니고, 아득한 옛날 2,500년 전 공자(孔子) 시대에도 그러했다. 『논어(論語)』에 이런 구절이 있다.

해 보았자 안 되는 줄 번연히 알면서도 한사코 하는 바로 그분들 말인가요(是知其不可, 而爲之者與시지기불가, 이위지자여)? (「헌문憲問」)

구절의 기원은 이렇다. 공자의 제자 자로(子路)가 석문(石門)이란 곳에서 밤을 지내고 아침에 눈을 떴을 때, 성문지기가 다가와 어디서 왔느냐고 물었다. 자로가 공씨 문중에서 왔다고 답하자 성문지기가 그렇게 되물은 것이다. 『논어집주(論語集注)』는 이 성문지기는 학문과 도덕이 훌륭하면서도 하급공무원의 무리 속에 숨어 사는 은사(隱士)라고 했다. 그 은사가 공자와 공자의 제자들을 '안 되는 줄 뻔히 알면서도 결단코 하지 않으면 안 되는 사람들'로 지목한 것이다.

이에 앞서 미생무(微生畝)라는 한 은자(隱者) 역시 공자를 보고 "당신은 무엇 때문에 그렇게 안절부절 서성대고 있는 거요? 말재주나 피우려고 하는 것 아니오?"라고 비방하자 공자는 이렇게 답했다.

> 감히 말재주가 아니라 세상이 너무 병들어서 가슴 아파 이를 고치고자 하는 것이다(非敢爲佞也, 疾固也비감위영야, 질고야). (「헌문憲問」)

성문지기나 미생무나 한결같이 공자에게 말한 것은, 천하를 주유(周遊)하며 그렇게 애써 봐야 세상은 바로 되지도 않고 바로 바뀌지도 않는다는 것이었다.

이들 은자보다 한 술 더 뜨는 게 당(唐) 현종(玄宗)이 공자를 두고 읊은 시(詩)다. 명시라는 그 첫 구절은

> 공자님은 무엇을 위해서였나
> 그렇게 안절부절 한 세대 동안 서성대기만 했으니
> (夫子何爲者, 栖栖一代中부자하위자, 서서일대중?)

였다. 당 현종은 황제로서 세상을 자기 이상대로 바꿔 보려고 한, 중

국 역사에서도 드문 명군이다. 이 명군은 권력을 한몸에 지니고 치세의 동력을 최대한 발휘하려 한 인물이다. 그러나 그런 인물조차 성문지기나 미생무와 다름없이 "공자님, 뭣하러 그렇게 애만 쓰셨습니까?" 하는 글귀만 남겼다.

그럼에도 공자의 그러한 노력은 현대의 뜻있는 지식인에게도 여전히 이어진다. 1945년 이후 우리 현대사를 기술한 논문들의 상당수는 거짓이었다. 학문적으로 타당성을 전혀 인정할 수 없는 글들이 대다수를 채웠다. 그 시대를 몸으로 실제 경험한 사람들의 입장에서 보면 그야말로 '치우치고 왜곡됨'이 지나친 곡학(曲學)하고 곡필(曲筆)하는 글들이었다. 1960년대 이후 산업화 과정에 대해서도 오로지 당파성에서 편파적으로 쓰인 글들이 역시 '지나치다' 할 정도로 많았다. 이를 바로잡으려는 학문적 노력과 시도 역시 결코 작다 할 수 없을 정도로 부단히 계속돼 왔지만, 그러한 노력에도 불구하고 예전과 다름없이 '잘못된 글들'의 횡행은 여전하다.

어째서 정도(正道)가 보이지 않는가? 무엇이 그들로 하여금 당파성, 편파성의 포로가 되게 하는가? 그 해답의 실마리는, '왜 우리에게는 다른 나라 사람들과 달리 역사적 인물이 그렇게 희소한가'에서 캐 볼 수 있을 것이다. 실제 인물이 없어서인가, 아니면 역사적 인물들을 희석화(稀釋化)해서일까? 혹시 인물을 인물로 인정하지 않고 영웅이든 위인이든 무조건 폄하하고 훼손하는, 마치 진한 용액에 물을 섞어 묽게 만들듯 강렬하고도 자극적인 인물도 모두 평범한 갑남을녀로 바꾸어 버리는, 그런 '인물 희석화' 심리가 생리적으로 작용해서 그런 것은 아닐까? 그리고 그 심리적, 생리적 작용이 사회적으로 당파성, 편파성으로 나타나는 것이 아닐까? 그래서 고려 500년도 조선조 500년도 전 국민적으로 숭상되고 존경받는 인물이 손가락 꼽을 정도로 적은 것은 아닐까?

우리 역사상 김부식은 처음으로 우리 역사책인 『삼국사기(三國史記)』를 썼지만 사대주의자로 폄하되어 국민들 의식에서 소외되었고, 고려 초기 귀주(貴州)에서 거란 군을 물리친 강감찬, 고려 말의 정몽주 정도가 고려를 생각하면 겨우 떠오르는 인물일 뿐이다. 조선은 어떠한가? 500년 동안 이순신 말고 국민적으로 숭앙받는 인물이 있는가? 그 이순신도 임진·정유 왜란 이후 오랜 세월 잊혀 있다가 20세기 초의 러·일전쟁, 그리고 1960년대를 넘어와서 비로소 국민적 영웅이 되었다. 세종대왕은 어떠했을까? 내가 초등학교 다니던 1940년대 말에 읽은 『홍길동전』의 첫머리에 나오는 세종대왕은 결코 성군이 아니었다. "천하에 도적이 횡행하고, 벼슬아치들의 가렴주구(苛斂誅求)에 백성들은 헐벗고 굶주려, 굶어 죽고 얼어 죽는 사람들이 한도 없이 많던 세종대왕 시절에"라는 문장으로 『홍길동전』은 시작된다. 『홍길동전』을 쓴 허균(許筠)이 광해군 때의 사람이니 세종대왕과는 대략 170년 정도의 거리가 있다. 아마도 그때 인식한 세종대왕은 오늘날 우리가 생각하는 세종대왕은 아니었던 것 같다.

우리는 그처럼 인물평에 인색했고, 인색했던 것만큼 존경의 생각도 갖지 못했다. 어느 인물이든 그 인물의 단점만 찾고 과(過)만 보려 했다. 아무리 공(功)이 커도 당(黨)이든 파(派)든 저편에 속하는 인물이면 그 공을 보지도 인정하려고도 하지 않았다. 그런 사고의 관성이 오랜 세월 누적됐고, 누적되는 것만큼 당파성, 편파성도 더욱 공고화된 것이 아닐까? 거기에는 나라도 없고 백성도 없었다. 오로지 내 파벌, 내 진영만 있었고, 그리고 다른 파 '인물 죽이기'만 있었다.

그런 '인물 죽이기'의 왜곡 심리가 오늘날 학자들의 인물 분석과 인물 평가에도 그대로 드러나 있다. 해방 후 우리 현대사의 가장 위대한 인물 이승만, 박정희도 사실상 그런 누적된 관성적 사고의 희생자라 하지 않을 수 없겠다.

2. 왜곡과 진실

그런 관점에서 이 책의 9편 글을 읽으면 박정희 대통령이 어떻게 터무니없이 왜곡되고 폄하되는지 잘 알 수 있다. 물론 앞에서 말한 당파성과 편파성만으로 한 인물의 공과 과를 설명하기엔 너무 단순화된다. 보다 명확하고 확실한 것은, 지난 80~90년 사이에 만들어진 다음 절의 우리 사회 '한 혈통 세 혈맥'에서 그 원인을 보다 적나라하게, 그리고 보다 폭넓게 캐내 볼 수 있다.

그에 앞서 우선 독자를 위해 9편의 글을 개략하면, 첫째로 **정경유착**이다. 이는 삼척동자의 지(知)만 가져도 능히 판단할 수 있는 것이다. '유착(癒着)'은 서로 떨어져 있어야 할 것이 서로 병이 들어서 붙어 버리는 상태를 말한다. 정치와 경제는 각기 분리되어 있어야 하는 것인데 정치도 병이 들고 경제도 병이 들어서 서로 붙어 버린 것을 정경유착이라 한다면, 그 결과는 당연히 정치도 죽고 경제도 죽는 것이다. 그런데 어떻게 세계사에 유례가 없는 최단기간 내의 산업화 성공이 가능할 수 있었느냐 하는 것이다. 정경유착 하고도 성공한 산업화 전례가 있었느냐를 따진다면, 박정희 시대를 정경유착의 시대라고 주창하는 사람들은 초등학생의 지보다도 훨씬 모자라는 사람들이라 할 수밖에 없지 않은가.

둘째로, 박정희가 **친일파**의 원조라고 하는 사람들이다. 이 사람들 역시 친일파가 무엇인지, 또 어떤 사람들이 친일파인지 전혀 모르는 사람들이다. 미당 서정주의 시에서처럼 "태어나니 하늘은 일본 하늘이었다". 그 일본 하늘 아래서 순사, 형사도 하고 소위, 중위 계급장도 달고 그리고 면 서기, 선생, 공무원도 했다. 그것이 어째서 친일파인가? 더구나 '원조' 친일파라니? 그러면 원조 친일파는 누구인가? 그들은 강제든 협박이든 일본에게 나라를 넘겨준 고종황제와 당시의 귀족들이다. 한일합병 되던 1910년 일본 총독부에서는 일본으로부터 돈과 작위를 받고 나라를 넘겨준 『조선귀족열전』을 발표했는데 거기에 나오는 76명의 귀족이 바로 원조 친일파들인 것이다.

셋째로, 박정희가 **군사문화**라는 악습을 퍼뜨렸다는 왜곡이다. 이렇게 말하는 사람은 문화의 개념이 전혀 없는 사람이다. 문화는 생활양식(ways of life)으로서의 문화가 있고, 수준 혹은 품격으로서의 문화가 있다. 생활양식으로서의 문화는 편리, 편안, 그리고 편의를 지향한다. 불편하고 불안한 것은 거부한다. 그리고 이 생활양식으로서의 문화는 누구에게도 강요할 수도 강제할 수도 없다. 수준, 품격으로서의 문화에는 고급문화와 저급문화가 있다. 이 문화는 언제나 낮은 데서 높은 데로 지향한다. 만일 우리 사회에 군사문화가 지배적이었다면 군사문화가 편안하고 편리했다는 말이다. 그리고 군사문화가 일반 민간인 문화보다 수준이 높았다는 말이다. 정녕 그러했는가? 그렇다고 말할 수 없다면 우리 사회의 문화는 군사문화일 수가 없는 것이다.

넷째로, 박정희의 **반공**이 반(反) 민주라는 주장이자 왜곡이다. 왜 우리가 그토록 처절하게 '반공'을 부르짖고 '반공'을 캐치프레이즈로 늘 내세워 왔는가? 6·25 때문이다. 북은 남을 공산화시키기 위해서 가장 비극적인 전쟁을 벌였다. 그 전쟁으로 우리는 공산주의가 무엇이라는 것, 그리고 김일성 공산집단이 얼마나 잔악한 집단인가를 비로소 깨닫고 체험했다. 그래서 반공은 박정희의 반공이 아니라 모든 국민의 반공이 됐다. 반공 의식, 반공 사상은 모든 국민의 마음에, 생각에 내재화하는 것이 되었다. 누가 대통령이었든 반공은 절체절명의 것이었다. 그것이 어떻게 반민주가 되겠는가? 반공 하는 것이 민주주의를 신봉하는 것인데 어떻게 반공이 반민주가 될 수 있겠는가?

다섯째로, 박정희가 **노동을 착취**했다는 왜곡이다. 노동 착취는 마르크스 이론의 전유물이다. 이때의 노동 착취는 산업사회에서 기업에 의한 잉여노동의 착취다. 그러나 박정희 시대는 아직 산업사회가 아니라 산업사회가 시작되는 시대다. 박정희 말기도 겨우 산업사회의 토대가 마련되어 성장의 과실이 맺어지기 시작하는 때다. 더구나 우리와 같은 후진국의 산업화, 맨 밑바닥에서 출발하는 산업화는 '산업화 3격차'라는 우선순위(priority) 정책을 취한다. 그것이 가장 효과적이기 때문이다. 농업보다는 제조업, 농촌보다는 도시, 노동자보다는 화이트칼라(정신노동자) 우선순위로 정책이 실시되고 과실이 나누어진다. 그것이 최단시간 산업화의 필수 코스이기 때문이다. 그 과정에서 노동자에게 주어지는 혜택이 상대적으로 작아 보였을 뿐, 그것이 착취일 수는 없다. 오늘날 출현한 '노동귀족'이 그것을 증명해 주고 있지 않은가.

여섯째는 10월유신이 장기집권을 위한 독재의 산물이라는 주장이다. 장기집권의 전형은 세습이다. 김일성 세습은 전근대 군주시대의 전형이고, 대만 장제스(蔣介石장개석) 세습, 싱가포르 리콴유(李光耀이광요)의 세습은 현대 산업사회의 한 형태다. 10월유신의 장기집권은 권력 세습이나 권력 독점이 아닌, 그와는 전혀 다른 확실하고도 명확한 목적을 갖는다. 그것은 중화학공업의 완성이라는, 당시로서는 경공업 다음의 산업화 마지막 단계. 지금 돌이켜보면 유신에 의한 장기집권(겨우 7년) 없이도 오늘날 세계 최고의 포스코와 반도체, 자동차, 조선, 석유화학공업이 가능했을까? 정권이 바뀌면 그 어떤 주요 정책도 전 정권의 것이면 깡그리 부정하고 거부해 버리는 우리 정치 관행이며 폐습에서 그래도 7년을 지속한 유신의 장기집권이 있었기에 산업화가 됐고 그 결과로 오늘날의 민주화도 이루어지지 않았는가.

일곱째로, 박정희는 도덕적 타락자라는 폄하다. 정치인에게, 그것도 국가원수에게 최고의 도덕적 타락은 국가권력의 사유화다. 전근대사회의 군주는 예외 없이 도덕적 타락자였다. 현대에 와서 최고의 도덕적 타락자는 김일성과 그 세습자들이다. 공권력을 어떻게 자기

주머니에 돈 넣듯 가질 수 있는가? 박정희는 국가권력을 한 번도 사유화한 일이 없다. 1962년부터 1979년 죽을 때까지 민·관경제협의회를 148차례나 개최했고 또 그 기간 수출진흥확대회의를 149차례나 가졌다는 것, 그 사실만으로도 그가 산업화, 국가발전을 위해 국가권력을 어떻게 공유(公有)하고 있었냐를 알 수 있다. 그리고 공인에 관한 한, 사생활에서 '도덕'을 묻지 말라는 것은 공자 이래 계속 해온 이야기다. '논심세상소완인(論心世上少完人)'이라는 말이 그것이다. 얼마나 도덕심을 마음 속 깊이 가지고 있느냐, 그것을 따지면 세상에 완전한 사람은 너무 적다는 말이다.

여덟째는 박정희가 **지역감정**을 조장했다는 주장이다. 지역감정은 정확히는 지역 간 호오(好惡)를 말한다. 어떤 지역 사람은 좋고 어떤 지역 사람은 안 좋다는 것이다. 이는 우리 사회뿐 아니라 어느 사회든 공통적으로 나타나는 현상이다. 우리 사회에서는 1980년대 심리학회와 사회학회 두 학회 차원에서 전국적으로 조사했을 때 지역감정이 호남대 비(非) 호남으로 나타났다. 소위 '호남 포비아'라는 것이다. 그것이 박정희, 김대중 양자 대결로 '영남 대 호남'이라는 지역감정으로 크게 표출된 것은 사실이다. 그러나 이것은 누구의 탓이라고 돌릴 수가 없다. 민주주의 사회에서 표 대결을 하는 한 지역 간 표몰이는 피할 수 없고, 그것이 불가피한 한 앞으로도 계속될 것은 틀림없다. 앞으로도 대표주자에 따라 영남 대 충청, 충청 대 호남 등으로 지역 간 호오는 얼마든지 바뀔 수 있다. 그것을 어떻게 일방적으로 누구 탓이라고 말할 수 있겠는가?

아홉 번째로, 이 책에서 가장 중요한 부분이기도 한, 굴욕적이라는 비판을 받는 한·일 국교정상화의 진실이다. 전혀 굴욕적이지 않았다. 얻을 수 있는 것을 다 얻어 낸, 받아 내기 힘든 것을 다 받은 외교적 성공이었다. 일본으로부터 받은 액수는 사실상 크지 않았다. 진짜 얻은 것은 일본이라는 시장과, 냉전 상황에서 한·미·일 동맹이라는 안보의 틀을 구축한 것이다. 국교정상화로 재일동포의 법적 지위가 튼튼해졌다. 이들은 한국 발전국가의 기틀을 이룬 '구로수출공단' 형성의 초기 자본투자에서 가장 빛을 발한다. 한·일 국교정상화를 비난하는 사람들이 실은 일본의 주장을 그대로 따라 하고 있다는 사실은 허탈하다.

3. 실마리: 실용주의 대 원리주의, 교조주의

9편의 글이 잘 분석하였듯이, 박정희에 대한 왜곡과 폄하는 모두 의도적이며 오로지 고의적인 것이다. 학문적으로 보나 당시를 살아 본 사람들의 상식에서 보나 사실에서 완전히 벗어나 있는 것이다. 문제는 앞으로도 그 왜곡과 폄하는 계속될 것이라는 것이다. 그 근본적인 이유가 무엇인가? 그 실마리, 그 연원은 어디서부터 출발하는가?

이를 위해 지난 세기 내내 지속되어 온 우리 사회의 사상 형성과 실제 행태를 세 가지로 나눠 보기로 한다. 이 세 가지 사상과 행태는 '실용주의 대 원리주의'로 대별될 수 있다. 논의의 요체는, 주체가 되는 박정희 이래의 산업화 세력이 경계를 늦추지 않고 지금까지와 같이 계속 실용주의를 지향하면서 유연과 여유, 그리고 수용 영역의 확대를 기해야 한다는 것이다.

1) 한 혈통 세 혈맥

우리는 모두 한 뿌리에서 나왔다고 말한다. 이는 생물학적으로 우리 '혈통의 맥(脈)'은 하나라는 의미이다. '한민족'이라는 말이 이 '혈통의 맥'을 상징하고, 그것도 거의 순혈에 가까운 '맥'과 한 번도 단절이 없었던 '면면(綿綿)함'을 상징한다. 그러나 이는 어디까지나 생물학적 측면에서다. 사회학적으로는 지금 우리는 세 개의 '혈통의 맥'을 갖고 있다.

일반적으로 '혈맥'이라고 줄여서 쓰는 이 혈통의 맥은 본래 생물학적 용어이지만, 사회학적으로도 생물학적 차이만큼 사고와 행동이 확연히 차이 지어진 사람들을 가리킬 때 쓰는 말이다. 우리는 서로 사고방식과 행위 유형을 달리할 때 "저 사람은 우리와 혈통이 다르다", 혹은 "혈맥이 다르다"고 말한다. 영어에서도 '리니지(lineage)'라 해서, 생물이든 사회든 그 계보를 나눌 때 혈맥이라는 말과 다름없이 쓰고 있다.

사회학적으로 현재 우리가 갖고 있는 3개의 혈맥은 '산업화 혈맥', '민주화 혈맥' 그리고 '사회주의 혈맥'이다. 역사적으로는 사회주의 혈맥이 가장 오래되고 그다음이 민주화 혈맥, 그리고 산업화 혈맥의 순이다. 시기상으로는 사회주의 혈맥은 1920년대에 시작되고, 민주화 혈맥은 1950년대, 그리고 산업화 혈맥은 1960년대 이후에 와서 형성된다. 이 3개의 혈맥은 그 혈맥이 만들어진 역사적 시점과 시대적 상황의 차이만큼 그들이 갖는 사회적 기대와 가치가 다르고 사회적 요구와 주장이 대립되며, 사고방식과 행위 유형에 크나큰 차이가 있다.

이 차이는 세대가 여러 번 바뀌어도 계속되고 있고, 그 바뀜이 비교할 수 없이 가파르게 진행돼도 계속되고 있다. 다른 사회가 경험하지 못한 급격한 사회변동을 수없이 치르면서도 달라짐이 없다. 권위주의 시대라고 하는 1980년대 이전과 소위 민주화 시대라고 하는 1990년대 이후를 한번 비교해 보라. 또 그 1990년대와 세계화 시대라고 하는 2000년대를 한번 비교해 보라. 우리 사회가 현재 갖고 있는 이 세 혈맥의 차이는 마치 역사와 사회변동에 아랑곳없이 계속되는 생물학적 '차이의 지속'에 비견해도 좋을 만큼 확연하지 않은가. 오히려 혈맥 간 차이는 더 커지고 투쟁은 더 격렬해지고 있지 않은가.

한국 민주주의와 그 정체성은 이 3개의 혈맥을 면밀히 짚어 봄으로써 그 혼돈과 위기, 그 안정과 지속을 내다볼 수 있다. '보수'와 '진보'로 잘못 유형화되고 있는 현재의 정치세력 간 구분도 이 세 개를 분석함으로써 그 같은 유형화가 얼마나 허구이며 왜곡된 것인가도 알 수 있다.

(1) 첫째로 **산업화 혈맥**은 1960년대 이후 산업화 과정에서 만들어지고, 산업화를 성공시킴으로써 자동적으로 국가발전의 주역이 된 사람들이다.

그들은 아프리카의 어느 나라보다 가난했던 나라를 세계 10위권의 경제대국, 무역대국으로 만들었다는 엄청난 자부심과 함께 명실공히 지난 40년간 한국 사회의 주류적 지위를 형성해 온 세력이다. 그들에게 대한민국은 2차대전 이후 생겨난 140개 신생국 중에서 가장 '성공한 나라'이다. 더구나 지난 1948년 8월 15일 이후의 70년사는 북한과는 도저히 비교할 수 없는 가장 위대한 '건국혁명'의 역사라고 깊이 인식하고 있다.

이들 세력을 굳이 '산업화 혈맥'이라고 하는 것은, 그들은 '대한민국'을 어떤 경우에도 결코 훼손될 수 없는 '가치의 대상'으로 확신하고 있다는 점에서다. 그들을 보수라고 하고 또 우파라고 하는 것은 지극히 당연하다. 그리고 그들의 사상은 보수주의의 핵심인 실용주의다.

(2) 둘째로 **민주화 혈맥**은 1950년대는 자유당 정권에, 1960년 이후 1980년대 후반까지는 박정희, 전두환, 노태우 정부에 대항해서 민주주의를 절규하고 성취하려고 한 세력들이다.

1950년대 민주주의에 대한 염원은 선거를 제대로 치르는 '절차적 민주주의'에 대한 염원이었고, 1960년대 이후의 민주주의에 대한 갈망은 대통령을 국민이 손수 선출하는 '직접민주주의'에 대한 갈망이었다. 그 과정에서 대항집단들이 '혈맥'처럼 서로 피가 흐르고 의기가 합쳐져서 소위 말하는 '민주화 혈맥'이 만들어졌다.

그런데 이 민주화 혈맥의 특징은 '산업화 혈맥'과는 달리, 오랜 투쟁 경력과 강인한 투쟁성에도 불구하고 정권을 잡는 과정에서나 정권 장악 후의 정책 실현 과정에서 다 같이 주도적이 못 되었다는 점이다. 그 이유는 김영삼 정권이나 김대중, 노무현 정권이 모두 '하이브리드 정권(hybrid regime)'이었기 때문이다. 김영삼 정권은 주류는 산업화 혈맥, 부분적으로 민주화 혈맥이 섞인 혼합정권이었고, 김대중, 노무현 정권은 '반(半) 민주화 혈맥', '반(半) 사회주의 혈맥' 혼합정권이었다는 점에서 정권 내에서 독립적이지도 못했고 주도적이지도 못했다. 대한민국의 정통성과 정체성에 대해서도 어정쩡했다. 그들에게 대한민국은 부정부패가 판치는 '실패의 나라'이기도 했고 산업화도 민주화도 함께 달성한 '성공한 나라'이기도 했다. 그들에게 대한민국의 역사는 한편으로는 부끄러운 역사였고 다른 한편으로는 자랑스러운 역사였다. 마치 일본의 '국화와 칼'처럼 한편으로는 이러하면서 다른 한편으로는 '그러나 역시'라는 반대 성향이 늘 있었다. 그래서 정치와 정책에서 지금도 실용주의보다는 운동권 논리인 원리주의(근본주의)가 잠재적으로, 현재적(manifest)으로 늘 작동하고 있다.

(3) 마지막으로 **사회주의 혈맥**은 일제시대인 1920년대 초부터 시작된다. 사회주의 실현을 위한 실천운동이 그 시기에 이미 전국적으로 전파되었고, 이 실천운동의 전위조직인 공산당이 결성된 것도 1925년이었다.

일제가 이 사회주의 전위조직을 검거한 후 밝힌 이들의 출신지별 신원을 보면(고등법원 검사국 사상부 발표, 1931년) 전라도와 경상도가 압도적 다수를 차지한다. 검거자 525명 중 전라도가 141명으로 27퍼센트,

경상도가 113명으로 22퍼센트로 두 지역이 거의 50퍼센트에 달하고, 나머지는 평안도 31명, 경성 29명, 충청도 27명에 그보다 좀 많은 숫자로는 함경도 77명이 고작이었다. 그 이후 2차 검거에서도 호남과 영남의 숫자는 줄어들기는 해도 크게 차이가 나지는 않았다.

문제는 이들의 사상적 전통과 맥이다. 영남의 경우 6·25 당시 북한군의 유일한 비점령지구로서 전쟁을 통해 남로당을 포함, 사회주의자가 거의 소탕되고, 거기에 박정희 정권의 경제적 수혜와 정치적 수권을 통해 사회주의 혈맥이 형성되는 입지가 거의 완전 상실됐다. 그에 비해 호남은 영남과는 정반대로 북한군 점령 지역으로서 사상적 연계의 영역이 넓혀졌고, 또 영남과는 달리 경제적, 정치적 수혜와 수권에서 소외되고, 아울러 피해가 컸던 광주사태까지 겹침으로써 어느 지역보다 일제시대 이래의 사회주의 전통과 그 맥이 강하게 이어지고 작동할 수 있는 인프라가 구축되었다.

대학 사회에도 사회주의의 맥은 늘 뻗어 있었고 사회주의 열정은 간단없이 불타고 있었다. 우리는 조정래의 『태백산맥』이 그 문학적 가치와 수준에 아랑곳없이 그렇게 많이 읽히고, 리영희 교수의 『우상과 이성』이 학자로서의 양심과 양식에서 너무나 동떨어졌어도 그 시대의 독자를 휘어잡았던 이유를 역시 이에서 보아야 한다. 아직도 잔존해 있는 NL계니 PD계니 하는 것, 대학의 한총련이라는 것, 이는 모두 1980년대 이후 갑자기 생겨난 것이 아니고, 그 연원을 찾아 올라가면 일제시대의 그것에 닿는다. 초·중·고교의 교사노동자 그룹인 전교조, 386 운동권, 평택 미군기지 이전을 격렬히 반대하는 범민련과 미군 철수의 범대위, 양심수 석방의 공대위, 그리고 2000

년 6·15남북정상회담 이후에 만들어진 남북공동선언실천연대, 광화문 촛불시위 주도의 퇴진행동, 이들은 모두 이념 대결의 전위대들로, 그 뿌리는 당사자들이 알게 모르게 명시적, 묵시적으로 모두 일제시대의 그 사회주의의 맥에 박혀 있는 것이다. 더구나 남북공동선언실천연대는 6·15학원, 6·15TV, 도서출판6·15, 그 위에 한국민권연구소 등 수많은 부설단체를 가지고, 노무현 정부 때는 행정자치부에서 공익사업단체로 지정되어 국민 세금으로 지급되는 6천만 원의 정부 지원금도 받았다. 그렇게 오래전이 아닌 2008년 10월 검찰이 이들을 수사해서 발표한 것을 보면 이들은 모두 주사파들로, "우리는 장군님의 전사 / 미제가 제아무리 날뛴다 하여도 / 우리의 귓전에는 만세 소리 들린다"라는 김일성·김정일 부자 찬양 노래와 충성서약서를 제작하고, "김정일 장군님을 중심으로 사고하고 행동하자"는 정풍(整風) 운동을 주도하고 있다고 했다. 그것이 지금의 김정은 시대라고 달라짐이 있겠는가?

이들 또한 그들이 의식하든 못 하든 그들 행동의 외연은 일제시대의 그 사상적 전통에서 벗어나지 못하고 있고 그들의 내포는 그 사상적 지침에서 한 치도 다르지 않다. 그런 만큼 이들의 사상과 행동은 원리주의가 지배하고 심지어는 교조주의가 되어 있다.

2) 전도된 혈맥 위상

6·25를 거치고 반공이 공고화됨에도 사회주의 사상 전통이 한 '혈맥'으로 굳어질 수 있었던 것은 민주화 혈맥과 연계하면서다. 자의

든 타의든 민주화 세력은 그들 운동의 우군으로 이들 사회주의 세력과 한 덩어리가 됐고, 이들 사회주의 세력은 민주화 세력에 기생하면서 다른 한편으로 그들 세력 확장의 도구로 민주화 세력을 이용했다. 일반 국민의 입장에선 누가 민주화 세력이고 누가 사회주의 세력인지 구분이 갈 수 없도록 그들은 하나가 되어 있었다. 마침내 김대중 '하이브리드 정권'의 한 축을 담당하면서 그들은 서서히 민주화 세력으로부터 분리돼 그들만으로 충분한 '혈맥'을 형성하고, 한 '혈맥'으로서 존재가치를 드러냈다.

민주화 혈맥이 부침(浮沈)을 거듭하면서 사회주의 혈맥은 1970~80년대 기운찼던 민주화 혈맥의 그 위치로 부상해서 민주화 혈맥을 제치고 실은 산업화 혈맥과 격렬히 싸우는 상태다. 이명박 정부 때의 쇠고기파동 이후 야당인 민주당이 조계사에 숨어 있던 촛불시위의 주도자들(사회주의 혈맥의 전위대나 다름없는 실천연대)을 찾아가서 국회 등원에 대한 이해를 읍소한 것이 야당 내에서 민주화 혈맥과 사회주의 혈맥의 위치가 이미 전도되었음을 명백히 증명해 준 사례다.

당시 한 민주당 의원이 말한 '매국노' 발언도 이 같은 위치 전도의 한 표시라 할 수 있다. 북한동포 인권운동의 일환으로 북으로 고무풍선을 띄워 보내는 탈북연대 등을 가리켜 '매국노'라고 한 것은 지금도 우리 국민이면 누구든 한번 곰곰이 생각해 볼 일이다. 북쪽 동포 인권운동에 정말 '매국노'라는 말을 쓸 수 있는 것인가? 지금까지 우리에게 '매국노'는 일제에 빌붙어서 나라를 판 사람들이다. 인권운동가가 그 매국노와 같은 위치로 인식될 수 있는 것인가? 인식될 수 없다면 어떻게 그 같은 용어를 쉽게 쓸 수 있는가? 이 또한 사회주의 혈맥이 이미 그들 세력 내에 위치를 굳혔다는 증좌일 수밖에 없다.

일제시대 이래의 오랜 사상적 전통과, 줄기차게 민주화운동을 벌인 민주화 혈맥이라는 존재와, 그리고 호남이라는 지역적 기반, 이세 개의 중첩적 보상 위에서 만들어진 사회주의 혈맥은 김대중, 노무현 '하이브리드' 정권 10년을 거치면서 다져지고 드세어진 힘을 바탕으로 이명박, 박근혜 정권과 정면으로 맞붙어 싸웠다. 물론 산업화 혈맥을 타도하기 위해서다.

특히 500만 표 차이로 압승한 이명박 정부였음에도 그 싸움이 얼마나 치열했던가를 돌아보라. 그것은 당시 얼마나 많은 '해방구'가 등장했느냐를 보면 알 수 있다. 촛불시위 때 광화문이 몇 개월 동안이나 해방구가 되었던 것, 그것은 시작에 불과했다. 방송이 해방구가 되고 드디어는 국회의사당이 해방구가 되지 않았는가. 심지어 국무총리 산하의 한 위원회가 대법원 확정판결도 거부해 버리는, 정상적인 국가에서는 상상조차 할 수 없는 일이 비일비재로 일어나지 않았는가.

어정쩡했던 민주화 혈맥과 달리 그들은 처음부터 대한민국의 역사 정통성을 인정하지 않고 국가정체성을 거부했다. 이승만 대통령을 건국의 대통령으로 보지 않고 분단주의자로, 박정희 대통령을 산업화 대통령으로 생각지 않고 독재자로 폄하했다. 그들에게 대한민국은 처음부터 태어나지 말았어야 할 국가이고, 따라서 '대한민국의 대성공'은 그들이 가장 경악하면서 질시하고, 가장 외면하고 싶으면서 두려워하는 대상이었다. 질시하고 두려워하는 것만큼 이들 사회주의 혈맥은 친북을 넘어 종북으로 나아가고, 반미와 한·미 FTA 반대, 심지어는 중국까지 가서 사드 설치를 반대하는 등 대한민국을 흠집 내고 훼손시킬 수 있는 일은 무엇이든지 하려 했고, 여전히 하고 있다.

3) 어떻게 할 것인가

결국 문제는 민주화 혈맥의 시장경제 자유민주주의 이념이 약화되고 사회주의 혈맥이 한층 공고화된 지금, 그 위기 국면을 어떻게 타개해 나갈 것인가 하는 것이다.

공고화된 사회주의 혈맥과 대치되는 상황은 그야말로 보수 대 좌파의 대결이다. '보수 대 진보' 혹은 '보수 대 혁신'은 가치를 공유하는 정파들끼리만 사용하는 말이다. 예컨대 대한민국의 정통성과 정체성, 대한민국의 헌법적 가치와 실정법 체계, 대한민국의 기반인 자유민주주의와 시장경제, 이 모든 것에 대한 가치를 같이하고 공유하는 사람들끼리 서로 다른 정책적 지향을 말할 때 보수 대 진보다. 영국의 보수당과 노동당, 독일의 기민당과 사민당, 프랑스의 공화파와 사회당, 미국의 공화당과 민주당, 그리고 일본의 자민당과 사회당이 그것이다. 지금 우리는 대한민국의 가치를 인정하는 세력과 전혀 인정하지 않는 세력 간에 싸움을 벌이고 있다. 정치사상과 행태로는 실용주의 대 원리주의, 교조주의의 싸움이다. 그것이 바로 보수 대 좌파의 대결이다. 사회주의 혈맥이 지금까지 야당이었던 정당들의 주류가 되어 있는 한 오늘의 정치상황은 보수 대 좌파의 대결이다.

이 대결에서 대한민국의 민주주의를 어떻게 지키고 정체성을 어떻게 강화해 나갈 것인가? 그것은 두 가지다.

첫째는 산업화 혈맥이 '혈맥'을 공고화하는 것이다. 그것은 산업화 혈맥이 원래 보수주의가 갖는 보수주의 원칙으로 철저히 귀환하는 것이다. 보수주의는 예나 지금이나 생성될 때부터 네 가지 원칙을 갖고 있다. 이 네 가지 원칙은 박정희 시대의 사상적 기반이고 그리고 산업화를 성공시킨 원칙들이다.

먼저 **경험주의**다. 경험은 머릿속에서 냉철한 이성으로 생각해 낸 지성이나 지식과는 다르다. 경험주의는 실제로 경험해서 얻어 낸 사실과 지식, 수많은 시행착오를 거쳐서 쌓은 지혜와 경륜을 가장 중시하는 사고방식이다. 이 방식에서 가장 중요시되는 것이 시기다. '지자선모, 불여당시(智者善謀, 不如當時)'라는 표어가 경험주의의 핵심이다. 아무리 좋은 지식으로 좋은 계책을 짜내도 시기를 맞추는 것보다는 못하다는 의미다. 지금은 세계화 시대다. 경쟁력을 최우선으로 하는 시대다. 특히 공공, 노동, 교육, 금융, 의료 분야에서 그러하다. 어떤 일이 있어도 시대에 맞게 고쳐야 보수주의 원칙을 고수하는 것이 된다.

다음은 **점진주의**다. 보수주의자와 사회주의자의 차이는 전자는 점진적, 후자는 급진적이라는 점이다. 보수주의자는 절대로 서둘지 않는다. 보수주의자들의 표어는 'slow and steady'다. 느리게 서서히 하면서 확실히 하고 그리고 시기에 꼭 맞추는 것이다. 보수주자들의 경험법칙은 '서둘면 진다'이다. 역사적으로 보수주의가 주류이고, 보수주의자에게 이긴 사회주의자는 없다. 설혹 먼저 이겨도 나중에는 반드시 진다. 느릿느릿하면서 확실히 하기 때문이다. 지금 횡행하고 있는 갖가지 좌파 정책의 못을 하루아침에 다 뽑으려 해서는 안 된다.

이어지는 게 **실용주의**다. 투입(input)보다 산출(output)이 많은 것이 실용주의다. 아무리 계책이 좋아도 산출이 적으면 실현성이 없다. 설혹 비용이 많이 들어도 생산성이 높으면 실질이 있다. 실용주의는 실질성이고 생산성이다. 하지만 그것만이 실용주의는 아니다. 편안함과 편리함이라는 가시적인 생활효과가 있어야 한다. 거기에 그런 가시적인 물질주의를 넘어 고객의 정신적 심리적 만족도 함께 있어야 한다. 그것이 문화다. 문화는 꿈과 낭만과 즐거움이다. 실용주의는 이들 모두이다. 물질과 정신에 함께 효과를 가져오는 것이 실용주의다.

마지막이 **도덕주의**다. 우리 사회에 널리 퍼진 가장 잘못된 인식이, 보수주의자는 탐욕적이고 사회주의자는 청렴하다는 것이다. 이것은 사회주의자들의 그릇된 선동에서 나온 것이다. 어떤 사회주의 국가든 가서 한번 보라. 부패하지 않은 지도자가 있는가? 반대로 대다수 보수주의자들을 면밀히 보라. 탐욕적인 사람이 있는가? 보수주의자의 가장 큰 덕목은 정직과 성실이다. 그리고 정직과 성실에서 오는 도덕성이다. 자본주의는 이윤을 극대화하는 제도다. 그 이윤을 극대화하는 사람들은 투명하고 바르지 않으면 생명력이 살아나지 않는다. 우리나라 보수주의자들도 대다수는 투명하고 정직하고 그리고 성실하다. 소수 몇몇 사람 때문에 모두가 그런 것으로 착각되는 것은 보수주의자들의 자기보전책이 부족해서이다. 다른 나라 보수주의자처럼 우리 보수주의자들도 '노블레스 오블리주'에 늘 유념하고 있어야 한다.

둘째로 보수주의자, 산업화 혈맥이 유연성을 갖는 것이다. 그 유연성은 좌파, 사회주의 혈맥을 인정하고 수용하는 것이다. 실용주의 옆에는 언제나 원리주의가 의지해 있다. 그것은 피할 수가 없는 것이다. 그래서 다음 두 가지 이유에서 그들을 수용해야 하는 것이다.

그 하나는 **체제 유지 비용**을 낮추기 위해서다. 아무리 대한민국 가치를 인정하지 않으려 해도 그들이 무력으로 대한민국을 전복할 수는 없다. 곳곳에 해방구를 만들어도 그 해방구는 오래 지속될 수가 없다. 그들은 어디까지나 대한민국 내부의 적이다. 내부의 적은 외부의 적과는 다르다. 외부의 적은 내부에 힘이 있는 한 물리칠 수도 있고 없앨 수도 있다. 그러나 내부의 적은 내부에 아무리 힘이 있어도 없어지지 않는다. 없애면 또 생겨난다. 생길 때마다 없애려고 하면 비용이 너무 많이 든다. 소위 말하는 체제 유지 비용 내지 사회통제 비용(social control cost)의 급격한 증가다. 따라서 체제 전복, 체제 파괴의 위협이 되지 않는 범위 내에서 용납하는 것이 더 체제 유지에 편하다.

다른 하나는 **체제 지속의 경고**를 높이기 위해서다. 내부의 적이든 외부의 적이든 적은 나를 경고한다. 적이 있으므로 나는 늘 경계한다. 적이 있으므로 나는 방심하시 않는다. 그리고 나를 성장시키고 경쟁력을 키운다. 마르크스주의가 있어 자본주의는 망하지 않을 수 있었다. 그만큼 자신을 경계하고 경쟁력을 키웠기 때문이다. 북한이 있어 대한민국은 위대한 '건국혁명'을 일으킬 수 있었다. 그들의 끊이지 않는 위협이 있어서 대한민국은 성취할 수 있었다. 박정희 대통령의 중공업 건설과 산업화 성공은 북의 김일성과 남의 민주화 세력의 도발 도정이 있어 더욱 치열했고 더욱 가능했다. 박정희에 대한 좌파 지식인들의 폄하도 오히려 박정희를 드높이는 수단이 된다.

당·송 팔대가(唐宋八大家)의 한 사람인 유종원(柳宗元)의 글에 "적존멸화, 적거초과(敵存滅禍, 敵去招過)"라는 말이 있다. 적이 있음으로써 망하는 화를 없앨 수 있고, 적이 사라짐으로써 망하는 과오를 자초할 수 있다는 것이다. 이는 아무리 세월이 가고 아무리 세상이 바뀌어도 변하지 않는 진리다. 사회주의 혈맥과 민주화 혈맥이 있음으로써 보수주의자는 경계를 낮추지 않고, 그럼으로써 대한민국은 계속 발전해 간다.

01
박정희가 정경유착을 했다고?[*]

내가 하면 네트워크, 남이 하면 유착?

김 인 영[**]

1. 독재와 정경유착: 박정희 대통령의 산업화 기적을 폄훼하기 위한 개념

좌파 언론매체와 학자들이 박정희 대통령의 산업화 업적을 폄훼하기 위하여 사용한 '네거티브 프레이밍(negative framing)'의 첫 번째는 '독재와 인권탄압', 두 번째는 '대기업 특혜와 정경유착'이다.

첫 번째 프레이밍인 '독재, 인권탄압'과 관련하여, 박정희 제1기

* 이 글은 2015년 11월 19일 자유경제원의 '자유주의경제성장연구회'에서 발표한 "정경유착이 아닌 '정경협력'이다"와, 2016년 8월 24일 '박정희연구회'에서 발표한 "박정희 정부의 본질은 정경유착이 아니라 정경협력"을 수정, 보완한 것이다. 유익한 지적을 해 주신 현진권 자유경제원장, 김광동 나라정책연구원장님께 감사를 표한다.

** 한림대학교 정치행정학과 교수

통치기간보다는 제2기 유신 시기에 집중된 권위주의적 통치방식과 정치적 통제를 인정하면서도, 산업화 성공을 통한 '배고픔으로부터의 해방'이라는 가장 중요한 인권을 해결한 업적도 동시에 평가한다면, 한쪽 측면으로만 전체를 평가하려는 왜곡된 개념일 뿐이다.

아울러 대한민국이 박정희 정부의 산업화 추진에 의한 경제성장 없이도 1987년 민주화가 가능했을지 의문이다. 일부에서는 1987년 민주화의 성공을 온전히 민주화 세력의 독재에 대한 투쟁의 결과로 보고 있지만 이는 도식적인 사고에 불과하다. 과거로부터 최근까지 민주화된 국가들, 특히 동구권이나 남미, 이집트 등 북아프리카 국가들이 경제성장이 부진하거나 실패할 경우 거의 예외 없이 권위주의 정권이 재등장한 것을 볼 때, 한국의 민주화는 박정희 산업화의 성공 없이 가능하지도 유지되지도 않았을 것으로 보인다.

한마디로 박정희 정부의 '산업화' 성공은 훗날 '민주화'로의 길에 핵심적 역할을 하게 된다. 다시 말해 박정희 대통령의 산업화로 만들어진 경제적 성취가 '민주주의를 위한 조건'을 만들었음은 부인하기 어렵다는 의미이다. 즉, 대한민국에 주어진 3차례의 민주화 경험 가운데 1960년 4·19학생혁명과 1980년 '서울의 봄'은 실패했는데 왜 1987년 6월 '민주화 항쟁'은 성공하게 되었는가는 '산업화로 인한 중산층의 형성과 정치적 자유의 요구 분출'로 설명이 가능하다.

구체적으로 보면 박정희의 '산업화'에 의한 경제성장으로 소위 '공순이, 공돌이'가 중산층이 되었고, 이러한 사회 근대화는 중산층으로 하여금 정치적 자유를 갈망하도록 작용했다. 산업화는 공장을 중심으로 '도시화'를 촉진하였고, 공장 노동자들은 교육의 기회를 얻어 중산층으로 자리 잡게 되었으며, 경제적으로 성공한 중산층은 자신들의 재산권을 확실해 보장해 줄 수 있는, 그리고 스스로 통치함으로써 자신들의 재산권을 지켜 낼 수 있는 민주화된 정부를 원하게 되었던 것이다. 그러한 중산층의 숫자가 1960년에는 매우 적었고, 1980년에는 많아졌으며, 1987년에는 '민주화'를 이루고 유지할 수 있을 정도로 충분하게 성장했다. 그래서 우리는 1987년의 민주화를 '넥타이 혁명'이라고도 부른다. 경제적으로 성공한 넥타이를 맨 중산층이 더 이상 권위주의를 용납하지 않은 것을 지칭하는 용어이다.[1]

1987년에 대한민국의 1인당 GNP는 3,500달러 정도였다. 새뮤얼 헌팅턴 등이 주장하는 '민주주의 유지 가능성이 높아지는 소득수준'의 달성이었다. 대한민국을 '민주화'하는 일에 민주화운동가들이 상당한 역할을 한 것은 맞지만, '권위주의'의 회귀를 막은 것은 그 이전에 이루어진 '산업화' 덕분이었다. 소득과 민주화의 관계를 구체적으로 언급한 정치사회학자 립셋은 경제적으로 부유할수록 민주주의를 유지할 가능성이 커진다고 했다. 결국 대한민국 1960년의 민주화, 1980년의 민주화가 지속될 수 없었던 이유는 국민이 '정치적 자유'보다 '경제적 풍요' 또는 '배고픔으로부터의 자유'를 먼저 원했기 때문이다.

물론 1987년의 민주화 세력은 대한민국의 민주화 성공이 민주화 투사들의 목숨을 건 투쟁 덕분이라고 주장한다. 그러나 왜 1960년 4·19가 성공으로 마무리되지 못하고 1980년의 '서울의 봄'이 민주주의 정착으로 완성하지 못한 채 1987년에야 민주주의의 제도적 정착을 이룩하게 되었는지는 '민주화 투쟁'만으로는 설명하지 못한다. 역사상 '배고프면서도 성공한 민주주의'를 가진 사례를 찾기 힘들다는 의미이다. 또한 후발 산업화 국가들 가운데 민주화와 산업화 병행 발전에 성공한 나라는 없다.

1987년 민주화의 성공과 정착이 상당한 정도의 중산층이 형성되었고 '배고픔으로부터 자유'를 얻은 중산층이 '정치적 자유'를 원했기 때문에 가능했다고 한다면, "박정희 정부의 경제성장은 민주화의 조건이었다"라는 명제는 충분히 가능하다. 단, 박정희 대통령은 민주주의와 경제성장의 동시 발전이 아니라, 즉 경제성장과 민주화를 동시에 추진하여 성공한 것이 아니라, '선(先) 경제성장, 후(後) 민주화'라는 순차적 이행을 추진하였을 뿐이다.

박정희의 산업화 업적을 폄훼하고자 하는 두 번째 프레이밍인 '대기업 특혜·정경유착'의 경우도 사실에 근거했다고 하기 어렵다. 특히 '대기업 특혜'는 틀린 개념인 것이, 당시 한국경제에는 국제적 기준으로 본다면 대기업이라고 지칭할 만한 기업조차 없었다. 당시의 중견 또는 중소기업이 각고의 노력으로 대기업으로 성공한 스토리를 '정경유착 특혜' 때문이라고 쉽게 단정하고 단죄하는 것은 옳지 않다.

나아가 박정희 대통령이 추진한 산업화를 성공으로 이끈 핵심은 정부-기업 협력관계인데, 이러한 역사적 사실은 외면하고 부정적인 개념의 '정경유착'으로만 정부-기업 관계를 정의하는 것은 박정희 산업화의 본질을 흐리는 것이다. 이는 이승만 대통령을 '친일 프레임'으로 공격하듯이 박정희 대통령의 산업화 성공을 '정경유착'이라는 '부패 프레임'으로 공격하는 것과 같다.

1997년 외환경제 위기 이후 한국경제는 의미 있는 경제성장을 이루지 못하고 있다. 이는 1960~70년대 산업화 과정에서 형성된 정부-기업의 '발전적 네트워킹'[2]이 사라진 때문이다.

본 글은 첫째, 1960~70년대 경제성장기의 '정경유착'은 정치 근대화의 과정에서 필요로 되었던 정치자금 수요의 측면에서 설명하고, 둘째, 유신 시기 이후 기업의 정치자금 제공이 자제된 형태로 통제되었음을 밝히며, 셋째, 고도 경제성장기 정부-기업 네트워크, 즉 정경협력이 차지하는 긍정적 의미를 사례를 중심으로 설명할 것이다.

2. 경제성장과 정부-기업 협력 네트워크의 이론화

정경협력 또는 정부-기업 협력 네트워크(government-business cooperation network)는 학문적으로 박정희 시기 산업화와 경제성장을 설명하는 중요 개념이다.[3] 경제학자 앨리스 앰스덴이나 정치학자 찰머스 존슨, 정치사회학자 피터 에반스는 한국의 산업화 성공에 국한하지 않고 더 큰 시각에서 동아시아 경제성장의 성공을 가져온 핵심 메커니즘으로 일본, 한국, 대만에서 나타난 정부와 기업의 협력에 의한 산업화 추진을 꼽았다.[4] 다른 개발도상국과 달리 동아시아에서는 정부가 기업과 긴밀한 관계를 유지하며 산업성장전략과 수출전략을 함께 모색하였고, 그러한 정부와 기업 관계가 이 지역의 '후발산업화'를 성공시킨 핵심 메커니즘이라고 지적했다.

정부-기업 협력 네트워크는 일종의 분업에 의한 경제성장의 추진으로, 정부는 계획하고 기업은 실행하는 업무 분담 구조였다. 물론 정부의 계획 수립에도 세계시장의 현황을 가장 잘 아는 기업이 기꺼이 참여하였고, 정부는 기업의 수출 노력에 가능한 모든 지원을 아끼지 않았다. 이 정부-기업 협력 네트워크의 핵심은 좌파 마르크시스트들의 예상과 달리 정부가 기업에 '포획'되지 않았다는 점에 있다. 좌파 이론가들이나 종속이론가들은 정부가 기업에 포획당하는 과정에서 일반적으로 부정과 부패가 일어난다고 주장하는데, 동아시아 국가들에서는, 특히 한국의 경우 그러한 포획이 발생하지 않았고 도리어 정부(국가)가 지속적으로 시장(또는 대기업)으로부터 '자율성'을 확보했다는 것이 앰스덴 등의 설명이다.

피터 에반스는 이러한 자율적 정부에서 '내재적 자율성'을 발견하였다. '내재적 자율성'이란 에반스가 1970~80년대 한국, 인도, 브라질의 정보산업 발전 과정에서 나타난 경제 운용의 거버넌스를 설명하는 개념으로, "국가가 정책을 수립하는 데 있어서 개별의 이익으로부터 완전히 자율적이어야 하며 동시에 그 실행을 가능하게 하기 위해서 국가는 특정의 산업 네트워크에 완전히 묻혀 목표, 정책에 대해서 (지속적으로) 사회와 교신하고, 협상의 채널을 유지하고 있다"는 것이다.[5] 산업발전 과정에서 국가와 기업이 어떠한 관계를 만들었는가, 또한 어떠한 관계를 만들었을 때 산업화와 경제성장에 성공하는가라는 거버넌스 문제에 대한 답을 제시한 것이었다. 다시 말해 정부는 자율성을 가지고 경제정책을 추진하지만 동시에 기업과 네트워크를 형성하여 성장목표와 산업정책을 함께 달성하는 '사회(기업) 내재성'에 주목하는 것이다.

또한 경제학자 이정훈은 한국 정부와 대기업 사이에 만들어진 산업 네트워크가 전 세계 어디의 경제성장에서도 찾을 수 없는 정부-기업의 긴밀한 협력에 의한 성공을 가져다준 '기관'이자 '제도'라 설명했다.[6]

또 사회학자 피터 버거는 전 세계에서 정경협력이 부패로 변환되지 않은 성공한 사례로 한국 경제성장에서의 정부와 기업의 정부-기업 협력 네트워크를 들었다.

사회학자 류석춘은 동아시아의 자본주의 발전이 서구와는 달리 국가관료의 주도에 의해 위로부터 추진된 것이었기에 시장에 대한 국가의 개입, 즉 정경유착은 '피할 수 없는' 것으로 규정하였다. 정경유착을 시장에 대한 국가의 개입으로 보았던 것이고 정경유착과 정경협력을 다르지 않은 동일한 현상으로 류석춘은 인식하고 있는 것이다.[7] 즉, 그가 말하는 '정경유착'이란 사실상 앞의 논자들이 말하는 '정경협력'에 다름 아니다.

이어서 좌승희는 『박정희, 살아있는 경제학』에서 박정희 산업화 전략의 핵심 동력을 '시장과 정부의 협력관계'에서 찾았다. 그는 시장과 정부의 협력관계를 "시장과 정부의 공동보조 하에 '강병'이 아니라 현대식 주식회사를 앞장세운" "자본주의 기업부국전략"이라고 설명한다. 기업을 앞세운 정경협력에 의한 부국(富國) 전략이 박정

희 산업화 전략의 성공을 가져왔다는 것이다.[8]

정경협력에 의한 정부-기업 협력 네트워크 형성이 동아시아 개발도상국에서 많이 나타나는 이유는 경제성장을 추진하는 과정에서 근대적 기업가와 기업가 정신의 결여 때문이었다. 따라서 개발도상국의 경우 경제성장계획이란 주로 근대적 기업가를 창출하거나 기업을 지원하는 것이 주 내용이 되어 왔다.

예를 들어 이승만 행정부는 정부수립 이후 정부 소유 재산이 된 일본 식민정부와 일본인 소유의 토지와 건물 등을 기업인들에 불하함으로써 기업가의 육성을 도모하였다. 이러한 불하 과정에서 생겨난 정부관리 및 정치인과 기업인 간의 관계를 유착으로만 파악한다면 막 태어난 신생국 경제를 선진국의 잣대로 파악하는 것이 된다. 기업가와 기업이 없이는 경제가 운용될 수도 경제가 성장할 수도 없음을 이승만 대통령은 잘 알고 있었기 때문에 부작용의 가능성에도 불구하고 일본이 남기고 간 재산, 즉 적산(敵産)의 불하를 과감히 진행하였던 것이다. 그리고 국가가 민간 경제활동의 촉진을 위해서 항만, 철도, 도로, 전기 등의 사회간접자본의 공급을 계획하고 실행하였다.

하지만 정부-기업 협력 네트워크는 경제성장을 가져올 경우 정당성을 획득하게 되고, 실패하게 되면 정경유착으로 매도된다. 정부-기업 협력으로 비효율적인 행정규제를 피하고 진입 규제와 같은 왜곡된 시장경제를 바로잡는 역할을 수행하는 경우, 자원 배분의 효율성을 가져오고 신속한 의사결정을 가능하게 하며, 기업 투자를 성공적으로 이끄는 원동력으로 작용하여 성장에 도움을 주면 정당성을 갖게 되지만, 경제가 위기에 처하게 되면 정실자본주의(crony capitalism)로 비판도 받게 되는 것이다.

신생국의 경우 대부분의 국가에서는 국영기업이 주도적인 역할을 하며 경제성장을 추진하였던 것과 달리, 한국의 경우 민간기업이 경제성장을 주도했던 특징을 보인다. 이는 앞에서 언급한 이승만 대통령의 적산 불하 정책으로 기업이 생겨나고 수입대체 산업화가 급속히 진행되기 시작했으며, 5·16군사혁명 이후 박정희 장군이 이병철 회장 등 기업인들을 만나 대화하면서 사회주의 방식의 경제성장을 포기하고 정부와 기업이 함께 주도하는 정경협력에 근거한 수출주도형 경제성장전략으로 수정했기 때문이다.

하지만 박정희 행정부가 다른 신생국가들의 전략과 달랐던 것은, 정부가 적극적으로 개입하여 민간과 협력하며 여러 혜택을 주는 동시에 기업이 정부의 기대에 미치지 못할 때는 벌칙 내지는 불이익을 안겨 주는 철저한 '상벌'에 기초한 기업 지원 및 기업 육성 전략을 수행했다는 점이었음에 주목해야 한다. 경제학자 앨리스 앰스덴은 『아시아의 다음 거인』에서 박정희의 성공 전략을 '경쟁과 지원, 벌칙에 의한 기율(discipline)의 적용'이라는 세 단어로 정리하고 있다. 기업에게 수출 경쟁을 시키고 경쟁에서 이긴 기업에게는 '충분한' 보상과 격려로 보답했던 것이고, 이것이 기업이 죽도록 열심히 국제시장에 경쟁하여 성공하고 국내에서도 성공하게 한 전략이고 비밀이었다.[9]

이러한 정부-기업의 '상벌' 네트워크가 1960~70년대 정부-기업

협력관계의 핵심이다. '정경유착'이라는 개념으로는 도저히 설명하지 못하는, 한국 경제성장을 가능케 한 정경협력의 역사적 실례이다. 박정희 정부는 정부가 정한 수출목표 달성 등 기업이 성과를 냈기 때문에 더욱 더 지원하는 '잘하는 기업 밀어 주기 전략'을 사용했고 이것이 성공을 가져왔다. 박정희 행정부가 기업을 대하는 태도는 군대식의 철저한 상벌제도의 정착이었다. 박정희 행정부가 전력을 기울인 것은 잘하는 기업에 커다란 '인센티브'를 제공하는 것, 즉 잘하는 기업을 더 잘하게 해서 세계시장에서 경쟁력을 갖추게 하는 것이었다.[10] 이렇게 '인센티브'로 묶인 정부와 기업의 협력관계는 비판적 학자나 낙오된 기업의 시각에서 보면 '정경유착'이었지만 국제적인 시각으로 보면 정부-기업 협력에 의한 성공적인 경제성장과 산업화의 추진이었다.

사실 박정희 정부는 안보 영역은 정권이 담당하지만 경제 영역은 기업이 담당하되 그 성과만은 정부가 평가하는 시스템이었기 때문에 상당한 시장의 자유를 보장한 것이었다. 이러한 시장의 자유는 1970년대 중·후반이 되면 기업에 의한 '비즈니스 이니셔티브'로 발전된다. 그 대표적인 사례가 가발, 완구, 어패럴 등 중소기업들의 수많은 수출 품목의 개발, 그리고 중화학공업으로는 현대의 조선산업과 자동차산업 진출과 성공, 또한 삼성의 반도체 진출과 대성공이다. 수출의 성공과 자동차, 조선, 반도체, 석유화학의 성공은 '정부 주도'로는 설명될 수 없고 '비즈니스 이니셔티브'로만 설명이 가능하다. 물론 이러한 산업의 성공도 큰 틀에서는 정경협력의 긴밀한 네트워크 관계에서 가능한 것이었다.[11]

3. 박정희 정부 산업화와 정부-기업의 협력

역사적으로 보면 정부-기업 협력관계는 박정희 혁명정부가 부정축재 혐의자에 대한 처벌을 벌금이나 공장을 지어 벌금을 대납하는 방식으로 바꿈으로써 시작되었다. 국민들에게는 5·16군사혁명정부는 재벌 총수들을 처벌하거나 단죄할 수 있는 권한이 있다는 것을 보여 줌으로써 과거 정권과 다르다는 것을 과시했고, 동시에 기업인들에게는 벌금 대신 공장을 지어 대납할 수 있게 함으로써 경제에 기여하는 방안을 제시한 것이었다. 박정희 혁명정부는 부정축재 혐의자 처벌 문제로 기업인들과 만난 이후, 특히 이병철 회장과 박정희 혁명정부 지도자의 만남 이후 급속히 협력의 관계로 진입하게 된다. 박정희 정권에 반대하는 비판론자들은 이를 '정경유착'이라는 프레임으로 씌우고 비난하고 있지만, 이는 5·16군사혁명의 명분으로 부정부패 추방을 혁명공약으로 내세운 박정희 정부가 정경유착이나 부정부패는 정치적으로 용납하기 어려웠음을 간과한 비난이다.[12]

기업에 대한 박정희 대통령의 인식은 다음과 같은 언급에서 파악할 수 있다.

> 한국과 같은 민주사회에서는 누구나 공정한 경쟁을 바탕으로 경제활동의 자유를 누리며 자신의 창의력과 능력을 발휘할 수 있다. 그리고 경쟁이야말로 발전을 가져오는 원동력이다. 자유경제체제 하에서 궁극적으로 경제질서를 움직이는 것은 민간기업이다.[13]

박정희 혁명정부는 신속한 경제발전을 이루고자 하였다. 왜? 빈곤 추방을 혁명공약으로 내세운 만큼 가시적인 성과가 필요했기 때문이다. 그리고, 그 성과를 달성한 중소기업은 우대받을 수밖에 없었다. 그러한 중소기업은 중견기업이 되었고 결국 대기업으로 성장하였던 것이다. 이러한 성과를 낸 잘한 기업에 대한 우대를 정경유착 비리로 단죄하는 것은 박정희 반대세력의 '반대를 위한 반대'일 뿐이다. 또 박정희 대통령 시기 대기업 육성정책만 있고 중소기업 육성정책은 없다고 비난하는 것은 역사의 허상(虛像)이고 조작이다. 이는 이승만 대통령을 '친일 프레임'으로 공격하듯이 박정희 대통령의 산업화 성공을 '정경유착'이라는 '부패 프레임'으로 공격하려는 것이다.

한국 경제성장에서 정부와 기업은 경제위기를 극복하는 과정에서 긴밀히 소통하면서 협력관계가 돈독해졌다. 1960년대 초반 당시의 주요 기업가들은 박정희 정부가 '수입대체 산업화'나 또는 민족경제식 경제운용 대신 '외자 유치를 통한 경제성장' 전략을 선택하도록 조언했다. 그리고 '수출주도 산업화'로 정부가 정책을 전환하는 데 결정적인 역할을 했다. 또한 한국경제인협회의 회장이었던 이병철 회장은 1960년 이래로 외국 상업차관을 가지고 산업시설을 건설하는 데 깊은 관심을 보였다. 상업차관을 통한 산업화라는 한국경제인협회의 제안은 일부 이병철 회장의 견해를 반영한 것이었고 박정희 군사정부는 이 방안을 채택하였다. 때문에 한국경제인협회는 '민간외자도입교섭단' 2팀을 구성하여 1961년 11월―5·16군사혁명 6개월 후―미국과 유럽에 파견하였다. 미국과 유럽, 일본에서 돌아온 대표단은 '공업단지'의 건설을 정부에 제안했고, 이에 기초하여 1962년 1월 정부에 '울산공업단지 조성안'을 제출했으며, 박정희 군사정부는 이 안(案)을 받아들였다. 이후로 울산산업단지는 공업단지들의 모델이 되었다.[14]

공업단지의 조성은 5·16혁명정부의 아이디어가 아니고 한국경제인협회의 구상과 정부-기업 네트워크에 기초를 둔 협력관계에서 그 시초를 찾아야 한다. 1960~70년대 고도 경제성장은 정부에 의해 설계된 것으로 알려져 있지만, 그 설계조차도 정부-기업의 협력에 의하여 이룩된 것이었음을 증명하는 대목이다.[15] 즉, 정부의 경제성장 설계조차도 당시 국제시장 사정을 가장 잘 파악하고 있던 (대)기업과의 긴밀한 대화를 통해 마련한 것이었다는 것이다.

박정희 대통령이 경제개발 초기부터 중소기업보다는 대기업을 중점적으로 적극 지원하였던 이유는, (혁명)정부의 입장에서 경제발전의 성과를 단기간 내에 낼 수 있는 능력을 가진 것은 대기업이라고 인식했기 때문이었다. 즉, 경제발전을 가속화하기 위하여 국제경쟁을 이겨 내고 높은 수익을 가져온 대기업 투자를 우대한 것이었다. 대기업이라서 대기업을 우대한 것이 아니라, 성과를 내고 잘하기 때문에 우대한 것으로 보아야 한다. 그래야 (혁명)정부가 목표로 정한 경제성장을 신속히 이룰 수 있기 때문이었다. 박정희 대통령은 경쟁에서 살아남는 기업을 우대하는 원칙으로 경제를 운용한 시장주의자의 성향을 가지고 있다.[16] 중소기업을 차별하는 정책이 아니고, 잘하는 기업을 키워 그 과정에서 중소기업과 대기업이 공생하는 매커니즘에 주목한 것이다. 이는 대기업이 번영해야 중소기업을 지

원할 수 있다고 판단했기 때문이다.[17]

　　대기업과 중소기업은 서로 단절하기 어려울 정도로 상호 연관되어 있다. 대기업이 성장하고 그 사업영역을 넓히면 대기업의 지도 아래 많은 중소기업이 성장할 수 있다. 대기업과 중소기업이 함께 성장할 수 있는 이치가 바로 여기에 있다. 한국과 같이 경제발전 초기에 있는 나라에서 성장잠재력이 크고 높은 투자수익을 거둘 수 있는 대기업을 진흥시키는 데 우선순위를 두어야 한다.[18]

이로 볼 때 박정희 대통령은 자본과 기술 축적이 덜 된 경제에서 중소기업의 번영은 대기업의 성공에 달려 있음을 확실히 깨닫고 있었다. 정부와 경제의 협력관계와 동일하게 중소기업과 대기업의 협력관계를 이해했던 것이다.

이러한 '정경협력'으로 기업은 국제시장에서 선진국 기업들과 경쟁할 수 있었다. 그러한 협력과 지원은 기업이 기술개발과 해외시장 개척이라는 국제시장에서의 경쟁에 승리하는 데만 신경을 쓰게 한 제도가 만들어졌음을 의미했다. 이는 미국이나 중국 등 어느 나라도 해외자본을 유치할 때 사용하는 인센티브이다. 이러한 정부와 기업 간의 협력과 지원이 없을 때 기업은 해외투자에 집중하게 된다. 박정희 정부는 수출을 성공적으로 이루어 낸 기업에 훈장을 수여함으로써 기업의 위상을 제고시켜 주었으며, 결국 기업에게 더 잘하게 하는 자극을 주는 방식으로 기업을 성공으로 유도해 갔던 것이다. 근래에 들어 국내기업들이 해외투자에 집중하는 이유는 여러 가지가 있겠지만, 기업에 도움이 되지 않는 정부와 정치권의 행태도 크게 작용할 것이다.

그럼에도 불구하고 한국의 경제성장을 국가 주도에 의한 성장으로 이해하는 학자들은 정부에 의한 관세장벽과 외국인 직접투자의 관료적 통제가 기업의 성장과 경제발전에 결정적으로 중요했다고 정부의 주도적인 역할을 강조하고 있다. 하지만 국가 주도에 의한 경제성장론이 간과하고 있는 요인은, 한국의 경제성장이 1960년대 말 이후 계속 수출에 의존해 왔다는 점이다. 수출주도형 한국경제 성장에 중요했던 것은 수입국들의 수입장벽을 어떻게 극복하는가였고, 이 부분에서 기업의 역할이 중요했다면 기업 주도이고, 정부와 기업의 협력이 중요했다면 정부-기업의 협력 네트워크에 의한 성장이 된다는 사실을 외면하는 것이다.

자본 축적이 되어 있지 않은 신생국 경제에서 자본 조달은 경제성장의 핵심일 것이다. 이러한 상황에서 정부는 독자적으로 해외자본을 조달할 능력이 없는 기업을 위해 민간기업의 해외 차관에 대한 지불보증을 해 줌으로써 자신의 역할을 다했다. 이는 분명 정경협력 관계였지 정경유착을 통한 부정의 관계로 보기 어려운 것이, 지불보증의 기준이 기업의 과거 수출 성적이었기 때문이다. 어느 기업이 정치적 이유로 소외되거나, 일부 기업만을 선호하여 자격이 없는 기업에 부정으로 지불보증을 해 준 것이 아니었던 것이다. 유착과 부정으로 자격이 없는 기업이 지불보증을 받았다면 그 기업은 시장경쟁에서 밀려날 수밖에 없었고, 경제개방 초기 상당히 부패했던 베트남처럼 고도 경제성장에 실패했을 것이다. 하지만 대신 수출을 잘하는 기업에게는 지불보증을 통한 해외자금 조달뿐만 아니라 국내은행 융자도 받을 수 있는 기회가 추가로 주어졌다. 아프리카 일부 저개발국이나 동남아 개발도상국의 '흰 코끼리' 부패(white elephant corruption)와 비교할 때 이러한 정부의 수출 잘하는 기업에 대한 지원을 정경유착 부패로 재단하는 것은 적절하지 않다.[19]

4. 정치 근대화 측면에서 본 '정경유착'

'정경유착'은 원래 일본 언론계에서 사용되던 용어다. 일본 언론의 용어를 수입했다는 점에서 '정경유착'이라는 현상은 한국보다 일본에서 먼저 시작했고, 특히 건설 관련 기업들이 자민당 등 정치권에 정치자금을 제공한 것에서 그 연원을 찾는다. 한국에서 '정경유착'이라는 용어의 본격적인 적용은 대기업이 본격적으로 한국 사회에 자리 잡게 된 제3공화국 이후로 보아야 할 것이다. '정경유착'은 아시아적 현상이기 때문에 해당하는 적절한 영어 개념이 없어 일반적으로 'state-business collusion'으로 표기한다. 영어식 표현에는 불법이나 부패라는 뜻은 내포되어 있지 않다.

'정경유착'이라고 지칭하고는 있지만 우리나라의 경우 서구의 경제 우위와는 달리 현실적으로 정치가 경제에 항상 우위를 점하였다는 점에서 '정경유착'이란 '정치 우위에 의한 정치의 경제계에 대한 재화의 탈취'를 의미한다고 보아야 한다. 마르크시즘적 관점에서 자본가가 자신들의 우월한 경제적 재화를 바탕으로 정치권력을 좌지

우지한다는 개념, 즉 '경제에 의한 정치의 통제'는 한국의 경우에는 적절하지 않다.

제임스 스캇은 부패 개념의 측면에서 본다면 일본 재계가 자민당에 선거자금을 제공한 일은 어떤 의미로든지 부패로 해석하기 어렵다고 지적하고 있다.

스캇은 17~18세기 영국의 경우 부를 성취한 젠트리(gentry)와 신흥 상공업 엘리트들이 국왕으로부터 공직을 구매하거나 의회 의원의 지역구를 구매함으로써 정치적 지위를 사는 경우를 부패의 원형(proto-corruption)의 범주에 포함시킨다.

태국의 경우 비즈니스 엘리트들의 대부분이 중국인이었지만, 인종적인 이유로 권한이 있는 관직은 중국인들에게 거의 개방되지 않았고, 대신 중국인들로 구성된 상업 커뮤니티가 태국 군부와 관료 지도자들과 안정적인 관계를 유지해 가며 대가를 지불해 왔다. 사업 면허와 세금을 감독하는 태국 관료 엘리트들에게 보상을 치른 것이다.

반면에 일본의 경우 비즈니스 엘리트들은 전후(戰後) 선거를 휩쓴 자민당의 주류 계파에 선거자금을 헌납하였다. 기업인들이 산업조합을 통하여 기업의 자산과 연간 수익에 따라 모금하여 자민당 계파에 선거자금으로 제공한 것이다. 자민당의 입법 과정에 대기업의 관심이 반영된 것은 맞지만, 일본의 정당체제는 기업인들이 자신들의 정책적 목적을 달성하기 위하여 집권당에 공개적이고 합법적으로 기부하는 것을 허용하였기 때문에 부패로 규정하기 힘들다는 것이 스캇의 주장이다.[20]

여기서 주목할 것은 정당체제를 유지하고 선거를 치르기 위한 자금이 절대적으로 필요하다는 것, 그리고 그 자금의 통로를 합법적으로 열어 두었다는 것이다.[21] 현재와 같은 정당 유지를 위한 국가의 지원이라는 제도가 정착되지 않고 선거공영제가 확실하게 운영되지 않은 박정희 행정부 시기의 현실을 고려할 때, 재계로부터의 정치자금의 수급은 선악의 개념으로 판단할 수 있는 대상이 아니었다.

'정경유착'에 의한 정치자금의 조달은 정치 근대화의 측면에서 본다면 어쩔 수 없는 '불가피한 선택'의 의미를 지닌다. 이승만 정권 당시에도 정치권은 선거자금으로 재계에 정치자금을 요구하였고 재계의 후원이 이루어졌다. 공식 기록에 의해 드러난 가장 많은 재계의 정치자금이 동원된 선거는 이승만 정권을 몰락으로 몰고 간 3·15부정선거였다. 1959년 8월부터 1960년 3월 선거까지 자유당에 2천만 환 이상 정치자금을 제공한 기업은 29개였고, 협회는 방직협회 등 7개였다(표 1 참조).

헌팅턴은 근대화 과정에서 정당과 같은 정치제도가 자리 잡기 위해 비용(정치자금)이 필요하고, 많은 경우 이 부분을 재계로부터 충당한다고 지적하고 있다. 근대화된 정치제도들이 자리 잡지 않은 상황에서 국가를 운영하기 위해 재계로부터 자금을 지원받아 정당과 같은 기구들을 만든다는 것이다. 정부와 기업의 유착이 불가피하게 발생하는 원인이 만들어지는 이유를, 정치적 안정과 질서를 창출하여 정치를 제도화하고 정치 참여를 늘려 정치를 근대화하려는 목적에서 찾은 것이다. 이러한 경우 정권이 정부를 동원하여 건설공사 대금을 착복하는 등 직접 정치자금을 만드는 경우보다 덜 사회 파

표 1 3·15 선거자금 2천만 환 이상 제공자와 협회

단위: 백만 환

회사명(대표자)	회수	제공액	융자액
대한양회(이정림)	10	1,230	1,000
삼호방적(정재호)	4	650	1,100
락희화학(구인회)	2	130	500
태창방적(백남일)	1	500	500
대한방적(설경동)	1	300	400
중앙산업(조성철)	7	264	800
동양시멘트(이양구)	11	236	500
삼성물산(이병철)	1	300	-
한국나일론(이원천)	2	80	400
한국교과서(이병준)	3	50	400
동신화학(현수덕)	2	40	400
대한중기(김연규)	2	60	450
기아산업(김철수)	1	50	350
한국타이어(배동환)	2	50	500
한국유리(최태섭)	1	100	200
극동해운(남궁련)	1	40	400
경남모방(조봉구)	2	40	400
동양방적(서정익)	1	25	250
동양맥주(박두병)	1	30	300
조선견직(김지태)	2	50	–
한국강업(이광우)	1	50	–
대동공업(이용범)	2	75	–
유한양행	1	50	–
대한중앙산업(이하영)	1	100	–
대한양비(박응철)	1	100	–
동창실업(이동녕)	1	50	–
삼풍제지(이태용)	2	30	300
한국철광(신영술)	2	20	200
대한발효(김영부)	2	20	200
방직협회	3	500	–
소모방협회	3	190	–
석유협회	3	110	–
생어조합	1	20	–
경무협회	1	40	–
곡물협회	1	40	–
전매청출입업자	1	27	–

박병윤, 『재벌과 정치』(한국양서, 1982), 176-77쪽(김인영, "정경유착의 역사와 제도적 원인 분석", 『성곡논총』 제32집, 2001, 13쪽에서 재인용).

괴적이다.

경우에 따라서[정경유착] 부패의 어떤 형태는 정당 강화에 도움을 제공해 줌
으로써 정치발전에 기여할 수도 있다. 해링튼은 "한 정부의 부패는 다른 정부
의 생성이 된다"고 말했다. 이와 유사하게 한 정부기관의 부패는 다른 정
부기관의 제도화에 도움을 줄지 모른다. 대부분의 근대화도상국에서 관료
는 이익을 총화시키고 정치체제의 투입면을 조종하는 역할을 할 수 있는
기타의 제도에 비해 지나치게 발달했다. 정부관료가 정당의 이익을 위해 부
패를 저지르는 한 정치발전은 저지되기보다 오히려 도움을 받는다. [정경유착]
부패가 전적으로 당(黨) 지원 때문에 저질러져서 이 경우 역시 마땅히 부패라고
불리어져야 한다면 이 부패는 아주 가벼운 형태의 부패에 지나지 않는다. [⋯]
　　장기적인 면에서 부패를 감소시키려면 이 참여의 조직화와 구조화가 요
망된다. 정당은 현대정치에 있어 이러한 기능을 수행할 수 있도록 하는 가
장 중요한 제도이다. 부패는 효율적인 정당이 없는 국가에서 가장 번창하
고 개인·가족·파벌 및 종족의 이익이 우세한 사회에서 가장 크게 만연한
다. 근대화 도상의 정치체제에서 정당이 약하면 약할수록, 그리고 그것의 수용
성이 적으면 적을수록 부패의 가능성도 높아진다. [⋯]
　　정당이 약하기로 유명한 필리핀에서는 부패가 광범위하게 만연되어 있
다. 브라질 역시 정당의 약화는 부패의 주인이 되는 '예속적인' 정치형태
에서 반영된 것이다.[22]

　박정희 정부도 역시 원래 군사혁명위원회가 1961년 5월 권력을
잡았을 때의 의도는 정치적 목적을 위해 정경유착을 뿌리 뽑고 기업

인들을 강하게 통제하는 것이었다. 하지만 권력을 장악한 박정희 정권이 '부정부패 일소'를 혁명공약으로 내세웠음에도 불구하고 집권 초기부터 '4대 의혹사건'으로 지칭되는 부정부패가 발생한 이유는 공화당의 창설과 운영에 필요한 정치자금 때문이었다. 박정희 정부의 정경유착 사례로 들 수 있는 새나라자동차 면세도입사건(1962), 증권파동, 워커힐 공사 수주 비리, 빠찡꼬 사건 등 4대 의혹사건, 삼백사건(1963), 한국비료의 사카린밀수사건(1966) 등은 정권 초기 거의 정당의 창립이나 정치자금의 필요에 따른 것이었다. 표 2에서 보듯이 언론이 박정희 정부 시절 대표적인 부패 사례로 지목하는 것의 대부분은 선거자금과 정치자금의 필요에 따른 후진적 정치자금 조달 현실 때문에 일어난 사건들이었다. 대의제 민주주의 하에서 선거는 불가피한 것이고, 신생국 정치에서 합법적으로 정치자금을 조달할 수 있는 제도의 미정착은 기업을 통한 정치자금의 동원을 불가피하게 하였다는 것이다. 아직도 한국의 정당들은 제대로 당비를 납부하는 당원을 확보하지 못하고 있고, 또한 투명한 정당 기부가 활성화되어 있지도 않다. 그렇다면 1960~70년대 정치자금 조달원은 기업밖에 없었던 현실을 고려해야 할 것이다.

　1987년 민주화 이후 급속히 진행된 선거공영화 또는 정치자금의 국가예산화는 정부와 기업의 관계를 분리시키는 긍정적 효과뿐만 아니라, 과거 경제성장을 이루어 낸 '정경협력'도 함께 없앤 부정적 효과를 만들어 내었다. 최근의 대통령선거와 국회의원총선거는 선거비용 보전제도를 통하여 상당히 공영화되었고, 정치인과 기업가가 연계될 가능성을 최소화하고 있다.[23] 선거자금 제도화의 긍정적 측면이지만, 박정희 대통령도 1970년대 들어 청와대 스스로 정치자금의 수급을 제도화한 바 있다.

표 2 박정희 행정부 시절 대표적인 정치자금 사건

연	월일	사 건	내 용
1961		증권파동	민정이양 대비 자금을 대한증권거래소 주식과 한전주로 시장 조작하여 마련함
1962	12월	새나라자동차사건	새나라자동차 조립공장 설립시 2천여 대의 완제품을 면세로 수입하여 판매함. 공화당 조직자금 2억 원 확보함
1963		3분폭리사건(삼백사건)	고시가격을 어기고 폭리를 취한 것을 방치
		철도청 의혹사건	공화당 의원 6명 연루
	10. 15	양대선거 이후 4인방의 정치자금 체제 조직화	자동차산업, 정유산업, 시멘트, 철강, 전자교환기, 판유리 등 거대 규모의 독과점권. 국내 진출 외국 업체, 국내의 외국 진출업체, 차관 도입 업체에 총액의 5~10% 커미션 받음
1965	5월	한국비료 밀수사건	삼성의 사카린 및 기타 사치품 밀수·차관 리베이트와 밀수이익이 정치자금화됨
1966		걸프에 정치헌금 강요	울산정유공장 및 대한석유공사가 투자한 걸프에게 1967년 선거자금용 100만 달러를 요구함
1968		고속도로, 공업단지 조성 등 건설공사 수주	수의계약으로 대금의 5%를 커미션으로 받아 정치자금으로 유용함
1970~71		걸프에 정치헌금 강요	걸프에 1971년 선거자금용 헌금을 강요함
		다국적기업에 정치헌금 강요	칼텍스, 더글러스 항공기, 콜트, 퍼모스트
1973		서울지하철사건	차관 금리, 도입 시설과 차량의 가격, 품질, 리베이트의 폭을 일본의 상사연합과 유착하여 결정함. 리베이트로 정치자금을 받음

이상우, "돈과 정치", 『월간조선』 1984년 8월; 연성진, 『권력형 부정부패의 구조와 통제방안』(형사정책연구원, 1999); 한국정치문제연구소, 『김종필과 이후락의 떡고물』(창민사, 1986)(이상, 김인영, "정경유착의 역사와 제도적 원인 분석", 488쪽에서 재인용)

1960년대와 달리 박정희 정권이 자리 잡게 된 1970년대 초반, 즉 유신 이후에는 정치자금의 수급이 청와대로 단일화되면서 필요 이상의 금액을 기업에게 요구하지 않게 변화하게 된다. 이러한 변화는 김정렴 비서실장이 대통령의 재가를 받아 추진하였다. 이에 따라 1972년 유신 이후부터 1979년 10·26사태까지 기간에는 정치자금의 창구는 청와대로 일원화되었으며, 자금의 출처도 청와대 금고로 단일화되어[24] 기업으로서는 예측 가능한 '준조세'적 성격을 띠게 되었다.

당시 청와대 비서실장 김정렴은 유신 이후 정치자금의 조달과정을 다음과 같이 회고하고 있다.

1972년 10월 17일 10월유신이 선언되고 국회가 해산되었다. 그때까지 공화당의 정치자금을 조달하고 있던 공화당의 재정위원장도 자연히 기능이 정지되었다. […]

박 대통령은 종래의 공화당 재정위원장 대신 앞으로는 비서실장인 내가 정치자금을 전담하라고 하였다. […]

이에 나는 비서실장이 정치자금을 담당하라는 지시가 있은 다음 날 다음과 같이 박 대통령에게 복명하였다. 첫째, 반대급부가 있는 정경유착식, 즉 케이스 바이 케이스 식으로는 자금을 마련하지 않는다. 둘째, 각 기업이 세법상 합법적으로 쓰고 있는 판공비와 기밀비의 일부를 1년에 두 번 지원받는다. 셋째, 금액은 한 번에 최고 1억 원 최하 1천만 원 범위 내에서 기업의 형편에 따라 지원받는다. 넷째, 지원받을 대상기업은 내가 재무부·상공부에서 장·차관으로 근무하면서 접촉·관찰해 본 기업 중 경영이 건전하고 기업주가 성실하며, 국민들의 구설수에 오르지 않고, 특히 권력기관이나 국회의원을 통하여 압력을 넣은 적이 없으며, 농민과 어민의 생업과 관련이 없는 기업을 대상으로 한다. 나의 복명을 받은 박 대통령은 전적으로 찬성해 주었다.

박 대통령에게 1년간의 정치자금 소요액을 물어보았더니 공화당 운영비가 한 달에 1억 원 정도 들고 유정회 운영비가 한 달에 2천만~3천만 원 정도 든다고 했다. 나는 정치성금 대상기업을 엄선하고 그 기업주를 청와대 신관에서 만나 기업이 마음대로 쓸 수 있는 판공비와 기밀비 중 일부를 민주주의의 필요악적인 비용인 정치자금으로 도와줄 것을 요청하면서 일체 반대급부는 없다는 점을 명확히 했다. 성금은 최고 1억 원 최하 1천만 원 범위 내에서 각 기업의 사정에 따라 자율적으로 정해 달라고 부탁했다. 내가 부탁한 스물대여섯 기업주들은 모두 기꺼이 승낙하고 협조를 확약해 주었다. 나는 추석 무렵과 12월에 청와대 본관의 비서실장 사무실에서 선정된 기업주로부터 성금을 받았으며 그 기업주가 본관을 떠나자마자 그때그때 박 대통령에게 전달했다. 박 대통령은 성금을 전달받자마자 즉석에서 봉투 위에 날짜, 기업체명, 금액을 기입했다. 나는 1972년 10월부터 1978년 12월까지 정치자금을 후원하는 기업체 수를 늘리지 않았다.

1970년대 후반에 가까워지자 경영이 잘되는 기업 중에는 자진해서 성금 금액을 배로 내는 데가 있었다. 업체 수를 늘리지 않다 보니 성금을 내고 싶어 하는 기업들이 김재규 중앙정보부장이나 차지철 경호실장 그리고 내무장관을 통해 박 대통령에게 제의한 바 있었는데 그때마다 박 대통령은 비서실장이 검토해서 결정하라면서 김재규·차지철·내무장관을 나에게 보냈다.

한편 전두환 전 대통령과 노태우 전 대통령의 정치자금에 대한 재판 과정에서 두 대통령 모두 그만둘 때, 각각 2천억 원 이상의 쓰다 남은 정치자금이 있었다는 것이 판명되었다. 특히 전두환·노태우 두 대통령은 박 대통령과 달리 업자를 직접 만나 정치자금을 받은 것으로 밝혀졌다. 박 대통령은 내가 비서실장으로 있었던 9년 3개월 동안 업자를 만나 직접 정치자금을 받은 일은 한 번도 없었다.[25]

위와 같은 김정렴 비서실장의 회고로 볼 때 (유신 이후) 박정희 대통령 시기에는 대가를 전제로 정치자금을 받은 것이 아니며, 대통령이 기업으로부터 직접 정치자금을 수령하지 않았음을 알 수 있다. 기업이 자진하여 성금을 두 배로 올렸으며, 기업으로부터 받은 돈을 박정희 대통령 개인이 착복한 것은 없고 정당과 정치운용 자금으로 사용했다. 김정렴 비서실장은 당시 박정희 대통령에게 질의한 1년간의 정치자금 소요액을, 공화당 운영비가 한 달에 1억 원 정도이니 1년은 12억 원, 유정회 운영비가 한 달에 2천만~3천만 원이니 1년에 2억 4천만~3억 6천만 원, 그리고 박대통령의 추석과 연말 금일봉까지 모두 합쳐 연간 30~40억 원 정도로 계산하였다고 적고 있다.[26] 청와대에서 정당 운영비는 물론 대통령의 추석과 연말, 그리고 현장시찰 격려금까지 마련해야 한 데서, '정경유착'을 근대화되지 않는 개발도상국의 정치에서 정치자금 수요에 대한 기업 충당의 불가피성이라는 측면에서 해석할 필요가 있음을 알 수 있다. 이러한 사실은 '정경유착'이라는 비판이 한국 정치의 자금 출처를 설명할 수는 있어도 경제성장을 설명할 수는 없음을 잘 보여 주고 있다.[27] 따라서 박정희 행정부 시기의 산업화 추진 방식으로 자리 잡은 정부-기업 협력 네트워크, 즉 정경협력을 '정실자본주의', 또는 '약탈형 정치'로 포괄하여 규정하는 것은 적절하지 않다.

또한 지금까지 언론과 진보좌파 논자들은 이승만 자유당 정부 시절의 '정경유착'이 박정희 정부에도 그대로 이어졌다고 동일하게 취급해 왔는데 이는 잘못된 분석이다. 자유당 정부 시절 말기 부분적으로 '약탈국가(predatory state)'적 모습이 나타났지만, 박정희 정부에 와서는 '생산적' '발전국가(developmental state)'의 모습으로 변화했음을 간과한 분석이다. 자유당 정권에서는 기업에게 준 환차익과 저리 융자 알선이 수입과 수요 충족으로 사용되는 등 소비적이었다면, 1960년대 박정희 정부의 경우는 수출하는 기업에게 '성과에 따른 보상'을 준 생산적 성격을 가졌다는 차이가 있음을 보지 못하고 있다.[28]

5. 박정희 산업화: '유착'이 아니라 '협력'이 핵심

한국과 일본 정치는 동일하게, 기업으로부터 받은 자금을 개인의 치부에 사용하지 않고 정당 운영자금이나 정치비용으로 사용하였을 경우 정치권은 이를 처벌하지 않는 정치풍토가 형성되어 있었다. 이에 대한 처벌은 그동안 정치권 내에서는 적법한 절차에 따라 이루어지지 못하였다. 정치적 이해관계에 따라 소추되기도 안 되기도 하고, 또는 소추되었다고 하더라도 형식적인 소추에 그치는 경우가 대부분이었다. 물론 지금은 선거공영제 등으로 풍부한 선거자금이 제공되고 있고 또한 정당에 대한 국고보조금이 수백억 원에 달하여 과거와 같은 정경유착에 의한 정치자금, 선거자금의 조달은 더 이상 존재하지 않는다. 이러한 측면에서 볼 때 아직 덜 근대화된 정당 정치 현실, 선거자금이 국가에서 제공되는 선거공영화가 자리 잡지 않은 경우, 정부의 기업에 대한 정치자금의 요구와 조달은 정치발전 과정에서 불가피한 측면이 일정부분 존재함을 알 수 있다. 정부와 집권당이 직접 정치자금 만들기에 나설 경우 사회적 피해와 경제의 왜곡은 심대하고 해외 투자자들에게 미치는 영향은 지속적이다.

이승만과 박정희 행정부를 비판하고자 언론과 진보좌파 논자들이 집착해 온 '정경유착' 개념은 정당 발전에 의한 정치 근대화라는 측면을 제대로 설명할 수 없음은 물론이거니와, 박정희 행정부의 고도경제성장의 본질인 정부와 기업의 정경협력이라는 긍정적인 측면을 보지 못하는 것이다. 결론으로 정부와 기업의 관계를 과도하게 부정적인 것으로 바라본다면 1960년대 이후 이룩한 한국의 경제성장은 설명이 불가능해진다. 정부와 기업의 유착으로 점철된 국가경제가 부정·부패로 실패해야 하는데 그렇지 않고 최고의 경제성장을 기록했다는 것은, 한국 경제성장기의 정-경관계 핵심이 '유착'이 아니라 '협력'이었음을 말해 준다. 필리핀 마르코스 정부와 같은 '약탈국가'는 '정경유착'으로 설명할 수 있지만, 박정희 '발전국가'는 '정경협력'으로 설명이 가능하다.

박정희 대통령의 수출주도 산업화와 중화학공업화는 성공을 위해 정부와 기업이 협력관계를 이루는 네트워크를 구축하여 함께 추진했기 때문에 가능했다. 수출에 성공적이고 중화학공업화에 성공적인 기업에 정부는 인센티브를 주어 중소기업의 중견기업화, 중견기업의 대기업화를 성공적으로 이루어 냈다. 기업의 성장으로 경제성장을 이루어 낸 진정한 중소기업·중견기업 성장 정책이었다.

그렇다면 박정희 대통령 시기의 '정경협력'을 질타하는 사회의 반(反) 기업 정서와 정부의 대기업에 대한 전면적 규제, 그리고 최근 대기업-중소기업 동반성장과 같은 정부와 대기업의 갈등은 투자와 수출의 발목을 잡고, 결국 경제성장의 후퇴, 중소기업 성장의 정체를 가져올 수밖에 없음을 교훈으로 알려준다.

---

1 김낙년 교수는 고등학교 한국사 국정교과서 검토본의 현대사 부분에서 "한국 경제발전과 민주화의 연속성"을 보여 주려고 했다고 말했다. 구체적으로 "종래(교과서)는 1987년 민주화를 4·19혁명 이후 민주화운동의 연속선상에서 설명했다. 하지만 이번(교과서)에는 4·19정신이 1960년대 이후

권위주의적 경제성장의 결과 형성된 중산층을 기반으로 실현될 수 있었다는 사실을 보여 주려 했다"고 설명했다. 경제학자로서 1987년 민주화가 1960년대 경제성장의 결과 형성된 중산층을 매개로 실현되었다는 의견을 밝힌 것은 매우 놀랍다. 1987년 민주화의 성공이 중산층의 지지에 의해 가능했다는 김 교수의 주장은 본고의 주장과 정확히 일치한다. 결국 박정희 대통령은 권위주의적 통치를 했지만 그 결과는 산업화의 성공으로 민주화의 기반을 제공했음을 의미한다. 이선민, "한국 경제발전과 민주화의 연속성 보여주려 했다", 『조선일보』 2016. 12. 26, A23면.

2 '발전연합(developmental coalition)'이라는 용어는 '분배연합(distribution coalition)'과 대조를 이루며, 일부 학자들이 '발전연합'은 부정적인 의미로, '분배연합'은 긍정적인 의미로 사용하였다. '발전'은 일부에게만 혜택이 돌아간 배타적이고 나쁜 것이고, '분배'는 모두에게 혜택이 돌아가는 포용적이고 좋은 것이라는 편향된 시각을 가진 학자들의 선입견에 의한 이분법적 접근이다. 이들은 발전 없이 어떻게 분배가 가능할지, 발전은 궁극적으로 모든 이에게 혜택을 주지만 분배는 일부 수혜자에게만 혜택이 돌아가는 문제에 대하여는 의문을 제기하지도, 문제시하지도 않는다.

3 그동안 학계는 1960년대 한국의 경제성장을 설명하며 정부-기업의 '발전연합' 체제를 주목하여 왔다. 하지만 '발전연합'이라는 용어는 진보좌파 학자들 또는 '민주화 세력'이 산업화의 주역인 정부, 대기업을 '산업화 세력'으로 묶어 폄하하고 비판하려는 의도로 만들어지고 사용되어 왔다. '발전연합'이 중소기업과 노동 배제적 발전(exclusive development)을 결과한 지배연합(ruling coalition)이었다고 비판하는 데 사용되고 있는 것이다. 따라서 본 글에서는 진보·좌파적 프레임에서 벗어나고자 '발전연합' 또는 '발전연합 체제'라는 용어 대신 중립적인 '정부-기업 협력 네트워크' 또는 줄여서 '정경협력'이라는 용어(개념)를 사용하고자 한다. 사실에 있어서도 박정희 정부 산업화는 중소기업의 대기업화, 임금 상승으로 인한 노동자의 생활 안정, 노동자에 대한 직업교육에 의한 중산층화, 그리고 새마을운동의 추진으로 인한 농촌의 발전 등으로 볼 때 결코 '배제적 발전'을 결과했다고 할 수 없다.

4 Alice H. Amsden, *Asia's Next Giant: South Korea and Late Industrialization* (New York: Oxford University Press, 1989); Chalmers Johnson, "Political Institutions and Economic Performance: The Government-Business Relationship in Japan, South Korea and Taiwan," in Frederic Deyo, ed., *The Political Economy of the New Asian Industrialism* (Ithaca: Cornell University Press, 1987); Robert Wade, *Governing the Market: Economic Theory and the Role of Government in East Asian Industrialization* (Princeton: Princeton University Press, 1990); Peter Evans, "The State as Problem and Solution: Predation, Embedded Autonomy, and Structural Change," in Stephan Haggard and Robert R. Kaufman, eds., *The Politics of Economic Adjustment* (Princeton: Princeton University Press, 1992); 김인영, 『한국의 경제성장: 국가주도론과 기업주도론』(자유기업원, 1998). 정부-기업의 관계에 관하여 앰스덴은 '기율(discipline)', 존슨은 '협력(cooperation)'을, 웨이드는 '지도(lead)'를, 에반스는 '내재적 자율성(embedded autonomy)'을, 김인영은 '비즈니스 이니셔티브(business initiative)'를 강조하는 차이점을 보인다. 하지만 모두 한국 경제발전 과정에서 정부-기업의 긍정적 관계에 주목한다.

5 『21세기 정치학대사전』(http://terms.naver.com/entry.nhn?docId=727149& cid=42140&categoryId =42140, 접속일 2015. 11. 18).

6 Chung H. Lee, "The State and Institutions in Easy Asian Economic Development," *Journal of the Korean Economy*, vol. 3, No. 1 (2002).

7 류석춘·장상철, "재벌정책의 정치경제", 한국정치학회·김유남 공편, 『한국정치연구의 쟁점과 과제』(서울: 한울, 2001), 300쪽. 류석춘은 박정희 산업화 과정에서 나타난 정경유착(정경협력)이 긍정적인 성과를 거두어 '한국적 경제성장의 경로'를 형성하였다고 주장한다(320쪽).

8 좌승희, 『박정희, 살아있는 경제학』(백년동안, 2015), 46쪽.

9 Amsden, *Asia's Next Giant*.

10 박정희 행정부의 철저한 기업 성과에 근거한 상벌제도의 성공은 1987년 민주화 이후 한국경제가 저성장에 허덕이는 이유를 설명해 준다. 민주화된 정부들은 각종 재정지원을 통해 중소기업을 정부의 후원에 안주하는 '온실 속의 기업'으로 만들었지, 국제시장에서 경쟁하는 기업으로 만들지 않았기 때문이다. 정부의 재정지원만 있지 어떠한 상도 벌도 없는데 기업이 열심히 뛰어야 할 이유는 없는 것이다.

11 김인영, 『한국의 경제성장』.

12 구본호·김은미, "경제발전에 있어서 기업의 역할", 조이제·카터 에커트 편저, 『한국의 근대화, 기적의 과정』(월간조선사, 2005), 191-92쪽.

13 박정희, 『민족중흥의 길』(광명출판사, 1978), 126쪽(위의 글, 192쪽에서 재인용).

14 이병철, 『호암자전』(중앙일보사, 1986), 94, 124쪽.

15 좌승희, 『박정희, 살아 있는 경제학』.

16 경영 잘 못하는 성적 나쁜 중소기업을 지원하여 경제성장이 곤두박질치는 작금의 정부 정책과 크게 대비된다.

17 구본호·김은미, "경제발전에 있어서 기업의 역할", 193쪽.

18 신범식 편, 『박정희 대통령 선집 6』(지문각, 1969), 348쪽(위의 글, 193쪽에서 재인용).

19 1960~80년대 가능했던 '수출 잘하는 기업'에 대한 지원은 1995년 세계무역기구(WTO)의 출범과 더불어 더 이상 가능하지 않게 되었다.

20 원문은 다음과 같다: "In the Thai case, much of what occurs meets the definition of corruption; the English case belongs in the category of 'proto-corruption'; and the Japanese case would be difficult to construe as corruption in any sense." James C. Scott, *Comparative Political Corruption* (Englewood Cliffs, NJ: Prentice-Hall, 1972), p. 22.

21 *Ibid.*, pp. 22-23.

22 새뮤얼 P. 헌팅턴, 민준기·배성동 옮김, 『정치발전론』(을유문화사, 1971), 95-97쪽(강조 인용자).

23 정치자금의 국가예산화를 통해 정치인들이 기업에 대하여 독립적이고 우위의 위치를 확보하였다고 평가할 수 있다.

24 정치자금 입출이 청와대로 단일화된 것은 1979년 10·26 직후 청와대 금고 속에서 9억 5천만 원이 발견된 것으로도 뒷받침된다.

25 김정렴, 『아, 박정희』(중앙M&B, 1997), pp. 236-45(강조 인용자).

26 위의 책, 241-42쪽.

27 김인영, 『정경유착의 역사와 제도적 원인 분석』, 19-21쪽.

28 윤여준, 『대통령의 자격』(메디치, 2011), 285쪽. 윤여준은 이승만 행정부 시기 전부를 '약탈국가'로 규정하고 있으나, 이승만 행정부 전(全) 시기를 약탈국가적이라고 규정하는 것은 무리이다. 또한 2차 세계대전 이후 새로이 탄생한 국가들과 국제적으로 비교해 보더라도 이승만 행정부를 약탈국가라고 규정하는 것은 지나치다. 물론 이승만 행정부 시기 환율과 저리 융자를 둘러싼 부패가 존재했음은 부인하기 어렵고, 단지 박정희 행정부 시기 이 부분도 '생산적'으로 바뀌었음을 강조하는 바이다.

02
박정희가 원조 친일파라고?

그렇다면 인도의 간디는 민족반역자

여 명*

들어가는 글

"그 애비에 그 딸 아니겠어요?"

2012년 대선 직후 침통한(?) 분위기의 대학 동아리방에서 외교관을 꿈꾼다는 한 후배가 내뱉은 말이다. 공직자가 되고 싶다는 후배의 역사관(觀)이 저래도 되나 염려스러워 "왜 그렇게 생각하느냐?" 물었더니 "친일파, 독재자가 아빈데, 그 딸도 똑같겠죠 뭐"라는 답이 돌아온다.

4년 전의 일이지만 토씨 하나 빼먹지 않고 기억하는 이유가 있다. 그래도 대한민국에서 알아준다는 여대에 다닌다는 학생의 역사 인

---

* 청년박정희연구회 부회장

식 수준이 절망적이었고, '그 애비에 그 딸'이라는 문구에 박정희 대통령에 대한 2030세대의 일반적 인식이 담겨 있기 때문이다. 참고로 그 학생은 운동권도 아니었다.

10대, 20대가 애용하는 포털사이트 '다음'에서 회원 수가 많기로 유명한 5대 카페의 유머 게시판에 '박정희 친일' 키워드로 검색을 해 봤다. 나오는 게시글이 2016년 12월 12일 현재 기준 총 2,565건이다. 주로 선거철을 앞두고 민족문제연구소(민문연)나 한겨레, 경향 등 좌 성향 언론매체의 자료들이 2차편집돼 올라와 있다. 덧글들은 하나같이 "이런 사람이 역사를 유린하고 대한민국 대통령이 되게 나뒀다니!" "친일파와 친일파 딸의 나라!" 등으로 야유와 악담을 퍼붓고 있다. 박정희의 불타는 친일 정신을 증명하기 위해 혈안이 된 사람들에게는 좋아 죽을 일이겠다.

한국에서 박정희라는 인물이 갖고 있는 힘은 크다. 반공, 산업화, 우익 민족주의, 자유통일 세력을 보수라는 이름으로 묶는 구심점이다. 그래서 그 반대세력인 좌익, 민주화, 김일성 민족주의, 자주통일 세력에게 박정희는 역사의 호적에서 파 버리고 싶은 존재이다. 친일 문제 연구를 근본 목적으로 설립된 민족문제연구소는 그들의 숙원사업인 『친일인명사전』을 편찬하며 박정희 대통령의 이름을 싣는 데 성공했다. 민문연의 설명에 따르면 박정희 대통령은 일제의 '식민통치기구에 참여한 자―위관급 이상 장교로 재직한 자와 오장급 이상 헌병으로 활동한 자, 친일행위가 뚜렷한 일반 군인'에 속한다고 한다.[1]

정말 박정희는 친일파였고 그가 건설한 대한민국은 친일파의 나라일까?

친일의 기준

먼저 친일의 기준을 생각해 보자.

제헌의회의 반민족행위특별조사위원회(반민특위)는 "국권 피탈에 적극 협력한 자는 사형 또는 무기징역, 일제로부터 작위를 받거나 제국의회 의원이 된 자, 독립운동가 및 그 가족을 살상·박해한 자는 최고 무기징역 최하 5년 이상의 징역, 직·간접으로 일제에 협력한 자는 10년 이하의 징역이나 재산몰수"의 기준을 세웠다(부록 1).

'현대판 반민특위'로 불리는 참여정부의 친일반민족행위진상규명위원회(친일진상규명위)[2] 역시 반민특위와 비슷한 기준을 세우며 시행령에 "입증 가능한 구체적인 행위를 기준으로 친일행위를 판단토록 했다"고 밝혔다(부록 2).

민문연의 친일파 기준을 살펴보자. 친일을 크게 "1. 일제의 국권 침탈에 협력한 자, 2. 일제의 식민통치기구에 참여한 자, 3. 항일운동을 방해한 자, 4. 일제의 침략전쟁에 협력한 자, 5. 지식인·종교인·문화예술인으로서 일제의 식민통치와 침략전쟁에 협력한 자"의 다섯 가지로 정해 놨다. 그런데 세부 요건이 애매하다. "친일행위가 뚜렷한 일반 관공리, 일반 경찰" 등이라고 명시해 놓았으나, 문제의 '뚜렷한 친일행위'라는 것의 기준이 없다.[3]

궁금증이 생긴다. '일제의 국권 침탈에 협력한 자'가 첫 번째 기준이라면, 대한제국의 황실 가문을 보전해 주는 조건으로 옥새를 넘긴 고종 이명복은 왜 『친일인명사전』에 등재되지 않은 것인지? 1940년 8월을 기준으로 조선인 80퍼센트가 창씨개명을 했다. 이런 나라에서는 자의적 판단 기준에 따라 '지목하기만 하면' 친일파가 될 수 있는 것이다.

'박정희 친일파설'을 일관되게 퍼뜨려 온 한국의 민중사학자들에게 친일파란 현재 한국 사회 기득권 그 자체이다. 이른바 '민중사학자'들의 논리구조는 다음과 같다.

'친일파가 단죄받지 않고 미군정에 이어 이승만 정부에서 기용됐다. 친일파들은 그 시기 축적한 부와 권력을 통해 정치 기반을 쌓았다. 이렇게 기반을 쌓은 친일파들이 이승만보다 더 큰 친일파인 박정희 시대에 득세했고, 그리하여 박정희 세력의 후신인 새누리당은 친일파의 명맥을 잇는 당이다.'

박정희가 친일을 했다면 구체적 근거를 대고 증거를 제시해야 함은 너무도 당연하다. 하지만 밝혀진 증거는 아직 전무하며 제시하는 논리들이라는 게 다 알량한 수준이다.

염치와 정의의 문제

'박정희는 친일파다'의 오명을 벗기는 작업은 청년이 해야 한다.

이것은 우선 염치의 문제이다. '헬조선'이다, '수저계급론'이다 하는 대한민국을 저주하고 탓하는 용어들을 80만 원을 호가하는 스마트폰으로 공유해 가며 킬킬대는 청년세대는 절대적 빈곤을 경험해 본 일이 없다. '역사'라는 전체 맥락 안에서 민족이 나아가는 큰 줄기에는 각 세대마다 감당해야 할 과제가 있다. 건국 세대는 이 땅에 최초로 개인의 자유와 재산권이 보장되는 나라를 세웠고 공산주의의 침략으로부터 자유민주체제를 지켜 냈다. 산업화 세대는 북한보다 열세인 상황에서 거듭되는 김일성의 적화통일 위협으로부터 안보를 굳건히 지켜 냈다. 이를 위해 중화학공업화를 성공적으로 이끎으로써 이 나라를 세계 최초로 원조 받던 나라에서 원조 주는 나라로 거듭나게 했다. 민주화 세대 역시 정치 민주화의 공로가 있다. 우리는 앞선 세대에게 이 세 가지의 빚이 있는 셈이다.

그렇다면 1980~90년대에 태어난 우리 청년들이 감당해야 할 몫은 무엇일까? 우리는 후세대에게 어떤 대한민국을 물려줄 것인가? 개인적으로는 '과거의 안장(安葬)'을 통해 '통일 체력'을 쌓는 일이 아닐까 싶다. 산업화 세대와 민주화 세대 간의 뿌리 깊은 갈등과 이에 따른 '건국' 과정에 대한 상이한 관점이 대한민국 정치·세대·지역 갈등의 기저를 이루고 있다. 이대로는 통합도 저성장 탈출도 그리고 통일도 먼 얘기다.

친일 논란은 역사전쟁의 발현인 사회갈등에 있어서 불쏘시개 같은 역할을 한다. 이런 나라에서 박정희 대통령에게 친일의 오명을 방치하는 이상 갈등은 영원히 반복된다. 그래서 청년 세대의 손으로 박정희 대통령에게 쓰인 친일파의 굴레를 벗겨내야 하는 것이다. 이게 염치이고 정의이다.

박정희 대통령의 업적을 그런 대로 인정(?)한다는 일부 2030 세대조차 청년 박정희가 만주군 입대를 위해 혈서를 쓰고 전범 히로히토 일왕에게 충성 맹세를 했다는 자료를 접하면 무너진다. 그리고 그 충격은 박정희가 이렇게나 발전시켜 왔다는 대한민국에 대한 부정으로 이어진다. 그러나 만주군 입대 사실로 박정희가 친일파라는 논리가 완성된다면, 식민 모국 영국군으로 제1차 세계대전에 참전한 간디 역시 민족반역자여야 한다.

일제 치하에서 교사 경력, 1940년대 초반의 만주군관학교와 일본 육사 그리고 만주군 군관 경력이 민문연을 위시한 역사음모론자들이 주장하는 '박정희 친일 이력'에 해당한다. 그들은 박정희가 집권 이후 추진한 한·일 국교정상화가 그의 오래된 친일 본색의 발로라고도 주장한다.

대구사범학교 교사 시절 청년 박정희와 만주군 장교 박정희, 그리고 문제의 한일협정에 대해 차례로 들여다보자.

> 특히 박정희는 만주 괴뢰국 신경군관학교 2기생으로 일제에 혈서 지원한 민족 반역자로서 그의 주변 사람들을 보면 만주를 무대로 친일 매국 행각을 한 무리가 주를 이루었다. 예를 들면 만주국 관리를 한 최규하(외무장관 및 대통령), 만주오족협화회란 친일기관의 사무국장을 한 이선근(정신문화연구원 원장), 그리고 만주신경군관학교 동창들이다.[4]

청년 박정희는 청운의 꿈을 안고 압록강을 넘어 만주에 도착했다. 박정희는 군인을 동경했다. 조선에서 일본 군인이 누리는 권한과 그 위세를 목격한 야심 많은 젊은이에게 군은 꿈에 그리는 이상이었을 것이다. 1940년 4월 사범학교 교사직을 내던지고 만주국 육군군관학교 신경 2기생으로 지원한 박정희는 입학 과정 자체가 드라마틱한 '인간 승리'의 과정이었다. 22세의 나이는 연령 제한에 걸렸고 기혼자라는 장벽도 넘어야 했다. 그러나 젊은이는 끝까지 포기하지 않았다. 만주군관학교 지원자 원서 접수를 받는 만주국 치안부 군정사 징모과에 편지 한 통이 도착했다. 이 편지에는 "멸사봉공 박정희"라는 피로 쓰인 혈서가 들어 있었다.[5]

민족문제연구소 소장을 역임한 한상범의 앞의 글에서 객관적인 사실은 사람 이름과 그 이름들이 만주에 있었다는 것뿐이다. 만주오족협화회[6]란 당시 만주국을 구성하고 있던 만주인, 중국인, 조선인, 일본인, 몽골인을 통합하여 만주국의 건국이념 창달을 위한다는 정치단체였다. 결코 친일단체로 비약해 부를 수 없는 단체다. 뒤의 박흥수의 칼럼 역시 객관적인 사실이라고는 청년 박정희가 대구사범학교 출신의 교사였던 것, 그리고 만주국 군관학교에 장교로 입학한 것뿐이다.

일제 식민지 하에서 월급이 고정적으로 나오는 교사직을 수행한 것만으로도 친일이라고 생각할 친구들을 위해, 또 청년 박정희가 교사에서 장교로 직업을 바꾸는 과정에 대한 설명이 필요하기에 박정희의 교사 재직 당시의 일화를 먼저 살펴보기로 한다.

불령선인, 교사 박정희

박정희는 1917년, 그러니까 한·일합병으로 조선이 일본의 공식 식민지가 된 지 7년이 지난 해에 태어났다. 두 칸짜리 초가집에서 나고 자란 박정희는 1937년 대구사범학교를 졸업하고 그해 4월 문경서부공립심상소학교에 교사로 부임한다. 박정희의 사범학교 진학은 각각 히라누마 도슈(平沼東柱), 소무라 무게이(宋村夢奎)로 창씨개명하고 일본 유학 길에 오른 항일시인 윤동주, 독립열사 송몽규와 같이 '지피지기와 실력 양성'의 뜻으로 보인다. 이러한 판단의 근거는 소학교 교사 시절 그의 제자였던 이순희 씨의 증언이다.

교사 박정희가 막 문경소학교에 부임할 당시(1937년)만 해도 조선어 교육이 가능했다. 이순희 씨에 따르면 박정희는 조선어 시간이면 아이들 중 한 명을 보초 세운 뒤 우리 민족의 국기인 태극기가 어떻게 생겼는지 교육하는 '태극기 교육'을 하곤 했다고 한다. 조선어 교육이 금지된 후에도 박정희는 중급반 진학생 아이들에게 과외를 해주는 과정에서 또 태극기 교육을 하게 되고, 이를 알게 된 일본인 교사들의 분노는 집적된다. 그리고 아래의, 문제의 사건이 발생한다.

도교육청 시학관(視學官) 일행이 학교에 감찰을 나온 날이었습니다. 그날 저는 시학관 일행의 차 심부름 조에 뽑혀 교무실에서 있었습니다. 다른 아이들은 시학관을 영접한다면서 역전에 도열했는데, 그날 웬일로 교감 가토(加藤)가 영 안절부절못하는 모습이었습니다. 당시 선생님(박정희)은 아이들에게 트럼펫을 가르친다며 뒷산으로 올라가 있었습니다. 가토 교감이 학생을 시켜 "시학관 일행이 왔으니 내려오도록 하라"고 일렀지만 선생님은 "트럼펫 교육도 엄연한 교육인데 나중에 내려간다"며 내려가지 않았습니다. 화가 치민 가토 교감은 "지가 감히 오라면 와야지!" 하며 10분 만에 선생님을 멱살잡이로 끌고 왔습니다. "조!센진은 사람도 아냐. 모두 돼지나 개의 먹이로 줘야 해(조!센진다치와 닌겐자나이. 부타토 이노누 에사니 아케다라 조도이)"라고 교감이 욕설을 내뱉자 선생님은 "도둑놈들은 너희들이 아니냐?(도로보다치와 오마에 다치쟈나이카)"고 맞고함을 쳤습니다. 분위기가 험악해지려는 찰나 교감이 "뭐라고, 이 거지 같은 놈!(나니? 구소!)"이라는 말과 함께 선생님을 업어치기로 메다꽂았습니다. 선생님 코에서는 코피가 터졌습니다. 아수라장이 된 상황에 일본인 교사들이 바닥에 쓰러진 선생님에게 덤벼들어 손찌검을 했습니다. 이 집단 린치에 가담한 오기시(大岸), 시마다(島田) 두 일본인 교사는 조선인 아이들에게 가해지는 고압적인 체벌 방식으로 선생님과 자주 부딪힌 바 있던 사람들이었습니다.[7]

또 다른 일화도 있다. 박정희 제자들의 모임인 청운회 회원 권순영 씨와 이응주 씨는 조선어 교육을 하던 박정희가 어느 날 강분해 천황 사진틀을 부숴 버렸다고 증언한다. 80년 가까이 지난 일이기에 증언의 구체적 내용, 이를테면 박정희가 부순 것이 천황의 사진인지 일본 시조신의 위패였는지 하는 것들은 다소 엇갈린다. 하지만 청년 박정희의 일본을 향한 적개심을 드러내 주는 일화임은 확실하다.

박정희가 교사로 재직할 당시 전 세계는 제2차 세계대전의 서막으로 들어가고 있었다. 그 전쟁의 한 축을 담당하고 있던 일본은 식민지 단속의 일환으로 조선인 황국신민화 정책을 더 공고히 하게 된다. 박정희의 제자들 증언으로 판단컨대 소학교 교사 재직 시절부터 민족주의적 성격이 짙었던 청년 박정희는 지속적으로 일본의 내선일체(內鮮一體) 정책에 대해 '모난 행동'을 표출했고 이러한 일들이 누적돼 불령선인(不逞鮮人)[8]으로 낙인찍힌다. 한민족 정체성을 갖고 있는 식민지 청년 박정희는 부심 끝에 소학교 교사직을 내려놓고 만주행을 결심하게 된 것으로 보인다. 후술하겠지만 1930~40년대 당시 만주는 동아시아의 '기회의 땅'이었다.

독립군 토벌? 있어야 토벌을 하지

박정희의 만주행은 "긴 칼 차고 싶어서"였다. 박정희는 생전에 일본군 경력을 부끄러워한 적도 없고 숨긴 적도 없다. 그것은 당시 청년이었던 박정희의 몇 안 되는 선택 중 하나였을 뿐이다. 대통령이 되고 누군가 박정희의 만주군관학교 입교를 마치 일본으로부터 배울 수 있는 것은 다 배워 독립운동에 쓰려 했다는 소설을 쓴 적이 있다. 청와대로 불려간 그는 칭찬 대신 꾸지람만 호되게 들었다. 있지도 않은 사실을 지어냈다고 혼만 났다.

군관학교에 가고 싶어서 혈서를 썼다는 이야기도 있다. 『만주일보』인지 『만주신문』인지에 났다는데, 그랬을 수도 있고 어쩌면 조작된 것일 수도 있겠다. 그러나 중요한 문제는 아니다. 그것은 박정희의 기질에 관한 문제일 뿐이다. 혈서를 썼다고 주장하는 민문연의 기록은 허술하기 짝이 없다. 신문 이름을 바꿔 대는가 하면 연도도 하나도 안 맞는다. 관심 있는 사람은 찾아보기 바란다. 노무현 전 대통령의 직속기구였던 친일진상규명위 역시 공식적으로 "박 전 대통령을 친일파로 분류하지 않기로 결정했다"고 발표하며 민문연이 자료로 제출한 위 신문기사를 증거로 신빙성이 없다는 이유로 채택하지 않았다. 참고로 당시 일본군에 입대하기 위한 혈서 제출은 일종의 트렌드이자 '스펙'이었다. 입대를 위해 혈서를 쓴 한국 청년은 1939년에 45명이었고, 박정희가 입대한 1940년에는 168명이었다.

월간 『말』지는 2005년 5월부터 석 달간 "박정희가 1939년 당시 만주 간도 조선인 특설부대에 입대해 항일군을 토벌했다"는 기사를 실어 엄청난 논란을 불러 일으켰다. 이 논란을 같은 진보 계열 논객인 한윤형은 한마디로 정리했다. "당시 만주에는 독립군이 없었다."

당시 식민지 청년 지식인들에게 만주국이란

자신들의 주장이 위기에 몰릴 때마다 민문연은 "아 몰랑, 만주 괴뢰국의 장교로 근무한 것 자체가 친일행위야!"라고 되레 역정을 내왔다.

당시 나라 잃은 청년 지식인들에게 만주국은 어떤 의미였을까?

러·일전쟁 승리 후 일본은 남만주~북간도 지역에 철도를 부설한다('만철滿鐵'). 그리고 육군 주력부대를 배치해 만철의 경계를 맡긴다. 이 철도는 제1차 세계대전 직후(1918)~대공황(1929) 사이의 국제정세와 '정치적 진공상태'라는 지정학적 요건으로 말미암아 '대박'을 터뜨린다. 만철은 유럽과 극동 지역을 잇는 유일한 철로로 기능하며 물자를 수송했고 서유럽에 거주하던 유대인의 망명 길까지 도왔다. 그리하여 만주 일대는 1920년대 후반 무렵 일본의 우익 몽상가들,[9] 만주인, 조선인, 중국인, 유럽인 등 다민족이 어우러져 있는 무정부 상태가 된다. 한편 일본 관동군은 본국의 군대 경시 풍조로 불거진

입지 약화의 반등을 모색할 필요가 있었다. 이에 만주국을 기습 건국하고 독립국임을 선포해 일본과 대등한 위치의 나라임을 천명한다. 만주 일대는 다양한 광물이 집적돼 있었기에 중공업 중심 개발의 요건을 충족시키는 곳으로 혈기 넘치는 군인들이 만들어 낸 신생국으로서 아시아의 '엘도라도'였다.

이렇게 세워진 만주국은 '고압적 분위기의 군부에 의한 집권,' '마적떼의 기승'과 같은 피상적으로 알려진 이미지와 다르게, 근대국가를 지향하는 미래 지도자들에게 '나라만들기'의 거대한 실험 무대였다. 만주국은 계획경제를 시도했으며, 식량 증산을 설계했고, 국민들에게 근대국가에 걸맞은 근면·자조의 정신을 불어넣었다.

만주국을 구성하는 5개 민족 중 조선인은 일본인에 이어 2등 시민의 위치였다. 그래서 당시 조선의 청년 지식인들은 만주국의 네이션빌딩에 참여함으로써 피식민지 국가 신민으로서의 설움을 해소했다. 동시에 국가 주도 경제개발계획, 금융, 치안, 행정조직 등 근대국가의 기틀이 만들어지는 방식에 대해 배울 수 있었다. 대표적인 예가 박정희, 최규하, 백선엽 등의 인물이다. 실제로 박정희가 정권을 잡은 후 시행했던 경제개발 5개년계획은 만주국의 산업개발 5개년계획을 변형·모방한 것이었고, 새마을운동의 정신인 근면·자조·협동은 만주국의 '근면 체제'에서 영감을 얻은 것이었다. 종합하자면 만주 괴뢰국은 친일과는 상관이 없다. 오히려 만주국으로 향했던 조국 잃은 청년 지식인들은 해방 후 조국으로 돌아와 나라만들기에 큰 역할을 했다.

예컨대 핀란드의 영웅 카를 구스타프 에밀 만네르헤임 대통령은 핀란드가 러시아의 공국(公國)으로 전락할 당시 태어난 인물이다. 그는 러시아제국 육군에 입대하여 중장 계급까지 달았다. 그러나 러시아제국 패망 후 고국인 핀란드가 친 볼셰비키파(친 러시아혁명파)와 반볼셰비키파로 나뉘어 내전할 당시 반 볼셰비키 편에 서서 전쟁을 이끌고 핀란드를 지켜 냈다. 그런 구스타프 대통령을 핀란드 국민들은 조국의 영웅으로 존경하지, 민족 반역자로 매도하지 않는다. 인도의 독립영웅 간디의 경우도 마찬가지이다. 그는 영국군에 자원한 경력이 있다.

한·일협정이 굴욕외교라고?

박정희와 그 추종배는 훨씬 더 노골적으로 일본 우익과 유착해서 반민족적 추태를 부려왔다. 박정희는 기시 노부스케(岸信介)로부터 세지마 류조(瀨島龍三)에 이르기까지 옛날 만주 시절 상전에 충복 노릇을 하면서 굴욕밀실 외교를 자행하고 그들의 지도에 따랐다.[10]

역사음모론자들은 6·3 한·일협정을 '만주국 장교 다카키 마사오(高木正雄)의 친일행위'의 연속선 상에서 해석한다. 굴욕외교, 나아가 매국외교라고까지 선전한다.

박정희 정권 초반 10년을 관통하는 맥락은 단 하나, '조국 근대화'다. 한·일협정으로 얻어낸 차관은 국제신용도가 없다시피 했던 한국에게 있어 경제개발 5개년계획을 추진할 수 있었던 절실한 비빌 언덕이었고, 자유민주주의를 국가 정체(政體)로 채택한 두 이웃 나라 간의 국교를 정상화함으로써 국가의 핵심 이익인 영토와 주권을 지키는 길이었다.

지금은 상상할 수 없는 일이지만 당시 한국의 국력은 북한보다 열등했다. 한·일협정은 1951년 처음 논의가 시작된 이래 한국의 대일 청구권 문제, 식민지 통치에 대한 인식 문제, 재일동포 북송 문제 등에 대한 입장 차이로 14년간 타결되지 못한 채 우여곡절을 겪었다. 박정희 정권이 들어선 후 1964년부터 급물살을 탄 한·일협정은 6·3시위[11]라는 큰 푸닥거리를 치른 끝에 체결됐고, 마침내 두 나라 간의 국교는 정상화된다.

한·일협정의 주된 내용은 크게 1) 대한민국을 한반도의 유일한 합법정부로 인정하는 것, 2) 청구권에 관한 문제 및 경제협력에 관한 협정, 3) 재일교포의 법적 지위와 대우에 관한 협정, 4) 어업에 관한 협정, 5) 문화재 및 문화협력에 관한 협정 등이었다. 흔히 '박정희 정권 시절 김종필이 타협한 한·일협정에 의해 국가가 위안부 배상금을 받았다'라고 오해하고 있으나 위안부 문제는 한·일협정 당시 논의의 대상이 아니었다.

박정희에게 '조국 근대화'는 곧 절대적 신념이었다. 부모의 원수가 건네준 돈이었다고 해도 달가웠을 것이다. 돈은 그냥 돈이다. 1965년 당시 한국의 GDP는 세계 108위였다. 당시 미국의 대통령이던 케네디는 박정희 군부 정권을 좋아하지 않았다. 8억 달러라는 자금을 끌어올 명분이 있는 곳은 일본뿐이었다. 또한 전술했다시피 국제신용도라는 것이 있을 수 없던 한국은 일본의 차관 도입을 기점으로 다른 나라로부터도 차관을 빌릴 수 있는 활로가 뚫린다.

한·일 국교정상화는 밀실에서 한·일 양국이 해치우는 식의 쉬운 일이 아니었다. 일본으로부터 청구권자금을 받아내는 것은 더 어려운 일이었다. 일본은 외려 한국에 남기고 떠난 민간인 재산에 대한 청구권을 요구했기 때문이다. 따라서 한·일 국교정상화는 굴욕외교가 아닌, 박정희 정권의 첫 외교적 성과로 바라봐야 한다.

박정희 대통령은 한민족의 케케묵은 가난을 증오했다. 교사 시절 일본인 교사로부터 모욕적인 집단 린치를 당하기도 했던 박정희가 일본을 바라보는 관점은 반일도 친일도 아닌 극일(克日)이었다.

'제일 먼저 근대화에 성공했던 일본, 가난한 나의 슬픈 조국을 딱 저 나라만큼만 살게 만들자.'

이 구절이야말로 박정희가 추구했던 가치를 잘 대변해 준다. 다음의 연설문 또한 박정희의 극일정신을 잘 보여 준다.

한·일 국교정상화가 앞으로 우리에게 좋은 결과를 가져오느냐, 불행한 결과를 가져오느냐 하는 관건은 우리의 주체의식이 어느 정도 건재하느냐, 우리의 자세가 얼마나 바르고 우리의 각오가 얼마나 굳으냐에 있다는 것입니다. 우리가 만약에 정신을 바짝 차리지 못하고, 정부는 물론이거니와, 정치인이나, 경제인이나, 문화인이나를 할 것 없이 국리민복을 망각하고 개인의 사리이욕을 앞세우는 일이 있을진대, 이번에 체결된 모든 협정은 그야말로 치욕적인 제2의 을사조약이 된다는 것을 2,700만 국민 한 사람 한 사람이 다 같이 깊이 명심해야 할 것입니다.

나는 이 기회에 일본 국민들에게도 밝혀 둘 말이 있습니다. 우리와 그대들 간에 이루어졌던 불행한 과거를 청산하고, 새로운 선린으로서 다시 손을 마주잡게 된 것은 우리 양국 국민을 위해서 다행한 일이라고 생각합니다. 물론 과거 일본이 저지른 죄과들이 오늘이 일본 국민이나 오늘의 세대들에게 전적으로 책임이 있다고는 생각하지 않습니다. 그러나 정식 조인이 이루어진 이 순간에, 침통한 표정과 착잡한 심정으로 과거의 분원을 억지로 누르고 다시 손을 잡는 한국 국민들의 이 심정을 그렇게 단순하게 보아 넘기거나 결코 소홀히 생각하여서는 안 된다는 것입니다. 앞으로 우리 두 나라 국민이 참다운 선린과 우방이 될 수 있고 없는 것은 이제부터에 달려 있는 것입니다.[12]

보다 근본적으로, 친일에 관하여

대한민국에서 친일 프레임은 보수나 우익 성향의 인사들을 공격하는 죽창이다. 정치인이나 학자에게 이 친일 프레임이 한번 쓰이고 나면 각종 유머 사이트나 좌성향 언론매체에 '친일 정치인 누구누구', '식민지근대화론을 주장한 학자 누구누구' 하는 식으로 끊임없이 공격당하게 된다. 그 사람이 우리 사회에 어떠한 좋은 정책을 펼치든 학계에 어떠한 탁월한 이론을 제시하든, 그는 그저 친일파일 뿐이다.

이런 관념을 퍼뜨리는 부류는 두 가지 성격으로 나뉜다. '한국 땅은 여전히 일본에 이은 미국의 식민지이기 때문에 하루빨리 자주적 민족통일을 이뤄 내야 진정한 독립이 완성된다'고 여기는 1980년대

세계관으로 2017년을 살아가는 세력이 첫째다. 이들은 전통적 좌익 운동 세력으로, 우익 진영이 친일 행적을 덮기 위해 용공, 친북, 빨갱이 매카시즘 몰이를 사용한다고 믿고 있다.[13] 다른 한 부류는 이른바 '친일몰이'가 돈이 되고 권력 창출이 되는, 그러니까 한국 사회에서 분노와 증오 사업으로 벌어먹고 사는 사람들이다.

"일본으로부터 배상금을 받는 위안부는 창녀"라는 발언을 한 바 있는, '위안부 할머니들을 위한' 활동을 한다는 정신대문제대책협의회('정대협'. 대표 윤미향 씨의 배우자 김삼석은 간첩형 4년을 산 바 있다)는 영원히 위안부 문제가 해결되지 않기를 바라는 집단이다. 2015년 12월, 위안부 협정 타결이 속보로 뜬 직후만 해도 국민들은 오랜 민족적 한이 해갈된 기분을 느끼며 감격했다. 그러나 분위기는 반나절 만에 반전된다. 정대협과 평화나비네트워크 등의 단체들이 '매국 협정'이네, '10억 엔에 (위안부) 소녀상을 팔아 버렸네' 하며 위안부 협상을 본격 매도하고 나섰다. 한겨레, 경향, 오마이, 미디어오늘 등 좌편향 언론매체 등은 연일 보도를 통해 이들 단체를 지원사격했다. 그리고 이를 계기로 이석기와 함께 지리멸렬한 한국 좌익운동사 속으로 사라지나 싶던 한대련(21세기한국대학생연합. 구 한총련) 아이들이 인공호흡기를 달고 굴기했다.

앞서 언급한 평화나비네트워크는 약 3년 전부터 위안부 할머니들을 위한 활동을 한다는 명분으로 생겨난 단체로 한대련의 하부조직 격이다. 한대련의 근거지이자 여성이라는 특수성을 갖고 있는 숙명여자대학교에서 가장 두드러지는 활동을 해 왔다. 현재 평화나비네트워크 대표와 집행위원장이 모두 구(舊) 통합진보당 학생위원회 출신이다. 이들은 연일 대규모 집회를 벌이고 주일대사관 앞 위안부 소녀상 앞에서 농성을 하고, 또 그 농성질을 대표 이력으로 20대 총선에서 비례대표를 신청하기도 했다.

문제는 평화나비네트워크가 위안부의 이름 뒤로 벌이고 있는 활동들이다. 노란색 평화나비 배지를 만들어 팔아 '수익금을 좋은 곳에 쓴다'는 훈훈한 모습 뒤로, 정대협과 긴밀한 네트워크를 유지하며 위안부 할머니들을 주제로 한 농활이나 강연회를 기획한다. 이 강연회는 위안부사건에 대한 역사적 사실을 가르쳐주는 강연이 아니다. "박정희가 왜 친일파인지, 어떻게 사람들 잡아다 죽였는지, 그러므로 죄인의 딸인 박근혜도 친일파이며 이번 위안부 한·일협상 역시 그런 역사적 배경 하에 타결됐다"는 식의 강연을 사이비 역사학자들을 연사로 데려다 진행해 오고 있다.

친일몰이의 두 세력은 자신들의 행위를 애국으로 포장한다. 그리고 이들이 내미는 수천 원에서 수만 원짜리 평화나비 배지와 희망나비 액세서리, 30만 원짜리 『친일인명사전』 등을 사는 대중들 역시 애국적 움직임에 동참하고 있다고 굳게 믿는다.

그러나 그것은 애국이 아니다. 애국이란 선대가 만들고 가꿔 온 소중한 가치들을 지켜 내고자 하는 의지이며, 공동체 구성원을 향한 사랑과 책임이다. 대한민국 국민으로서 우리가 지켜야 할 소중한 가치는 개인의 위대함이며, 한반도 역사상 최초로 누리고 있는 번영이며, 그것을 가능하게 한 자유민주주의이다. 우리가 사랑해야 할 공동체 구성원은 이와 같은 가치를 공유하는 시민들이다.

영화 〈암살〉(2015)에서 매국노, 일본 고위관료를 암살하는 조직의 안윤옥(전지현 분)은 변절한 독립투사 엄석대(이정재 분)에게 묻는다. "왜… 왜 변절했어?" 엄석대가 답한다. "몰랐으니까… 해방될지 몰랐으니까."

암흑의 시대였다. 대부분의 사람들이 창씨개명을 했고 소시민으로서 면 서기로 근무하기도 하고 경위로 근무하기도 했다. 독립투사들은 길이길이 숭상받아야 마땅하다. 그들은 가족도, 연인도, 자신의 생명도 버리고 빼앗긴 조국의 독립을 위해 싸웠다. 그러나 그런 의지와 희생정신을 식민지배를 받던 모든 사람들이 갖고 있지는 않았다. 평범한 우리 소시민들에게는 '백성을 군림의 대상으로만 여겼던 구한말의 이씨 왕조'에서, '한민족을 일본국 신민으로 만들고자 한 이웃 국가의 통치'로 지배세력이 바뀌었을 뿐이다. 민초는 그 바뀐 세상에 적응하며 하루 벌어 하루 먹고살며 질긴 목숨을 이어 가야 했다. 그리고 그들은 우리의 할머니였고 할아버지였다. 당장 자신에게 물어보자. "먹고사는 문제만으로도 하루하루가 충분히 전쟁이었던 그 시대에, 너라면 어떤 삶을 선택했을까?"

그런 시대의 한복판에 태어나 청년 지식인으로서의 역할을 고민하고, 원수가 성공한 방식을 배우기 위해 원수가 세운 나라의 장교로 들어가야 했으며, 그리고 그 원수를 극복할 힘을 기르기 위해 원수에게 돈을 빌려야 했던, 박정희의, 나아가 대한민국이라는 역사적 주체의 피 끓는 심정을 생각해 보자.

일본이 감정적 적국일 수는 있다. 나 역시 그렇다. 몇 해 전까지 전범기업에 돈을 댄다는 유니클로 브랜드의 옷을 입지 않았고, 고등학생 때는 미쓰비시 사의 하이테크 펜을 쓰지 않았다. 나만의 알량한 반일운동이었다. 하지만 그랬던 시절에도 감정적으로 일본이 싫은 것과 별개로 일본이 한국의 경제·안보·외교 상 최고의 파트너라는 것을 인정하고 있었다. 영국과 프랑스 국민들의 감정적 관계도 이러하고, 독일과 서유럽 국가들의 관계도 마찬가지이다. 앞선 세대가 마음속에 지니고 있던 지일극일(知日克日)의 교훈을 마음속에 되새기자. 일본에 대해 감정을 내세우면 늘 질 수밖에 없다. 과거를 잊지 말되 일본을 제대로 알아서 협력하고 활용할 줄 알아야 한다. 그것이 일본을 이기는 방법이며 아픈 과거를 극복하는 길이다. 근거도 없는 박정희 친일파 논쟁이나 벌이면서 시간을 보낼 때가 아니라는 얘기다.

1 현재 민간에서 친일에 대한 기준과 자료는 대부분 민문연의 그것을 따르고 있다.

2 참여정부 당시 2005년 5월 31일부터 2009년 11월 30일까지 활동한 대통령 직속 위원회로, 일제강점기 하의 친일 반민족행위와 관련한 국내외 자료를 수집하고 친일 반민족행위 조사 대상자를 선정해 조사하는 한편 친일 반민족행위 관련 사료를 편찬하는 일을 했다.

3 민족문제연구소, '친일인명사전 편찬 기준(https://www.minjok.or.kr/archives/1474).

4 한상범, 『박정희와 친일파의 유령들』(삼인, 2006). 필자 한상범은 1960년 조선대 전임강사를 거쳐 1961년부터 동국대에서 42년간 교수로 재직했다. 민족문제연구소 소장, 한국법학교수회 회장, 그리고 의문사진상규명위원회 위원장을 역임했다.

5 박흥수, "만주국과 김일성 박정희 기시 노부스케".

6 '1. 건국정신을 선양한다, 2. 민족협화를 실현한다, 3. 국민생활을 향상한다, 4. 선덕달성을 철저히 한다, 5. 국민동원을 완성한다'의 5대 강령을 갖고 있었다.

7 조우석, "박정희 친일파 굴레 벗는다: 반일교사 찍혀 일본인에게 집단린치 당했다 / 만주군 장교 시절 광복군 탈출 생각했다 / 초등학교 시절 제자 이순희씨 / '숨어있는 집사' 이진화씨 본격 증언", 『뉴스위크』 한국판, 제20권 18호(통권 929호, 2010. 5), 24-30쪽.

8 '불온하고 불량한 조선사람'이라는 뜻으로, 일제강점기 일본 제국주의자들이 자기네 말을 따르지 않는 조선인을 일컫던 말.

9 김용삼, 『김일성 신화의 진실』(북앤피플, 2016).

10 한상범, 『박정희와 친일파의 유령들』.

11 한·일협정 반대 운동. 1964년 6월 박정희 정권의 한·일협정에 반대하여 일어난 대규모 학생운동이었다.

12 박정희, 「한·일회담 타결에 즈음한 특별담화문」(1965. 6. 23), 강조 인용자.

13 한상범, 『박정희와 친일파의 유령들』.

반민족행위처벌법

[시행 1948. 9. 22] [법률 제3호, 1948. 9. 22 제정]

제1장 죄

제1조 일본정부와 통모하여 한일합병에 적극 협력한 자, 한국의 주권을 침해하는 조약 또는 문서에 조인한 자와 모의한 자는 사형 또는 무기징역에 처하고 그 재산과 유산의 전부 혹은 2분의 1 이상을 몰수한다.

제2조 일본정부로부터 작을 수한 자 또는 일본제국의회의 의원이 되었던 자는 무기 또는 5년 이상의 징역에 처하고 그 재산과 유산의 전부 혹은 2분의 1이상을 몰수한다.

제3조 일본치하 독립운동가나 그 가족을 악의로 살상박해한 자 또는 이를 지휘한 자는 사형, 무기 또는 5년 이상의 징역에 처하고 그 재산의 전부 혹은 일부를 몰수한다.

제4조 좌[아래]의 각호의 1에 해당하는 자는 10년 이하의 징역에 처하거나 15년 이하 공민권을 정지하고, 그 재산의 전부 혹은 일부를 몰수할 수 있다.

　　　습작한 자.

　　　중추원부의장, 고문 또는 참의 되었던 자.

　　　칙임관 이상의 관리 되었던 자.

밀정행위로 독립운동을 방해한 자.

독립을 방해할 목적으로 단체를 조직했거나 그 단체의 수뇌간부로 활동했던 자.

군, 경찰의 관리로서 악질적인 행위로 민족에게 해를 가한 자.

비행기, 병기 또는 탄약 등 군수공업을 책임경영한 자.

도, 부의 자문 또는 결의기관의 의원이 되었던 자로서 일정에 아부하여 그 반민족적 죄적이 현저한 자.

관공리 되었던 자로서 그 직위를 악용하여 민족에게 해를 가한 악질적 죄적이 현저한 자.

일본국책을 추진시킬 목적으로 설립된 각 단체본부의 수뇌간부로서 악질적인 지도적 행동을 한 자.

종교, 사회, 문화, 경제 기타 각 부문에 있어서 민족적인 정신과 신념을 배반하고 일본침략주의와 그 시책을 수행하는 데 협력하기 위하여 악질적인 반민족적 언론, 저작과 기타 방법으로써 지도한 자.

개인으로서 악질적인 행위로 일제에 아부하여 민족에게 해를 가한 자.

제5조 일본치하에 고등관 3등급 이상, 훈 5등 이상을 받은 관공리 는 헌병, 헌병보, 고등경찰의 직에 있던 자는 본법의 공소시효 경과 전에는 공무원에 임명될 수 없다. 단, 기술관은 제외한다.

(하략)

부록 2

일제강점하 반민족행위 진상규명에 관한 특별법

[시행 2012. 10. 22] [법률 제11494호, 2012. 10. 22 일부개정]

(전략)

제2조(정의) 이 법에서 "친일반민족행위"라 함은 일본제국주의의 국권침탈이 시작된 러·일전쟁 개전시부터 1945년 8월 15일까지 행한 다음 각호의 어느 하나에 해당하는 행위를 말한다.

1. 국권을 지키기 위하여 일본제국주의와 싸우는 부대를 공격하거나 공격을 명령한 행위

2. 국권을 회복하기 위하여 투쟁하는 단체 또는 개인을 강제해산시키거나 감금·폭행하는 등의 방법으로 그 단체 또는 개인의 활동을 방해한 행위

3. 독립운동 또는 항일운동에 참여한 자 및 그 가족을 살상·처형·학대 또는 체포하거나 이를 지시 또는 명령한 행위

4. 독립운동을 방해할 목적으로 조직된 단체의 장 또는 간부로서 그 단체의 의사결정을 중심적으로 수행하거나 그 활동을 주도한 행위

5. 밀정행위로 독립운동이나 항일운동을 저해한 행위

6. 을사조약·한일합병조약 등 국권을 침해한 조약을 체결 또는 조인하거나 이를 모의한 행위

7. 일제로부터 작위를 받거나 이를 계승한 행위. 다만, 이에 해당하는 사람이라 하더라도 작위를 거부·반납하거나 후에 독립운동에 적극 참여한 사람 등으로 제3조에 따른 친일반민족행위진상규명위원회가 결정한 사람은 예외로 한다.

8. 일본제국의회의 귀족원의원 또는 중의원으로 활동한 행위

9. 조선총독부 중추원 부의장·고문 또는 참의로 활동한 행위

10.일본제국주의 군대의 소위(少尉) 이상의 장교로서 침략전쟁에 적극 협력한 행위

11.학병·지원병·징병 또는 징용을 전국적 차원에서 주도적으로 선전(宣傳) 또는 선동하거나 강요한 행위

12.일본군을 위안할 목적으로 주도적으로 부녀자를 강제동원한 행위

13.사회·문화 기관이나 단체를 통하여 일본제국주의의 내선융화 또는 황민화운동을 적극 주도함으로써 일본제국주의의 식민통치 및 침략전쟁에 적극 협력한 행위

14.일본제국주의의 전쟁수행을 돕기 위하여 군수품 제조업체를 운영하거나 대통령령이 정하는 규모 이상의 금품을 헌납한 행위

15.판사·검사 또는 사법관리로서 무고한 우리민족 구성원을 감금·고문·학대하는 등 탄압에 적극 앞장선 행위

16.고등문관 이상의 관리, 헌병 또는 경찰로서 무고한 우리민족 구

성원을 감금·고문·학대하는 등 탄압에 적극 앞장선 행위

17. 일본제국주의의 통치기구의 주요 외곽단체의 장 또는 간부로서 일본제국주의의식민통치 및 침략전쟁에 적극 협력한 행위

18. 동양척식회사 또는 식산은행 등의 중앙 및 지방조직 간부로서 우리민족의 재산을 수탈하기 위한 의사결정을 중심적으로 수행하거나 그 집행을 주도한 행위

19. 일본제국주의의 식민통치와 침략전쟁에 협력하여 포상 또는 훈공을 받은 자로서 일본제국주의에 현저히 협력한 행위

20. 일본제국주의와 일본인에 의한 민족문화의 파괴·말살과 문화유산의 훼손·반출에 적극 협력한 행위

(하략)

03

박정희가 군사문화라는
악습을 퍼트렸다고?

활력을 불어넣고 북한을 따돌린 진짜 힘, 군사문화

조 우 석*

한국 대중가요사에서 1960년대는 아주 특별한 시기다. 당시 대중들은 무엇보다 도시라는 공간을 새롭게 노래하기 시작했는데 그건 20세기 우리의 삶에서 거의 처음이었다는 게 이 분야의 독보적 읽을거리 『흥남부두의 금순이는 어디로 갔을까?』(이영미 지음, 황금가지, 2002)의 통찰이다. 맞는 소리다. 대중가요란 사랑타령과 허위위식이 춤추는 상업문화 공간이지만, 동시대인들의 집단정서와 꿈도 배어 있다. 그걸 섬세하게 살펴볼 경우 1960년대의 특징이 새롭게 보이며, 더욱이 박정희 시대의 군사문화를 둘러싼 편견, 고정관념으로부터도 자유로워질 수 있다.

그런 1960년대가 어떻게 열렸더라? 박정희가 쿠데타로 집권했던

---

* 미디어펜 주필, 박정희대통령기념재단 이사

게 1961년. 그렇게 갑작스레 열린 10년이었다. 놀랍게도 문제의 10년은 '도시의 등장'과 함께 '한국 남성의 부활'이 이뤄진 아주 특별한 시대였다. 가요의 경우 우선 새로운 남성상이 속속 등장한다. 이미 그들은 일제시대 고복수 류의 타향을 떠도는 부평초 신세, 나그네 타령을 벗어나 능력자로 대변신을 했다. 그건 연전 개봉된 영화 〈국제시장〉(2014)의 주인공 덕수를 포함한 공통된 현대사 체험이다.

월남에서 돌아온 김 상사

한번 탄력을 받은 뒤 그 시기의 활력은 1970년대 초·중반, 즉 박정희 시대의 전성기까지 쭉 이어지는데, 그 상징이 1969년에 발표된 김추자의 히트곡 〈월남에서 돌아온 김 상사〉였다. 당시 유행어대로 '담배는 청자, 노래는 추자'였다. 당대 최고의 인기가수였던 그의 노래는 말썽쟁이 동네 건달에서 멋진 남성으로 깜짝 변신한 한국남성의 승리를 알리고, 당시 대한민국의 활력을 전달했다.

대중가요 한 편의 힘을 우습게 보면 안 된다. 노래에 담긴 스토리가 얼마나 많고 풍요로운가? 우선 "말썽 많은 김 총각"에서 "의젓하게 훈장 달고 돌아온" 군인영웅으로 변신한 김 상사의 승리가 그 이야기의 뼈대다. 그가 월남에서 귀환했다는 뉴스는 "반기는 어린 동생"과 "춤추는 어머니"에게 둘러싸인 가족의 자랑이기도 했다. 이걸 지켜보는 젊은 여인들의 마음까지 얻었으니 정말 대박이다. 결정적으로 중요한 건 가족과 동네 사람들은 물론 한국인 모두가 젊은 영웅의 등장 앞에 결속감과 함께 군대 - 국가공동체 - 국민이 하나 되는 행복감을 느꼈다는 점이다.

그게 진실이다. 옛날에도 그랬고 지금도 '군대 갔다 오면 사람된다'는 말이 있지 않은가. 그게 일상 속의 진실이고, 우리 정서에도 맞는 말인데, 〈월남에서 돌아온 김 상사〉란 노래에는 그런 사회적 통념 내지 인식이 스며들어 있다. 이게 무얼 뜻하는가? 군인을 속칭 '군바리'라고 낮춰 부르거나, 아니면 군사문화와 병영문화를 둘러싼 부정적이고 혐오하는 인식이 한국 사회에는 지배적인데, 1960~70년대에는 결코 그렇지 않았다는 말이다. 그것은 훗날 지식인입네 하는 먹물들 사이에서 박정희 시절을 낮춰 보기 위해 만들어 낸 가짜 신화라고 보는 게 정확하다. 군사문화와 병영문화를 낮춰 보는 시선은 군대에 대한 부정적 시선을 넘어 '빨리빨리' 문화, 효율지상주의 혹은 물질만능주의에 대한 비판, 그래서 총체적인 한국 사회 비판으로도 치닫곤 한다. 반복하지만 그런 인식은 1960~70년대 당시의 사회적 활력 속에서는 큰 비중이 없었다. 1960년대 당시에는 외려 긍정적 인식이 더 많았던 게 진실이다. 그건 당시의 관변(官邊) 용어로는 '국민총화'의 일환이었다. 그걸 딱딱한 메시지로 전하지 않고 춤 잘 추던 섹시가수 김추자가 화끈하고 자연스럽게 전달했으니 효과 또한 만점이었다.

실은 이 노래는 1960년대 정부가 주도하던 이른바 건전가요 계열인데, 그런 시도도 썩 잘 먹혀들던 시기였다. 그 시절은 긍정과 희망 부추기기가 민·관합동의 방식으로 너끈히 통했던 국면이기도 하다. 그 노래뿐이랴. "신병 훈련 육개월에 작대기 두 개 / 그래도 그게 어디냐고 신나는 김 일병 / 헤이 브라보 김 일병!"으로 시작되는 유쾌한 봉봉사중창단의 〈육군 김 일병〉(1967)도 대박을 터트렸음을 떠올려 보라. 그 노래가 불렸던 당시란 2000년대 초반 지금 군대에 대한 일반의 무관심 내지는 불신의 분위기와는 사뭇 달랐다. 도시를 찬미하는 패티김의 노래 〈서울의 찬가〉(1969)도 본래는 건전가요 계열이다. 당시 틈만 나오면 라디오에서 울려 나오던 "우리 마을 살기 좋은 곳 / 경치 좋고 인심 좋아"라고 노래한 한명숙의 흐뭇한 노래 〈우리 마을〉이 발표된 것도 그 어름이며, "잘살고 못사는 게 팔자만은 아니더라"를 넌지시 가르쳤던 최희준의 구수한 노래 〈팔도강산〉의 인기도 꾸준했다.

이런 노력이 모두 합쳐져 모두가 하나 되는 1960~70년대 고유한 시대상을 연출했다. 그리고 무엇보다 1960~70년대 집단적으로 부활한 대한민국 남성들은 「국민교육헌장」의 한 구절처럼 "능률과 실질을 숭상하는" 근대적 인간의 등장을 알린다는 점에서 뜻깊다. 당시 남성의 부활이란 전 시대 조선왕조의 양반 – 상민 구분으로부터 실질적인 졸업을 뜻한다는 점에서 실로 문명사적 변화라고 해야 한다. 달리 말해 1960년대 부활한 남성이란 거드름만 피우던 잉여적 존재인 양반이 아니고, 구조적으로 신분제에 얽매여 있던 비루한 상민과도 전혀 달랐다. 그 얘기는 조금 뒤에 더 하겠고, 안타깝다. 1960년대 대중가요의 신화는 여기에서 멈춘다. 대중가요와 국가, 대중가요와 사회 사이의 행복한 결합이란 결코 흔한 일이 아니었고 그래서 문화사적 사건이었는데, 그리 오래가지를 못했다.

새로운 감수성의 대중가요가 등장한 기점을 1970년대 포크송으로 잡는데, 그때부터가 슬슬 문제였다. 당시 작곡·작사가 김민기와 가수 양희은으로 대표되는 포크송의 흐름, 통기타·청바지로 상징되는 청년문화 흐름이 막 시작됐는데, 그건 벌써 박정희 시대와의 불협화음을 예고하고 있었다. 포크 세대는 권위주의적인 정치문화에 염증을 낸 첫 세대였다. 이들은 포크송을 자기들의 음악 장르라고 믿었고, 트로트를 아버지 세대의 곰팡내 나는 가요라며 살짝 경멸하는 게 보통이었다.

'박정희 키즈'가 자라나던 1970년대는 또 다른 말로 긴급조치 시대다. 유신헌법을 부정·반대하는 행위를 금지한 공권력의 힘도 이 긴급조치를 근거로 했다. 1974년 제1, 2호에 이어 이듬해 9호까지 발동된 긴급조치란 이른바 재야인사에게는 인신구속과 고문을 뜻했지만, 젊은이들에게는 골치 아픈 훈육주임의 모습으로 다가왔다. 특히 헤어스타일과 패션 등 '나만의 영역' 내지 취향에 간섭하니 짜증스러웠다. 때문에 국가가 내세웠던 민족중흥이나 국민총화 호소에 다양한 형식의 반발도 흔한 일이었다. 이들은 장발과 미니스커트 단속 같은 풍기 단속을 넘어 먹거리(혼·분식), 가족의 수(가족계획)와 윤리도덕(충효사상, 민족주체성 교육 등)에까지 두루 미치는 국가권력에 질겁했다. 「국기에 대한 맹세」와 영화관에서 영화 상영 전 애국가 연주와 관객들의 기립도 그때 시작되었고, 교련과목 설치에 이은 학도호국단 출범도 1975년이다. "이 나라가 병영국가, 경찰국가냐?"는 소리가 여기저기에서 터져 나오기 시작했다. 그렇게 세상은 때 이르게 바뀌어 가고 있었다. 그게 포인트다. 박정희 정부는 1960년대 보릿고개를 넘어 근대화혁명으로 가자는 구호 아래 전국의 풍경을 모두 바꿔 놓는 데 성공했지만, 신세대들은 고개를 갸우뚱했다. 그건 '성공의 위기'였다.

군사문화에서 가능했던 돌진적 근대화

생활형편은 분명 눈에 띄게 나아졌고 유복해진 게 사실이지만, 이들은 좋아진 세상에 고마움을 표시하기보다는 자율성과 다원적 가치에 목말라 했다. 이런 상황에서 국가 차원의 각종 의제에는 냉소 일변도였고, 그걸 젊음의 특권으로 여겼다. 체제와 엄숙주의를 멀리하려 했다. 지금도 박정희를 군사문화, 병영문화를 이식한 독재자, 빨리빨리 문화를 도입해 우릴 망친 장본인으로 아는 고정관념도 그 시절 이후부터이며, 1970년대 중·후반 이후 1987년 민주화 항쟁을 거치며 그게 대세가 됐다. 그 정점이 '문민정부'를 자처한 1993년 김영삼 정부 이후 지금까지 이어진다고 보면 된다.

그렇다. 세상 흐름은 박정희 편이 아닌지도 몰랐다. 그리고 '군인 박정희', 이 이미지가 대중에겐 옛날이나 지금이나 거대한 오해의 벽으로 작용한다. 그건 박정희에 대한 대중 차원의 고정관념 중 가장 큰 것에 속한다. 그가 친일파에 독재자란 헛소리도 많지만, 그건 역사적으로나 정치적으로나 근거 없는 누명에 불과하니 치지도외(置之度外)하면 된다. 또 지역차별의 원조에 정경유착 등 몇 가지 원죄가 있다는 주장도 없지 않지만, 그 또한 시간이 흐르면 씻어진다.

이런 누명에 비해 '군인 박정희' 이미지는 1960~70년대를 군사문화 시대, 병영문화 시대로 각인시키는 대표적인 요인이다. 그런 비판적 인식이 우리 앞 세대의 삶과 성취, 그리고 한계까지를 이해하기 위한 좋은 의미의 디딤돌이 되었으면 하는 마음이지만, 전면적 부정 내지 백안시의 태도가 의외로 한국 사회 각 부문에 광범위하게 깔려 있어 걱정스럽다.

이런 상황에서 무엇을 할 것인가? 이런 통념을 깨기 위해 롤러코스터 같은 우리 현대사를 일단 들여다볼 필요가 있다. 그래야 지금은 꿈도 못 꿀 당시의 다이너미즘이 고스란히 드러나기 때문인데, 그 대부분이 박정희의 추진력 때문에 가능했다는 것도 확인해야 한다. 무엇보다 1960~70년대의 활력은 전에 없던 긍정적 의미의 군사문화 요소를 바탕에 깔고 있었기에 가능했음을 외면할 수 없다. 그 시절을 두고 개발독재, 돌진적 근대화라고 비판적인 뉘앙스로 규정하는 게 유행이지만, 편견을 거두고 보면 자랑스럽기조차 하다. 그 디테일 몇 개를 이 기회에 재확인해 보자.

우린 1970년대 말 벌써 신흥공업국이라는 말을 들었다. 『타임』, 『뉴스위크』 등이 앞 다투어 '한국이 몰려온다'라는 커버스토리를 냈다. 한번 속도가 붙으니 못 말렸다. 그건 박정희 사후 열매를 속속 맺었다.

수많은 사례가 있겠지만, 1985년 한국은 256비트 메모리를 개발해 냈는데, 세계 세 번째 기록이었다. 당시부터 미국 내 염가 매장을 가득 메운 가정용 컴퓨터는 '메이드 인 코리아'였고, 그때 가난한 나라, 전쟁의 나라라는 이미지가 바뀌기 시작했다. 반도체야말로 한국의 압축성장을 상징했다. 미국, 일본은 1메가 D램, 4메가 D램을 거쳐 16메가 D램을 개발했는데, 삼성전자는 처음부터 16메가 D램을 뚝딱 만들어 내 외국을 놀라게 했다. 전근대적인 농업국가로 꼬박꼬박 졸던 나라였다. 그러다가 식민지 경험까지 했던 한국인데, 우리가 마구 치솟기 시작한 것이다.

집권 초기 경험 부족으로 연신 위태위태해 보이던 박정희는 성공적인 첫 걸음을 몇 발자국 떼더니 내달리기 시작했다. 그가 "몇몇 산업부문은 세계 1위가 돼야 한다"고 호언했던 게 1970년 신년사인데, 집권 10년이 채 안 되던 시점이었다. 이후 과정도 그랬다. 1970년대 중반 중화학공업의 틀을 잡으면서 산업고도화에 진입했다.

그걸 평가해 준 이가 경제의 '이륙' 이론을 제시한 미국 경제학자 월트 로스토(Walt Whitman Rostow)다. 서구 선진국이 근대적 산업화에 성공해 날아오르는 데 걸리는 기간을 제시한 이론인데, 그에 따르면 영국은 장장 131년이 걸렸다. 산업혁명이 막 시작된 1783년에서 1914년까지다. 프랑스는 84년(1830~1914), 독일은 74년(1840~1914), 볼셰비키 체제의 러시아는 72년(1890~1962), 일본도 72년(1880~1952)이 걸렸다. 서구 열강들에 한참 뒤친 1960년대에 출발한 우리는 불과 20년 만에 이륙에 성공했다.

서울만 봐도 상전벽해(桑田碧海)란 말이 딱 맞다. 초고층 빌딩과 아파트로 숲을 이룬 금싸라기 강남 땅, 여의도 등도 이때 모습을 갖췄다. '슈퍼 서울' 강남의 탄생 자체가 이 시대의 작품이다. 본래는 푸성귀와 참외 등이 뒹굴던 논밭, 하지만 1968년 경부고속도로 건설과 이듬해 말 한남대교 개통으로 강남 개발의 신호탄이 올랐다. 시대가 사람을 만든다지만, 거꾸로 말하는 게 더 정확할 듯싶다. 그 시대란 과학기술인력의 대폭발 현상, 고대인이 엔지니어로 변신을 하는 '인종혁명'이 이뤄진 시대였으며, 그게 다시 새로운 사회적 활력을 만든 빅게임이었다. 삼국시대 농사꾼에서 현대사회의 핵심 과학기술인력에 이르기까지, 그리고 안방에서만 놀던 게으른 고대인에서 중동 등 해외 건설현장의 일꾼이자 엔지니어로 변신하기까지, 구한 말 선교사들이 게으르고 더럽다던 한국인들은 완전히 바뀌었다. 그 시절 대변신의 신화를 쓴 우리를 누가 말릴까? '진짜 박정희'를 만나기 위해서는, 이런 변화를 입체적으로 알아야 한다.

반복하지만 그 힘의 상당 부분은 박정희로 대표되는 군사문화, 병영문화의 힘이라고 필자는 믿는다. 당시로선 가장 선진적이고 현대적인 효율적 문화가 정착된 영역이 군대였다는 것은 거의 상식에 속하는데, 이 군대문화가 두 가지 면에서 한국 사회 변화의 동력으로 작용했다. 첫째, 군대 시스템을 현대국가 운용의 핵심인 관료제도 정착으로 탈바꿈시켰고, 둘째, 목표지향적인 군대 시스템을 조국근대화의 목표 아래 기운차게 돌렸기 때문에 현대사의 성공이 가능했다.

현대적 관료제가 1960년대 정착한 이유

현대국가 운용의 핵심인 관료제도 정착 과정은 그 자체로 엄청 중요한데, 1960~70년대의 질주를 그 직전인 1950년대와 대조해 봐야 극적인 변화가 감지된다.

1950년대, 그 시절을 포함한 이승만 정권 12년은 엄청나고 절박한 국가적 과제 앞에 놓여 있었다. 6·25전쟁을 포함해 그 시대만의 사회적 활력이 존재했다는 관찰이 없지 않지만, 전체적으론 그렇지 못했다. 미숙하고 비효율적인 관료제로 인해 국가능력에 대한 기대치가 좌절됐던 시대였다고 해도 과언이 아니다.

한국 최초의 하버드대 MBA 소지자로서 휴전 직후 정부의 예산부서 관료가 된 이한빈은 당시 형편을 다음과 같이 술회한 바 있는데, 그게 1950년대의 살풍경함이었다.

> [⋯] 1948년 정식으로 대한민국 정부가 수립되면서 [⋯] 정치인과 행정관료의 2대 세력 간의 교호작용이 어떤 유형을 찾기 시작하였다. 초기에는 행정의 정상에 위치했던 새로운 정치지도자들 중 대부분이 아마추어 정치인들로서 일제 때 독립운동가였거나 교육자였던 경우가 많았다. [⋯] 차관들 역시 거의 전부가 행정 경력은 없다시피 한 아마추어 정치인들이었다. 상당한 행정적 기량을 가진 전 총독부 관리들은 그때만 하더라도 장·차관급의 현직에는 용납될 수가 없었던 것이다. 다만 국장급 이하 관직에는 일제 식민관료제 하에서 하위 관리직 및 상위 서기직에 있던 비교적 전문적 직업관료와 해방 직후 새로이 대규모로 관직에 들어간 비전문적 관료계급 양자가 혼재하였다. 이것은 고작 거북한 공존 이상의 것일 수밖에 없었다. 왜냐하면 신인관료는 자기네 당면 업무 수행에 자신이 없었으며, 전 총독부 관리는 그들의 정치적 상사는 물론 일반 국민으로부터 신뢰가 지극히 희박하다는 사실을 절감하였기 때문이다.

이런 형편은 국가권력의 최고기관인 경무대도 예외가 아니었다. 초대 대통령인 이승만은 같이 일할 사람이 태부족한 데 대해 그의 친구이자 비서인 로버트 올리버에게 보낸 편지에 이렇게 쓰고 있다.

"서신과 문서 등을 전적으로 책임지고 다룰 수 있는 그런 사람이 필요하오. […] 노블 박사가 대부분의 공식 서신을 준비하고 있으나 나는 보다 범위가 넓은 서신들을 다루어야 하는데 그의 서신은 대개가 내용이 미국 측의 의견을 따르고 있으니 말이오."

그러면서 이어, 정부 안의 인재공급원 자체의 한계에 관해 위의 이한빈과 비슷한 뜻을 전한다. "요약해 본다면 남녀를 불문하고 친일분자가 아니었다고 말할 수 있는 사람이 하나도 없다는 것이오. 김성수와 한민당의 모든 다른 지도자들도 일인(日人)들과 함께 일하여 돈을 벌었소"라고 한탄한다. 대통령과 함께 일할 만한 비서를 구하기 어렵다는 사실도 오늘의 눈으로는 참으로 믿기 어려운 일이지만, 당시의 상황에서는 능력뿐만 아니라 신생독립국 건설 과정에 합당한 자질마저 검증된 사람이 극히 드문 사정을 하소연하고 있다.

경무대가 이러했을진대 휘하의 각 부서는 더 말할 것도 없었을 터이다. 건국 초기 가장 중요한 외교 분야의 인재난에 관해 이승만은 또 다른 편지에서 "[…] 중국사람들은 상해에 외교관을 위한 학교를 가지고 있지만 우리는 […] 아직은 포크와 나이프를 제대로 쓰는 방법을 배운 일이 없소. […] 지난 40년간 한국에는 이러한 문제가 없었소. 이 모든 일이 많은 요령이 필요하오"라고 말하고 있다.

어느 신생국에서도 외교만큼 중요한 국가관리 능력이 재정금융인네, 이 분야 또한 건국 이후 10년 가까이 극심한 인재난으로 인해 그야말로 주먹구구식이었다. 일제 '조선은행' 대리로서 해방을 맞고 1953년 재무부 외환과장으로 시작해 훗날 박정희 대통령의 비서실장까지 지낸 김정렴이 그 생생한 증언을 하고 있다. 그 증언에 의하면 독립국가의 국고금 처리 관계의 전모에 관해 아는 사람은 아무도 없었으며, 화폐 발행 관련 일을 아는 이는 과거 조선은행에서 그에 관련된 하위직에 있던 한 사람뿐이었다. 최근 한국경제에 그처럼 중요한 역할을 하게 된 IMF, IBRD 등에 처음 가입하려 한 1953년에, 그 가입 신청 문서에 포함되어야 할 국민소득 등을 마침 미국에 가 있던 김정렴이 혼자 힘으로 계산해 낼 수밖에 없었던 사정을 이렇게 회고하고 있다.

"나는 해방 후 일인들이 철거하면서 판 고서적을 사 모으는 과정에서 남북한을 합친 조선의 국민소득에 관한 일본인 학자의 저서와 논총을 수집하여 읽어 본 바가 있었고", 그래서 "나는 이상과 같은 나의 생각을 리앙 박사(IMF 극동부장)에게 이야기하고 [...] 일어로 된 자료이지만 IMF에서 인정만 해 준다면 내가 자료를 찾아 계산해 보겠다고 했다."

이런 증언은 어떤 관찰이나 통계수치보다 생생하다.

다만, 이 나라 건국 초기의 국가능력을 가늠함에 있어 간과해서는 안 될 것은 당시 급성장하는 조직이던 군대와 경찰이다. 이 두 가지 능력은 다른 신생국들에 견주어 봐도 월등히 빨리 그리고 크게 성장했다는 걸 기억해야 한다. 이를테면 한국의 군대는 1950년 전쟁이 시작한 때 겨우 8만 정도였는데, 3년 후 휴전할 무렵에는 그 7배가 넘는 60만 대군이 되었다. 이는 세계 역사상 어느 나라의 근대국가 형성 과정에서도 보기 드문 급속한 성장 속도이다. 건국 2년 만에 일어나 3년 동안 계속된 한반도의 전쟁이 그만큼 치열했기 때문이기도 하려니와, 그 전쟁이 당시 세계적 두 초강대국 간 체제갈등의 최전방이 됨으로써 동맹국으로부터 엄청난 군사원조를 받은 때문이다. 한국이 2차대전 이후 미국의 군사원조를 받은 나라 가운데서 최대의 수혜국이었음은 이미 널리 알려진 바이기도 하다.

경찰력 또한 건국 초기 2만여 명 수준에서 휴전 이후 그 2~3배 수준으로 늘었으니 세계적으로도 아주 빠른 성장이었다.

이렇게 빠르게 성장하면서도 가장 현대적인 조직문화를 가지고 있던 군대 부문이, 박정희가 집권한 1960년대를 기점으로 공무원 사회를 포함한 한국 사회를 온통 바꿔 놓은 요인이다. 효율최우선주의로 돌아가는 군대문화가 한국 사회에 바람을 일으킨 건 물론, 공무원 집단 자체가 거대한 체질 변화를 경험했다.

박정희를 모시고 5·16을 일으킨 뒤 초창기부터 총무처장관으로 활동하며 공무원 조직을 정비한 주인공인 이석제는 이렇게 결정적인 증언을 하고 있다.

우선 나라 살림의 근간인 공무원 제도의 역사를 살펴보니 경악을 금치 못할 정도였다. 전쟁과 독재와 4·19혁명을 거치며 인사조직 등 무엇 하나 체계적인 질서가 잡힌 분야가 없었다. 공무원들 행정구조는 유교문화의 잔재와 일본식 행정의 찌꺼기로 지극히 혼란한 상태였다. 공문 작성법도 가관이었다. 철필로 초 묻은 종이에 글씨를 긁어서 공문을 만들곤 했는데, 그 내용이나 작성 과정 또한 비능률의 표본이었다. 산림녹화에 관한 공문을 보니 "아국은 자고로 산자수명하고…"로 시작하여 문장을 작문하고 있었다. 당시엔 명문장을 써야만 유능한 공무원 대접을 받았으니 지금 생각해 보면 호랑이 담배 피던 시절의 이야기 같다.

(이석제, 『각하, 우리 혁명합시다』, 223쪽)

당시의 공무원 문화라는 게 얼마나 지리멸렬했던가가 드러난다.

공무원 봉급 5년 새 3.2배로

그런 증언을 남긴 이석제에 따르면 집권 초기에, 국가근대화의 기틀을 굳건히 해야 할 시점에 박정희 대통령이 뭔가 야심찬 임무를 주문하고 있었다. 그것은 "관료제도를 근대화하라"는 명령이었다. 박 대통령 자신이 수많은 독서를 통해 관료제에 대한 확고한 인식과 철학을 수립하고 있었던 것이다. 특히 메이지유신 이후 일본이 근대화에 성공한 원인과 고등학교 37개교, 제국대학 7개교를 설립하면서 일찍이 관료를 양성한 사실에 주목하면서 일본의 탄탄한 국가공무원 제도에 지대한 관심을 가지고 있었다. 박 대통령은 "공무원은 신분이 안정되어야 열성적으로 일을 한다. 공무원이 자진해서 뛰어야 대통령의 지시가 하부까지 전달되고 제대로 수행된다. 국민을 주인처럼 떠받드는 공무원 제도, 국가근대화의 선봉으로 공무원 제도를 확립해야 한다"면서 구체적으로 직업공무원 제도의 확립을 주장했다. 그건 국방 - 공무원 - 재벌의 3박자를 국가운영의 핵심으로 효과적으로 활용하겠다는 구상이었다.

이석제가 담당한 업무는 공무원 인사와 조직, 연금과 복지 그리고 행정관리 등이었다. 그는 박정희 대통령의 아이디어에 그 나름의 계획을 첨가해 직업공무원 제도의 기틀을 서서히 닦아 나갔다. 그때 염두에 둔 것은 공무원들의 연금제도였다. 공무원이 국가를 위해 봉사하면 퇴직 후에는 그 대가로 최소한의 생활보장을 해 주어야 한다는 것이 공무원연금제의 취지였는데, 그게 지금 공무원연금의 시작이다. 동시에 제3공화국은 공무원 처우 개선을 우선순위로 책정했다. 공무원이 정직하면 그것은 국민의 신뢰와 정치안정, 국민화합에 절대적인 영향을 끼친다고 믿었기 때문이다. 그래서 실무팀을 구성해『공무원처우개선 5개년계획 백서』를 발표하고 이를 실행에 옮겼다. 그건 도상연습만이 아니었다. 그 결과 실로 무시무시한 수준이 공무원 보수 인상이 이뤄졌음을 우리는 기억해야 한다.

가히 전무후무한 기록이 분명한데, 국가재정이 지금보다 훨씬 더 열악하던 그때 폭발적인 공무원 봉급 인상을 단행했다. 1966년 무려 30퍼센트 인상이 시작이었다. 그걸 기점으로 이듬해인 1967년엔 23퍼센트, 1968년 다시 30퍼센트 인상을 각각 결정했다. 그걸로 매듭지은 게 아니다. 『공무원처우개선 5개년계획 백서』의 본래 구상대로 1969년에 30퍼센트, 1970년에 20퍼센트를 각각 인상하는 수확을 했다. 요즘 공무원 인상이 한 해 2~3퍼센트 수준인 걸 감안하면, 당시 한국 사회가 얼마나 활력 넘쳤던가를 보여 주는 상징으로도 훌륭하다. 이석제의 고백대로 국가재정이 극도로 어려운 형편에 이 정도 임금 인상을 실천한 것은 국가지도자의 용단이 아니었으면 현실화되기 어려웠을 것이다. 이는 박 대통령 자신이 배고픈 경험을 많이 했기 때문에 어려운 재정에서도 가능했던 것이다.

이처럼 5년 동안 매년 무지막지한 수준의 임금 인상이 이뤄지자, 공무원들의 사기와 희망이 하늘을 찌를 듯했고 업무능률 향상에도 적잖은 효과를 가져왔는데, 그걸 산술적으로 계산해 봐도 결과는 실로 파격이다. 만 5년 동안 공무원 봉급이 3.24배, 즉 세 배 이상 인상되는 무시무시한 효과였다. 맞다. 이게 거둔 효과는 수치로 환산하기 힘들다. 보통 '선진국클럽'의 몇몇 나라를 제외한 중남미나 아시아, 아프리카 등지 대부분의 국가에서 공무원 집단이란 부패의 온상이다. 예나 지금이나 사정은 마찬가지다. 국가재정이 빈약하니까 충분한 봉급을 보장하지 못하는 구조이고, 그렇게 넉넉지 못한 봉급을 받는 공무원들은 음성적인 대국민 착취로 해결하는 게 보통이다. 이런 환경 속에서 효율이 자리 잡을 리 없고, 혁신적 관료문화가 뿌리내릴 가능성은 전무한데, 우리는 박정희 시대 기록적인 공무원 봉급 인상과 연금제도 도입으로 이런 돌파를 감행했다. 더 중요한 것은, 이런 혁신이 효율적인 조직문화를 가지고 있던 군대에서 비롯됐다는 점이다. '군바리 문화'에 대한 편견이 그렇게 근거 있는 소리는 아니라는 걸 재확인할 수 있는 계기인 셈이다.

효율우선주의의 걸작품 경부고속도로

공무원 집단 자체가 근대적 의미의 관료제 완성이란 목표 아래 체질 변화를 했지만, 다른 민간 부문까지 목표지향적인 군대 시스템이 스며들기 시작했다. 그게 조국 근대화의 목표 아래 기운차게 돌아갔기 때문에 현대사의 성공이 가능했다. 그 생생하고도 전형적인 사례가 경부고속도로다. 막연한 군대 시스템 도입만이 성공 요인이 아니라, 당시론 민간 부문에 비해 노하우가 많고 인적 자원 역시 풍부했던 공병(工兵) 시스템과 그쪽의 장교 그룹을 대거 투입했기 때문에 대박을 터트린 사례다.

익히 다 아는 얘기이지만, 1967년 4월 박 대통령이 고속도로 건설 구상을 발표하자마자 국내에서는 반대의 목소리가 터져 나왔다. 말도 아니었다. 박정희의 고속도로 꿈은 1964년 독일 방문에서 싹텄다. 본~퀼른 아우토반(독일의 자동차 전용 고속도로)을 달리며 그는 한반도 지도에 서울과 부산, 목포, 강릉, 인천을 연결하는 선을 그은 것으로 알려졌다. 귀국 후 고속도로 건설 타당성 조사를 지시했고, 1967년 제6대 대통령선거 공약으로도 제시했으니 그로서는 그보다 리얼한 비전이 없었다. 당시 터져 나온 반대의 목소리란 지금 생각하면 한국적 비효율을 상징할 뿐이다. 그때 박 대통령이 고속도로 건설이라는 비범한 결단을 내리지 않았더라면 교통 수송의 애로 때문에 1960년대와 1970년대의 고도성장은 이룩할 수 없었을 것이다.

당시 고속도로 건설에는 현대·삼환·대림·삼부·극동·고려개발 등 13개 건설회사가 투입됐다. 하지만 진실을 아는 이들은 경부고속도로 건설에 가장 크게 기여한 사람은 누구보다 박정희 대통령이었다고 증언하는데, 그게 엄연한 진실이다. 괜한 칭송의 용비어천가가 아니다. 지도자 한 사람의 비전과 리더십이 얼마나 크고 중요한가를

새삼 보여 주는 대목이다. 이를테면 한국도로공사 간행 『한국도로
공사 15년사』에는 다음과 같은 기술이 있는데, 그건 과찬이 아니다.

> 고속도로를 하나의 거대한 합창이나 교향악에 비유한다면 우리나라 고
> 속도로, 특히 서울~부산 간 고속도로는 박정희 대통령의 작곡·작사·지휘
> 로 이루어진 불멸의 일대 걸작품이라고 할 수 있다.

역시 한국도로공사가 간행한 『땀과 눈물의 대서사시 고속도로 건
설비화』에도 그런 서술이 있다.

실제로 박정희는 단군 이래 최대 토목공사를 성공으로 이끈 지휘
관으로 평가된다. 서울~부산 천 리 구간을 헬리콥터로 혹은 지프로
수없이 시찰하며 공정을 살핀 것도 그였는데, 그건 박정희로 상징되
는 효율 위주의 군 시스템의 승리를 말해 준다. 실무도 그러했다. '서
울~부산 간 고속도로 건설공사 사무소'가 설치돼 소장에는 공병 출
신으로 계획조사단의 기술반장을 맡았던 유수한 토목전문가 허필
예비역 육군소장이 임명됐다는 게 매우 상징적이다.

공사 관리를 담당할 감독요원과 품질관리를 담당할 시험요원의
확보도 민간 부문에서 모두 충당할 수 없었다. 박정희는 처음부터
우선 감독요원을 공병장교로 충당하고 그다음에 공과대학 토목과
출신자를 선발 양성해 충당할 방침을 세웠다. 그에 따라 육사 출신
위관급 장교로서 독신자 22명을 선발해 특별교육을 시켜 현장에 투
입했다. 2차로 ROTC 출신 장교 12명이, 그다음에는 공과대학 토목
과 출신자를 감독요원으로 양성하는 작업을 진행했다.

특기할 일은 군 공병이 공사 지원에 투입된 사실이다. 수원, 대전, 언양 공구 등 어려운 토목공사 구간에는 육군 공병이 투입됐다. 이들 구간의 공사는 군 조직의 특수성으로 인해 작업능률이 월등했을 뿐만 아니라 공사비 또한 크게 절감되는 성과를 거두었다. 세계 최단 기간인 2년 5개월 만에 완공됐다는 신화도 그래서 가능했음은 물론이다.

박정희의 비서실장 김정렴의 증언에 따르면, 1970년 7월 경부고속도로 준공식에 참석했을 때 대통령으로부터 공로훈장을 받는 위관급 공사감독관들이 부동의 자세로 서서 소리 없이 굵은 눈물을 뚝뚝 흘렸다. "이들 젊은 현역장교의 눈물은 서훈의 영광 때문만이 아니라 2년 5개월간 갖은 고생을 겪으면서 책임을 완수해 냈다는 벅찬 감동과 만감이 교차한 때문이라고 나는 느꼈다"는 게 그의 증언인데, 이런 대목이 감동이라면 감동이지 왜 타기해야 할 영역일까? 어쨌거나 군사문화-병영국가를 마냥 타기해 온 우리 사회의 풍토 자체가 문제라는 게 드러나는 대목이 아닐 수 없다.

그리고 이런 신화가 어디 고속도로뿐이랴. 철강산업을 상징하는 큰 이름인 포스코 역시 마찬가지인데, '미스터 철강왕' 박태준의 평소 발언이 그걸 잘 설명해 준다. 박태준은 육사 출신으로 1962년 소장 예편 뒤 1968년 포항종합제철(지금의 포스코)을 설립하여 한국의 철강산업을 세계적 수준으로 키워 냈는데, 그는 2008년 '자랑스러운 육사인상(賞)'을 받는 뜻깊은 자리에서 주변의 칭찬 세례 앞에 이런 말을 했다. 그건 물론 평소의 입버릇이기도 했다.

"야 이 사람아, 내가 철에 대해서 무얼 알겠어? 그냥 군대 시스템 그대로 밀어 붙였던 거지."

그리고 우린 체제경쟁에서 북한을 이겼다

이런 측면만큼 결정적으로 중요한 것은 따로 있다. 결국 대한민국
의 번영과 함께 북한과의 체제경쟁에서 결정적 승리를 이룬 요인도
군사문화와 병영문화라는 점이다. 때문에 이걸 언급하지 않는 것은
현대사의 진실을 외면하는 위선일 뿐이다. 보다 구체적으로 박정희
와 김일성, 현대사의 라이벌로 꼽히는 두 사람의 군사 경험의 차이
가 결국은 대한민국의 승리와 북한의 몰락으로 이어졌다는 뜻인데,
이 점은 거의 논란의 여지가 없다. 보자.

박정희는 청년 시절 이후 군인 생활에 이르기까지 군사학에 관한
지식과 정보에서도 김일성을 압도했다. 세상이 알듯 박정희는 식민
시대 빈농에서 태어나 사범학교를 거쳐 만주 관동군 장교 생활을 거
쳤다. 그 이전 만주국 육군군관학교 예과 제2기생으로 입교(1940년 4
월)해 수석졸업을 한 그는 당시 중국어, 수학, 물리는 물론 전사학(戰
史學), 보병전술에 이르는 교과과정을 성공적으로 이수한 것이다. 만
주대륙의 식민지 경영을 위한 군사력 확보 차원에서 만든 만주군관
학교에서의 코스워크를 통해 박정희는 공부만 한 게 아니었다. 당시
'동양의 웨스턴', '미래의 신천지'로 불리던 만주국 경영을 곁눈질하
면서 시야를 엄청 넓힐 수 있었던 결정적 계기였다. 당시 군관학교
교과과정은 일본 육사와 거의 같았지만, 이후 일본 육사에서 위탁

교육을 추가로 받으면서 보강을 했다. 일본 육사를 졸업(1944년 4월)하고 해방 직전 만주지역에 배치돼 1년 동안 초급장교 생활까지 했다.

그런 20대 시절의 선택을 두고 친일파라고 비판하는 시선이 없지 않으나, 그런 단선적인 논리, 시야 좁은 민족주의 논리로는 사람을 제대로 볼 수 없다. 당시 동북아 최고의 엘리트 교육을 체험한 것 자체가 잘못은 아니다. 제국주의 일본이 만들어 낸 으뜸가는 코스워크를 성공적으로 따라갔기 때문에 개인사로나 훗날 대한민국 운영과 대(大) 개조 작업이라는 공적 활동에서나 도움이 됐으면 됐지, 그 반대는 결코 아니다. 태어났을 때부터 조국은 식민지 상황이었다. 그 안의 젊은이를 무턱대고 '식민화된 군인'으로 설정하는 것이야말로 몰이해가 아닐까? 한번 물어보자. 청년 박정희는 자기 삶이 자랑스럽기만 했을까? 친일파 논란이란 그의 사후에 제기됐고, 그것도 정치적 공격이라는 점도 기억해 둬야 한다.

박정희의 선택은 중국 지도자 장제스(장개석)와도 비교가 되는데, 그는 일본 군대에 자원입대해 야포부대 이등병으로 1년 근무했다. 본래 부잣집 아들이던 장제스는 10대 시절 중국에서 전통 사대부 교육을 받는 걸 깨끗이 포기하는 대신 보다 선진적인 일본 군사교육을 선택했다. 스무 살이던 1907년 3년 과정의 일본 육사 예비학교에 입학했다. 중국 유학생을 위해 만들어진 학교였는데, 이후 사병 생활을 거쳤다. 사관학교는 입학하지 않았다. 신해혁명(1911)이 그를 혁명가로 내몰았기 때문이다. 어쨌거나 결과는 중국군 총사령관이 일본군 사병 출신이라는 것이니 중국으로서는 큰 아이러니가 분명하며, 박정희가 받은 최고 수준의 엘리트 코스와도 대조적이다.

어쨌거나 박정희와 장제스가 받은 일본군 교육과 달리 김일성이 한 군사 경험이란 수십 명 내외 소규모 빨치산 활동이 전부였다는 점에서 초라하다. 일본의 대표적인 친북 학자 와다 하루키(和田春樹, 도쿄대 명예교수)의 허풍 섞인 말대로라면 북한은 '유격대 국가'다. 실제로 그는 『북한: 유격대 국가의 현재』(1998)란 책을 펴내기도 했는데, 국가운영을 일제 하 독립운동 하던 군대 식으로 한다는 뜻이다. 생전의 김정일이 선군(先軍) 정치 어쩌고를 구호로 내세웠던 것도 그런 맥락이었다. 그 이전에 아비 김일성이란 자도 자신이 만든 어설픈 구호대로 '생산도, 생활도, 학습도 항일유격대 식으로!'를 주민에게 강요했다. 하지만 그런 허술한 유격대 국가의 실제가 어떠했던가? 결국 국가 의제와 목표 설정에서 허술했다. 또 외곬의 도그마 식으로 연결됐으며, 그런 이유로 결국은 대몰락을 했다. 북한에겐 거대한 재앙이었다.

왜 그랬을까? 김일성이 만주에서 유격대를 운영했다는 걸 액면 그대로 인정한다 해도, 그가 유지했던 병력은 작게는 수십 명에서 수백 명에 그쳤다. 현대적 군사 경험과는 차원이 달랐다. 즉, 정보가 제한되고, 시야가 차단되고, 보고 배운 게 없는 것은 당연하지 않을까? 결정적으로 그런 게 조급주의를 낳고 말았다. 쉬운 얘기다. 바로 그 탓에 무모한 한국전쟁을 일으키고 끊임없는 도발을 일삼았으며, 경제에서도 무리수를 둬 오늘날 최악의 불량국가 북한을 만들었다.

박정희와 김일성, 둘은 처음부터 불균형한 상대였고, 체급부터 달랐다는 얘기다. 그게 역사의 진실인데, 디테일을 확인할수록 실감이 난다.

엉터리 유격대장 김일성은 말년 운이 없었다. '사회주의 낙원'이라는 허장성세 속에 국가는 마냥 추락했다. 그의 사망(1994) 직전 북한은 5년 연속 마이너스 성장을 기록했다. 1989~1993년 사이에 −3.7퍼센트, −5.2퍼센트, −7.6퍼센트, −4.3퍼센트, −1.7퍼센트였으니 영락없는 '거꾸로 나라'였다. 여기에 더해 대홍수로 치명상을 입은 것이 그 직후다. 300만 명에 육박하는 사람들이 굶어 죽는, 체제 수립 이래의 최대 비극도 이때다. 그건 1980년대부터 예견됐고, 남북 격차도 손써 볼 차원을 뛰어넘고 있었다.

이 모든 게 1961년 박정희 집권 이후 벌어진 변화였음을 기억해 두라. 한국과 북한은 팽팽한 경쟁을 벌였으나 결과는 그렇게 나타났다. 정치학자인 박명림은 이렇게 밝히고 있다.

> 1979년 박정희가 사망했을 때 김일성은 자신들의 1인당 GNP가 1,920달러라고 호기롭게 공개했다. 그러나 실제 통계에 따르면 그해 남한과 북한의 수치는 1,640달러 대 1,114달러로 제법 격차가 나 있었다. 김일성은 거의 두 배를 과장한 것이다.

두 사람이 경쟁을 벌인 18년 동안 한국은 GNP가 82달러에서 근 20배로 뛰어 1,640달러를 기록했지만, 북한은 195달러에서 시작해 5.7배인 1,114달러에 그쳤다. 지금은 남북한 비교 자체가 거의 의미 없다. 김일성의 북한이 실패한 결과이지만, 악센트는 한국 쪽에 찍어 줘야 한다. 박정희의 한국이 거둔 승리가 역전승을 이끌어 냈다.

북한은 1950년대 제법 살나가는 것으로 보였다. 한국전쟁이 끝난

1954~1960년 공업생산은 연평균 39퍼센트 성장했다. 『1946~1960 조선민주주의인민공화국 인민경제발전 통계집』에 따르면 북한경제는 1946년을 100으로 할 때 1956년, 1959년, 1960년 각각 153, 305, 328로 성장했다. 1961년 한 해 동안만 1946~1955년까지 10년간보다 더 많은 공업제품을 생산했다고 호기를 부렸다. 이때 박정희가 집권했다. 절묘하지 않은가! 남북 간 격차가 최대로 벌어져 있는 시점에서 예상 밖의 대한민국 구원투수가 등판한 것이다.

이후 18년, 한국은 상대를 제치면서 분단시대의 풍경 모두를 뒤바꿔 놓았다. 북한의 몰락, 한국의 승승장구란 실은 집권 기간 내내 박정희가 품었던 소원이었다. 이후 '누가 더 인민을 잘 먹여 살릴 수 있나' 하는 경쟁에서 박정희가 놀라운 완승을 거뒀지만, 왜 그랬으며 어떻게 가능했는지를 따지는 것도 중요하다. 박정희의 수출 드라이브와 근대화란 실용주의와 현실주의를 두 개의 축으로 한 노선으로 풀이되지만, 배경에는 군대 경험과 지휘관 생활을 통한 너른 시야가 결정적이었다. 눈여겨 볼 건, 장성 출신이고 쿠데타로 집권했다고 해서 군대를 우선한 것만은 아니라는 점이다. 외려 거꾸로였는데, 이는 예산 집행에서도 나타난다. 박정희 이전에는 국방비가 30퍼센트를 넘게 차지했으나, 집권 뒤 먼저 손을 댄 것은 국방비 삭감이다. 국방비 비중을 20퍼센트 이하로, 다시 10퍼센트 이하로 낮추면서 경제에 전력투구했다.

반면 김일성은 자력갱생을 내세우면서도 속은 텅텅 비어 있었다. 박정희 집권 초기인 1963년, 김일성은 호기롭게 식량 원조를 제안했는데, 거의 코미디로 들린다.

"우리는 5~6년 전부터 쌀을 사 오지 않습니다. 남조선 군대들이 먹는 양식은 다 미국 잉여농산물입니다. 남조선에서 박정희가 중농정책을 쓰고 자립경제를 건설하자는 목소리가 울려 나오는 것만 해도 좋습니다. 우리는 그것을 찬성합니다. 그러나 그 자립경제는 미국과 일본의 돈을 꿔다가 해서는 안 됩니다. 그렇게 하면 식민지로됩니다."

김일성은 거짓말쟁이였다. 앞에서는 그럴싸한 호언을 하면서도 뒤로는 군사노선을 강화했다. 1960년대 후반 군사비가 차지하는 비중은 30퍼센트를 웃돌았다. 정상적인 국정운영이 이미 불가능했고, 이미 북한사회는 골병이 들고 말았다. 1970년대 이후 뒤늦게 경제 건설에 나섰으나 때는 버스는 떠난 뒤였다. 때문에 1970년대 중반을 분기점으로 남북 체제경쟁이 한국 쪽으로 기울었다는 평가도 사실과 다르다. 북한은 1973년 서방 차관을 마구 도입했으나, 당시 그걸 갚지 못해 절절매는 신세였다. 박정희의 한국 상황은 정반대였다. 중화학공업과 중동 건설 붐의 열매를 조금씩 따먹으면서 경제에 화색이 돌았다. 커진 경제력을 바탕으로 국방비 지출 액수에서 북한을 누르기 시작한 것도 그때다. 정확하게 1976년 이후다. 초기 포석을 잘 둔 결과다.

이런 추세는 도저히 돌이킬 수 없다. 지금 한국의 국내총생산(GDP) 총액에서 방위비가 차지하는 비중은 3.6퍼센트인데, 다른 나라(2~5퍼센트)와 큰 차이가 없다. 북한의 방위비 비중은 너무도 기형적인 27.4퍼센트까지 올라간다. 김일성 생존 당시 북한은 철저한 병영국가였고, 지금도 변함이 없다. 조금 전 시적처럼 그의 아들 김정일이 선군

정치 운운하지만, 저네들은 원래부터 선군정치로 놀았다. 그게 산소 호흡기를 댄 북한의 회생이 불가능한 이유다.

적지 않은 사람들이 아직도 '김일성=자주', '박정희=대외의존'이라는 이분법을 구사하지만, 그것도 웃기는 허구다. 결정적인 사례가 1950년대 북한경제다. 알고 보니 원조경제로 이뤄진 모래성이었다. 1954년의 경우 소련 등 사회주의권의 원조는 예산수입의 34퍼센트였다. 전후 그들의 반짝 성장은 '해외원조 보톡스'를 맞은 덕이지, 체력 증진과는 무관했다.

사회와 인간의 근본 개조를 추구한 박정희

이제 거의 마무리다. 군사문화, 병영문화를 둘러싼 논쟁이 제대로 된 성찰로 이어지려면 실은 문명사적 요인까지 지적해야 한다. 한국문화의 저 깊숙한 곳에는 군사문화, 병영문화를 거부하는 어떤 거대한 요인이 자리 잡고 있다는 점을 지적해야 한다. 그게 바로 성리학의 문화 지층(地層)이다.

군사문화, 병영문화를 둘러싼 그동안의 일방적인 공격이란 반(反)박정희의 정치적 논리이지만, 동시에 또 다른 사회문화사적 측면도 있는데, 그걸 자꾸만 부추기는 '숨은 힘'이란 성리학의 문화 지층이라고 보면 된다. 그건 단적으로 한국의 오래된 구체제로 되돌아가려는 거대한 몸부림의 일환이다. 조선시대에 만들어진 이후 21세기 지금까지도 맹렬히 작동하는 구조다. 구체제란 성리학적 세계관의 숭문(崇文)주의를 토대로 한 근대 이전의 조선왕조 질서를 말한다.

대한민국은 건국 70년이 다 되어 가고, 헌법 제4조에 자유민주적 기본질서를 국가운영의 뼈대로 삼고 있다고 밝히고 있으면서도 항상 취약하기조차 한 게 현실이다. 대한민국이 구현한 모더니티, 즉 근대성을 스스로 잊고 살며, 근대 이전으로 회귀하려는 숨은 힘을 가지고 있다. 그게 막연한 비판이 아니며, 여러 각도에서 감지되고 있다.

일례로 "이념적으로는 성리학적 전통사회로 되돌아가려는 은밀한 복원 노력"이 2000년대 초반 지금도 벌어지고 있다는 것이 서울대 경제학과 이영훈 교수의 주장인데, 필자인 나 역시 백 번 지지한다. 이건 그가 대중용 강의인 '환상의 나라' 제8강 '우리민족, 그 불길함'에서 강조했던 대목이다. 그에 따르면, 이웃 베트남이 근대 이전에 사대주의 정책을 펼쳤던 역대 왕조를 철저히 비판하면서 자국의 민족주의를 다잡아 나가는 데 비해 우린 다르다. 종북주의, 우리민족끼리 심리와 합쳐진 병적인 '민족 나르시즘'을 키워 온 우리는 전통사회 비판이 제대로 이뤄지지 않고 있다. 조선왕조에 대한 과도한 옹호 작업과 평가절상의 노력이 학계와 교육계에서 광범위하게 이뤄지고 있으며, 이런 흐름 속에서 조선시대의 은밀한 복원 노력이 암묵적으로 현실적으로 이뤄진다. 달리 말해 이 과정에서 그 지긋지긋했던 근대 이전 유산인 소중화(小中華)주의 DNA가 기묘한 방식으로 21세기 지금까지 전승되어 오고 있는 것이다. 그 상징이 서울 광화문의 세종 동상이다. 그리고 이런 움직임을 감싼 보자기가 민족지상(至上)주의다. 민족주의는 지금 너무도 커진 상태인데, 그게 대한민국이란 국가마저 삼키기 직전이다. 결정적으로 국가 해체, 즉 대한민국의 실패까지 낳을 수 있는 위협 요인으로 지목된다. 그래서 강의 제목('환상의 나라', '우리민족, 그 불길함')처럼 뒷맛이 개운치 않다.

그렇다면 박정희 시대란 조선왕조 이후 대한민국으로 이어지는 600년 역사에서 썩 예외적인 시기로 평가해야 옳다. 성리학적 세계관의 숭문주의를 토대로 한 오래된 질서를 깨고 군대문화, 병영문화의 요소를 집어넣어 정치사회적 활력을 연출한 국면으로 적극 평가하는 게 맞으며, 그건 비정상의 상태에서 벗어나 정상적인 국가로 도약하려 했던 국면이었다.

한국인의 정치문화적 지층 구조를 바꿔 놓으려는 이 거대한 작업을 지휘했던 주인공의 정신세계 자체가 실은 연구 대상이어야 한다는 게 이영훈 교수의 주장이다. 이 또한 전면적인 박정희 연구를 위한 흥미로운 문제제기가 아닐 수 없는데, 이건 '환상의 나라' 제9강 '박정희의 정신세계(1)'에서 그가 시론적으로 언급한 대목이다. 많은 암시를 안겨 주는 그의 언급에 따르면 1960~70년대 대한민국의 성취란 박정희의 어떤 정책이나 드라이브가 먹혔다 안 먹혔다는 그런 차원 이상이다. 그가 지향해 온 강렬한 정신세계란 게 대체 무엇이었던가, 그걸 지금 어떻게 이해하고 역사적 좌표를 설정해 줘야할까를 물어야 옳은 거대한 변화의 세계였다. 그게 맞는 말인데, 그동안 우리는 역사인물 박정희의 전체 크기와 함께 그가 품었던 역사적 대원력(大願力)의 실체를 모른 채 입을 놀려 왔는지도 모른다.

한마디로 박정희는 19세기 이전 한국인의 정신세계와 매우 상이한 멘털 세팅을 가진 사람이다. 조선성리학의 패러다임과 완전히 굿 바이 한 의식구조가 특징인데, 그걸 상징하는 게 집권 시기 그가 자주 구사했던 용어인 멸사봉공(滅私奉公)이다. 그건 결코 조선성리학에 등장하는 용어가 아닌데, 성리학은 완전히 거꾸로의 질서였다. 즉 이공멸사(以公滅私)를 최고의 덕목으로 삼았던 독특한 정신세계가 특징이다. 사익(私益)이나 개인은 무한히 부정되어야 하며, 그걸 엄숙한 공적 윤리의 세계로 찍어 눌러 왔는데, 공적 윤리란 충효제자(忠孝悌慈)로 상징된다. 임금에 대한 충성[忠], 부모에 대한 효도[孝],어른 공경[悌], 아랫사람에 대한 자비[慈]로 똘똘 뭉친 게 조선시대의 공적 윤리 혹은 사대부의 의리 구조였다. 근대 이전 장기지속에 성공했던 아름다운 세계가 분명하지만, 19세기 서세동점(西勢東漸)의 충격 속에서 한계 역시 분명했다. 그 공적 윤리의 세계가 임금 따로, 부모 따로, 어른 따로의 구조였기 때문에 기본적으로 분산적 성격이었다. 때문에 서양 근대국가 같은 새롭고도 강력한 협동적 질서로서의 현대세계를 창출해 낼 수 있는 정치사회적 에너지가 결코 아니었다.

이 구조를 박정희는 본능적으로 싫어했다. 그게 "퇴영과 조잡과 침체의 연쇄사"(『국가와 혁명과 나』, 제8장)를 부른 힘이라는 걸 직감했던 혁명아였으니까 말이다. 젊은 그를 사로잡은 정신은 어쨌거나 근대 일본이 만들어 낸 새로운 정신구조였다. '진충보국(盡忠報國), 멸사봉공'의 정신 아래 상징적 인물 천황에 충성하고 그걸 통해 강력한 근대국가 형성에 무한 헌신한다는 쪽이었다.

사실 일제시대 한복판에서 태어난 그가 다른 세계를 선택할 여지는 없지 않았던가? 물론 조국과 식민제국 사이에서 갈등하지 않을 수 없는 젊은이였던 그였지만, 일세의 패방 이후에는 충성을 다

할 조국을 드디어 찾았다. 문제는 그가 바라본 새 조국이 너무도 누추했다는 것이다. 근본적으로 개신(改新)하고 뜯어고쳐야 할 대상이었다. 조선조 성리학 이래로 "퇴영과 조잡과 침체의 연쇄사"에 불과했다면 몽땅 바꿔 놓아야 한다는 강렬한 소명의식에 사로잡혔던 게 젊은 날의 박정희다. 그걸 이영훈 교수는 자신의 저서 『대한민국 역사』에서 이렇게 표현했는데, 인상적인 대목은 "몽땅 바꾸자는 소명의식"이 너무도 강렬했던 박정희는 집권 18년 동안 추구했던 개발을 포함한 모든 걸 혁명의 과정으로 간주했다는 덧붙임인데, 모두 맞는 진단이다.

> 박정희의 정신세계는 역사와 현실에 대한 근본적인 불만에 기인하는 팽배한 긴장으로 가득 찼다. 그는 식민지로 전락한 한국 민족의 사대주의 병폐, 자주정신의 결여, 게으름과 명예심의 결여를 증오했으며, 그 결과로 빚어진 민중의 고난과 가난에 분노하였다. 역사와 현실에 대한 그의 강렬한 비판의식과 소명감은 그의 모든 정치적 선택에 있어서 변함없는 기초를 이루었다. [⋯] 그가 지향한 조국근대화는 단지 경제적 성취만을 위한 것이 아니었다. 그는 사회와 인간의 근본적인 개조를 추구하였다. (392-93쪽)

안타까운 것은 그게 1960년대 이후 1980년대 중후반까지 이어지는 채 30년이 안 되는 '막간(幕間)의 흐름'에 그쳤다는 점이다. 30년이 안 되는 '막간 흐름', 그 이전과 이후는 볼 것도 없다. 오래된 질서로서의 숭문주의와 반 군사주의가 작동한다. 군대문화, 병영문화에 대한 비판과 염증이 유감스럽지만 일단 어떤 헤게모니를 쥔 느낌이며, 박정희에 대한 공격에서 유리한 고지를 점령했다.

이제 군대문화, 병영문화에 대한 비판과 염증은 보다 다양한 현상으로 나타나는데, 그게 2000년대 초반 지금까지 반공이란 가치의 포기로 우선 드러난다. 이후 물론 굴종적 평화에 대한 선호와 지독한 안보 불감증, 그리고 수세(守勢)적 군 작전개념으로의 전환 등은 사회적 활력의 후퇴를 낳는 요인이 되었다. 2016년 지금 반공의 가치는 평가절하된 지 오래이며, 그걸 무색하게 만들고 조롱하기 위해 좌익들이 만들어 낸 용어인 '레드 콤플렉스'가 훨씬 더 광범위한 세력을 얻고 있다. 5공 이후, 특히 1987년 체제 이후 '박정희 반대로'가 무슨 시대정신인 양 알아 온 뒤집힌 흐름 속에서 한국인은 박정희 시대 쌓아올린 중요한 정치사회적 DNA를 잃어버린 셈이다.

이 모든 게 오래된 질서로서의 숭문주의와 반 군사주의 작동과 밀접한 관련이 있다. 이 모두를 바꿔야 비로소 '정상국가'가 된다는 건 두말 할 것도 없다. 누구도 진지하게 지적하지 않고 있지만, 안보의 가치를 외면하는 이 나라는 사회 전체가 실은 평화지상주의의 무드에 심각하게 오염된 상태다. 제주도 강정마을 해군기지 건설을 훼방 놓는 좌파와 종교인, 시민단체 들의 미친 프로퍼갠더가 평화지상주의를 부추겨 왔고, 언론은 여기에 부화뇌동한다. 그래서 지금 되물어야 한다. 대한민국 군대는 나라 지키는 합법적인 무력인가, 아니면 그냥 남 보기에 좋으라고 운용하고 있는 볼거리용 의장대인가? 지금 우리의 적 앞의 굴종적 태도는 변함이 없다. 사드(THAAD) 배치와 관련해 극히 소모적이고 비정상적인 반대투쟁에 그대로 노출된 것도 그 증거다. 적과 아군의 피아(彼我) 구별을 못 하는 데다가 적에게 평화를 애걸하는 판이니 '집단적 백치'에 다름 아니다. 문약(文弱)의 늪에 빠져 살던 조선왕조의 무능만큼 상황이 심각하며, 이미 그쪽으로 회귀한 셈일까?

안타깝게도 이런 불구의 정신상태는 병사와 장성은 물론 한국군의 작전개념에도 깊숙이 투영되어 있다. 기억할 것이다. 몇 해 전 국회 국정감사장에서 "남북이 일대일로 붙으면 어떻게 되느냐"는 한 의원의 질문에 한 장성은 "우리가 패배한다"고 답했다. 뒷골목 건달이라도 싸울 때는 결코 두려움의 기미를 드러내지 않는 법이다. 주적(主敵) 북한을 보는 우리의 집단정서에 문제가 있다는 건 분명하다.

이런 게 우연만은 아니다. 몇 해 전, 당시 군 통수권자이던 대통령 노무현은 "그럼 전쟁 하자는 겁니까?"라는 발언으로 악명이 높다. 이후 우리 모두는 "북한을 자극하면 전쟁 난다. 그러니 저들을 돕자"고 굳게 믿고 있는 상황이다. 2016년 더민주당 대표 문재인도 비슷한 발언을 했다. 역사 이래로 우리는 한 번도 다른 나라를 침략한 적이 없다는 엉터리 신화(고구려나 신라의 상무尙武 정신만 봐도 그건 잘못된 얘기다)를 초등학교 교실에서 일방적으로 배워 온 탓이고, 조선조 이래로 문약에 찌들어 벗어나지 못하는 탓이다. 국제정치학의 상식대로 국가란 '전쟁 하는 조직'인데, 지금의 대한민국은 도저히 국가라고 할 수 없는 수준이다. 회사 혹은 협회에 불과하다. 좌파의 집요한 장난, 평화를 사랑하는 민족이라는 엉터리 신화에 조선조 문약의 전통, 그리고 국방을 너무 오래 미국에 아웃소싱 해 온 나쁜 관행 등이 겹치고 겹쳐서 '스스로 제 나라를 지키지 못하는 대한민국'의 오늘을 만들었다. 우리의 안보감각은 무뎌질 대로 무뎌졌고, 나라 밖의 정세를 전략적으로 규정하는 외교안보 능력조차 온통 잃어버렸다.

어떤가? 이게 박정희 시절 군대문화, 병영문화에 대한 과도한 비판과 염증이 만들어 낸 결과라는 점에서 우린 새삼 놀라지 않을 수 없다. 군대문화, 병영문화에 대한 비판과 염증이 그 자체로 왜 균형을 잃은 것인지, 긴 역사의 시선을 보면 얼마나 단선적인 논리인지를 재확인할 수 있는 기회가 지금이다.

박정희는 사후 40년이 가까운 인물이다. 그럼에도 그는 요즘 들어 더더욱 뜨거운 인물이자, 문제적 인간으로 재조명되고 있는데, 이유는 삶의 외연이 그만큼 크고 넓기 때문이 아닐까?

04
박정희의 반공이 반反민주라고?

민주를 지키는 게 반공이다

유 광 호*

들어가며

"박정희 대통령의 반공은 자유민주주의 원칙에 위배되는 것이었고 그것은 독재를 위한 지배 이데올로기였으며 그 과정에서 순수하고 숭고한 '민주화 운동'을 용공(容共)으로 조작하여 탄압한 인권 유린이었다."

아마도 대한민국 적지 않은 사람들의 생각이 이렇지 않을까 싶다. 심지어 박정희의 경제개발 업적을 칭찬하는 사람들도 박정희의 반공이 인권 탄압과 피해자들을 양산했다고 공과론(功過論)을 늘어놓기 일쑤다. 그러나 그런 생각과 주장은 전혀 사실이 아니다. 하나씩

* 박정희대통령기념재단 초빙연구위원

떼어서 보자.

군사독재 정권이 민주화를 외치는 학생들과 재야세력의 운동을 공산주의 혁명투쟁으로 몰아서 탄압했다? 천만에다. 학생운동권은 분명하게 의식적으로 사회주의 혁명투쟁을 했다. 굵직굵직한 공안 사건들도 명확하게 북한과 연계되거나 혹은 자생적으로 북한의 '남조선혁명' 전략을 수용한 체제 전복 활동이었다. 이런 체제 전복 활동에 대해 박정희 정부는 당연히 해야 할 체제 수호 활동을 했을 뿐이다.

또 하나는 정통성이 결여된 군사독재 정권이 악의적으로 과잉대응했기 때문에 체제 내화(內化)될 수 있었을 학생들을 과격하게 만들었고, 관용으로 대했으면 '순수'하게 가라앉았을 것이 좌익운동으로 변질되었다는 주장이다. 역시 천만에다. 학생들의 사회주의혁명 운동은 일제시대 경성제국대학을 비롯해 각급 학원들의 일각에서 면면히 내려온 사회주의 활동에까지 그 기원이 거슬러 올라간다.

마지막으로 정당성이 결여된 군사독재 정권의 존재가 그에 대한 반작용으로 과격한 좌익운동을 탄생시켰다는 궤변이다. 더더욱 천만에다. 박정희 정부는 우선 군사독재 정권이 아니었고, 산업혁명을 수행하는 발전국가에서 북한의 전복 공작과 침략 그리고 남한 내 내응(內應) 세력의 전복 활동으로부터 대한민국을 수호하는 안보 정부였다.

박정희 정부를 폄하할 때 절대 빠지지 않는 수식어가 '정당성, 정통성 결여' 운운이다. 그러나 합법성(legality) 위에 정당성(legitimacy)이 있다. 히틀러의 집권은 합법적이었지만 정당성은 없었다. 자유민주주의 체제의 바이마르공화국을 전복, 파괴했기 때문이다. 박정희의 군사혁명과 유신은 일면 비합법적인 면이 있을지 몰라도 정당성이 있는 것이었다. 자유민주주의 체제와 대한민국을 지켜 냈기 때문이다. 정당성이라고 하는 것은 한계상황에서 어떻게 자유민주주의 체제를 수호할 것인가의 문제다. 공산주의자와 체제 전복 좌익세력을 단속하는 데 있어서도 마찬가지다. 그래서 박정희의 반공은 정당성의 차원에서 올바르다. 박정희 정부는 정통성이 결여되기는커녕 정통성 내지 정당성의 차원에서 볼 때 역사상 가장 훌륭하고 정당한 정부였다. 프랑스의 드골은 이렇게 말했다. "정당성은 합법성에 종속되지 않으며, 합법성이 반드시 정당성의 근거는 되지 않는다."

박정희 정부가 정당성이 없다고 규정하는 것이 바로 좌익 반체제 사상이자 입장이다. '독재 이데올로기'론과 '민주화운동 탄압, 용공조작, 인권 유린' 주장이 북한의 대남선전과 일치하는 것은 결코 우연이 아니다. 북한은 박정희 정부를 군사파쇼독재정권이고 반민주 정권이라 매도하고 국가보안법 폐지 등을 통해 공산주의 활동을 자유롭게 허용하게 하는 "'반파쇼 민주화 투쟁'을 가열차게 벌여야 한다"고 선동해 왔다. 이렇게 한국에서 통용돼 온 '민주 대 독재' 내지 '민주 대 반(反)민주' 프레임은 북한 정권의 전술과 맥이 닿아 있다.

그러나 이런 프레임은 한국현대사를 제대로 이해하지 못하는 좁은 시야에서 나오는 것이다. 당시 상황에서 볼 때 박정희 대통령과 그 정부는 자유민주주의 원칙을 위배하고 반공으로 인권을 탄압한 정부가 아니라 진정한 자유민주주의 수호세력이었다. 그 이유와 근거를 찬찬히 살펴보자.

1. 박정희는 왜 반공을 국시國是로 했는가

5·16혁명은 필연

박정희 장군은 원래 서민에 깊은 동질감을 가진 자유주의자였다. 그래서 4·19학생의거를 지지했다. 그러나 활짝 열린 자유의 공간에서 좌익, 그것도 친북 좌익세력들이 대거 지상으로 올라와 자유민주주의 체제를 위협하기에 이르렀다. 자유주의자면서 사회주의와 공산주의에 반대하는 박정희 장군으로서는 좌시할 수 없는 것이었다. 이 친공(親共) 좌익세력을 제압하지 않고서는 경제발전으로 가난을 물리칠 수 없었고, 그것은 곧 국가건설이 불가능하다는 얘기다.

이런 건설 세력 내지 노선은 당시나 그 이후나 크게 봐서 두 세력으로부터 협공을 당하고 있었다. 구시대 기득권 세력과 좌익세력이 그것이다. 이들은 자본주의, 즉 기업경제 제도에 반대했다. 박정희의 입장은 자본주의 산업혁명을 이뤄서 우리나라도 가난한 후진국에서 벗어나 선진국이 돼 보자는 것이었다. 그래서 박정희는 구 정치세력과 그들과 협력했던 기업들을 타파해야 될 집단으로 보았고, 한편으로 좌익세력은 타도해야 될 세력으로 보았다.

이런 입장은 옳은 스탠스였다. 4·19학생의거 후 장면 총리의 민주당 정부의 붕괴는 반공의 실행능력이 이 나라에 얼마나 중요한지 잘 보여 준다. 그 민주당 정권은 반공주의 세력이었지만 그것을 집행할 의지나 역량이 없었다. 좌익의 발호를 막을 수 없었다. 5·16군사혁명은 그 상황에서 필연이었다. 대다수 국민들이 그것을 이해하고 지지했다. 4·19 직후의 혼란기가 좀 더 계속됐더라면 오늘의 성장과 번영을 도저히 기대할 수 없었을 것이다.

박정희 시대에 북한의 적화공세는 매우 위협적이었다. 박정희 시대 18년 동안 간첩 침투 1,160여 회, 군사도발 400여 회 등 총 1,560여 회로, 북한은 평균 4~5일에 한 번씩 대남도발을 자행한 것으로 집계된다. 1953년 휴전협정 이후 2016년까지 총 안보위협 횟수 3천여 건 중 50퍼센트를 상회하는 간첩 침투 및 군사도발이 박정희 시대에 집중되었다. 이 통계는 당국에 적발된 것만 산입한 것이기에, 적발되지 않은 사례까지 감안하면 이 시기는 정말 끔찍한 시대였다.

박정희 장군은 5·16군사혁명 공약의 제1조로 "반공을 국시의 제일의(第一義)로 삼고 지금까지 형식적이고 구호에만 그친 반공태세를 재정비 강화한다"고 천명하였다. 그것은 1년 전인 1960년 4·19학생의거로 들어선 민주당 정부 시기에 좌익세력이 모두 들고일어나 '민족자주통일중앙협의회(민자통)'을 비롯한 각종 좌익단체를 결성하고, 학생 좌익들은 '가자 북으로! 오라 남으로!'라는 기치를 내걸고 휴전선에서 남북학생회담을 하겠다고 나서는 판이었기 때문이다. 이러한 사상 혼란을 정비하고 경제개발을 강력하게 추진하여 기아선상에 선 민생고를 해결하고 조국의 근대화를 이룩하겠다는 절박한 심정이 군사혁명의 동인이었다.

박정희에게 경제개발은 반공과도 긴밀히 연계되어 있었는데, 박정희는 군정 당시 펴낸 『우리 민족의 나갈 길』(1962)에서 빈곤이 "공산주의가 침투해 들어올 수 있는 통로"라는 점을 강조하며 반공, 곧 공산주의 침투를 예방하는 차원에서 경제개발의 필요성을 역설했다.

1960년대 경제개발 전략은 전 세계를 대상으로 한 경제 경쟁이라는 측면도 있었지만, 북한을 상대로 한 경제전쟁에 승리한다는 '승공의 전략'으로서의 성격을 강하게 띤 만큼, 경제개발을 통한 실력 배양을 수반하지 않는 반공은 박정희에게 '관념적인 반공'—곧, 혁명공약에서 비판하는 '형식적이고 구호에만 그친 반공태세'—에 불과했다.

반공과 경제개발

경제발전에 있어서도 가장 중요한 요소는 사상적 통일의 힘이다. 당시 지하의 좌익이 지상으로 양성화되지 못한 '반공주의' 시절이었기 때문에 국민들의 대다수는 좌경에 오염되지 않은 순수한 사상의 상태였다. 그래서 박 대통령의 반공민족주의와 진심으로 소통될 수 있었다. 반공 내셔널리즘이 경제윤리로서 말하자면 한국 자본주의 정신의 역할을 했다. 국회도 노동조합도 사회단체도 좌경화되어 있는 지금의 상황과 비교해 보면 쉽게 이해할 수 있을 것이다. 대통령이 대한민국 체제파로서 반공 노선이 확실한 것을 국민들이 믿고 있었기 때문에 박정희는 국익을 위해 필요하다면 적의 수법인 사회주의적인 정책도 일부 요긴하게 가져다 써도 의심을 받지 않았다. 국가의 자율성은 그만큼 더 커졌던 것이다.

그리고 반공은 경제개발에 필수적 전제조건인 체제 단속을 해 줬다. 그리하여 신생 후진국에서 흔히 나타나는 인기영합주의적 재분배정책인 '조숙한 케인스주의'를 막아 주었다. 다시 말해 좌경 경제 노선을 막아 준 것이었다. 그것은 박정희 혁명세력이 토착 정치세력도 아니었고 특정한 민중세력들에게 빚진 세력이거나 의존해야 될 세력이 아니었기 때문에 가능했다. 그것이 깨어진 작금에 한국경제는 표류하고 일자리는 창출되고 있지 않다.

역대 대통령 중에서 가장 일을 잘한 대통령으로 박정희 대통령이 꼽힌다. 그 이유로 흔히 그의 업적을 예거(例擧)한다. 그러나 청와대 비서관으로 보좌했던 김성진에 따르면 근본적인 이유는 국민들이 대통령의 말을 믿었다는 데 있다. 일부 정권욕에 눈이 어두웠던 정치인들과 그들의 선동에 애꿎게 놀아난 사람들을 제외하고는 말이다. "박정희 대통령은 인간의 도리를 다한 것이다. 그의 말을 국민들은 믿고 따랐다. 그리고 그는 자기의 말을 실천했다. 그는 역사를 거역하지 않았고 소명에 순응했을 따름이다. 박정희는 우리들 가슴속에 살아 있는 역사"라는 것이다.

2. 반공은 자유민주 체제 수호의 전제조건이다

반공의 역사

'반공(anticommunism)'은 공산주의에 반대하는 것을 뜻한다. 공산주의의 이론을 비판하고 각종 형태의 공산주의 실천활동을 반대하는 것이 반공이다. 반공은 공산주의에 대한 인간의 태도이자 활동이며, 반공의 구체적 내용은 매우 광범위하고, 반공활동의 방식은 매우 다양하다.

오늘날 우리 사회에서는 반공을 냉전의 산물이라고 말하는 사람들이 많다. 그러나 반공은 냉전의 산물이 아니다. 반공운동은 미·소 간의 냉전이 시작되기 훨씬 이전부터 등장했다.

공산주의에 대한 반대가 나타나는 것은 1848년 마르크스와 엥겔스가 『공산주의자 선언』을 발표하면서부터다. 그 선언에 천명된 사적 유물론, 계급투쟁론, 사유재산 폐지론, 폭력혁명론이 자본가들과 교회 및 지식인들의 반발을 샀기 때문이다. 그러나 그때의 공산주의에 대한 반대는 공산주의 비판에 멈췄고, 반공운동으로까지는 확대되진 않았다.

유럽에서 반공운동이 본격화된 것은 1917년 러시아에서 공산주의혁명이 성공하면서부터다. 러시아에서의 혁명 성공에 고무된 유럽 각국의 공산주의자들과 혁명적 노동운동 세력은 급격히 세력을 확대하면서 노동자들을 앞세워 불법파업과 폭동 등 혁명공세를 강화했다. 유럽 각국의 정권과 비사회주의 정당들은 러시아의 공산주의혁명이 유럽으로 확산되지 않을까 우려하게 되었고, 그러한 혁명의 확산을 저지하기 위한 노력을 전개했다. 유럽의 정부들은 소련 공산정권을 승인하지 않고 경제적으로 봉쇄하면서 대내적으로는 공산주의자들의 불법행동을 엄격히 단속했다. 각국의 비사회주의 정치세력들은 공산주의가 그릇되고 위험한 사상이라는 것을 선전하면서 노동자와 일반 대중이 공산주의들의 선전 선동에 넘어가지 않도록 노력했다. 이와 같이 유럽에서 공산주의 반대 운동이 확산되던 1920년대부터 '반공'이라는 용어가 많이 사용되었다.

2차대전 종전 후 소련에서 자행되는 공산당 독재의 실상이 세계에 많이 알려지고 공산주의자들의 세계혁명 주장이 강화되면서 미국과 소련 간의 냉전이 격화되자, 세계의 비공산지역 전체에서 반공운동이 고조되었다. 반공운동은 1949년 중국이 공산화되면서 더욱 강력하게 전개되었다. 1920년대 유럽의 제1차 반공 캠페인 때 공산주의에 대해 비적대적 태도를 취했던 사회민주주의 세력도 1950년대부터 반공운동에 나섰다. 반공운동은 특히 미국과 서독 등에서 강력하게 전개되었으며, 공산주의의 위협에 노출되어 있으면서 미국의 지원을 받는 제3세계의 비공산국가들에서도 반공운동이 강력하게 전개되었다. 우리나라에서도 1948년의 대한민국 건국이 우익 진영의 반공운동이 성공한 결과로 이루어지게 됐으며, 6·25 남침전쟁 후 반공은 국민적 합의사항이 되었다.

자유민주주의 대 전체주의

대한민국에서 반공이 어떤 의미를 가지는지를 정치체제론적으로 살펴보자.

대한민국은 자유민주주의 체제로 건국되었다. 자유민주주의란 것은 어디까지나 정치이념 혹은 정치체제 상의 개념으로, 대의제와 입헌주의와 평등한 개인의 자유 보장을 골간으로 한다.

정치체제라는 범주에서 이와 대척되는 것으로 현대에는 전체주의라는 것이 있다. 전체주의는 독재 당과 국가가 시민사회를 완전히 포섭하여 개인의 자유가 일절 존재하지 않는 체제다. 이런 전체주의의 전형이 바로 공산주의다.

권위주의라는 것 역시 정치적 범주에 드는 것으로서 자유민주주의의 한 변형이다.

흔히 자유민주주의의 대체 체제로 오해하고 있는 사회민주주의란 것은 어디까지나 경제적 범주로서의 수정자본주의에 조응하는 것이다. 이를 구태여 정치적 범주에 넣고 볼 경우에는 자유민주주의의 한 유형에 속하는 것이라 할 수 있겠다. 자유민주주의와 사회민주주의를 대립적으로 보는 것은 범주를 완전히 혼동한 것이다.

같은 맥락에서 '정치적 자유주의'와 '경제적 자유주의'도 구분해서 이해할 필요가 있다. 정치적 자유주의는 자유민주주의라는 정치 체제를 뒷받침하는 이념 중 하나이다. 반면에 경제적 자유주의는 자본주의 체제를 뒷받침하는 이론에 속하는 것이다. 따라서 정치적 자유주의가 반드시 사회·경제적 자유주의와 일치하는 것은 아니며, 경우에 따라서는 상호 대립되는 성격을 가질 수도 있다.

자유민주주의는 어떤 통일되고 체계적인 이론에 의해 형성된 것이 아니라는 점이 중요하다. 자유민주주의는 정치적 자유주의가 오랜 역사를 통해 성취한 특정한 '제도적 성취'를 지칭하는 것이라는 이야기다. 한편 사회민주주의란 것은 그러한 정치적 자유주의가 확보해 준, 다시 말해서 근대적 자유권이 보장되는 테두리, 즉 자유민주주의의 한계 내에서 '사회권'을 강조하는 것이다.

이승만과 박정희 대통령 시대의 권위주의는 전체주의와는 근본적으로 다른 체제적 진화 과정을 거친 것이다. 그런 권위주의는 신생국의 나라만들기와 산업혁명이 요구하는 강력한 정부의 필요성 때문에 필연적이었다. 이 과정에서 산업화의 성공은 우리 사회를 다원적 복합사회로 만들어 나갔고, 이른바 시민사회가 생성되었다. 그 결과 1987년에 이르러 정치와 시민사회의 자유화가 이루어졌고, 법치주의와 시장경제가 더욱 실질적으로 작동해 나갈 수 있었다. 물론 국제적으로도 대한민국은 '독재국가'가 아니라 민주국가로 정당한 대우를 받게 되었다. 이런 맥락에서 지난날 권위주의 체제의 경험을 들어 자유민주주의를 반공 냉전 독재의 허울이었다고 몰아세우는 것은 견강부회일 뿐이다.

한국현대사는 자유민주주의와 함께 발전, 진보해 왔다. 정치적으로도, 관념적인 제3의 길은 현실적으로 존재할 수 없었다. 한반도의 한민족 내에서는 좌익 전체주의와 자유민주주의가 실존적 생존투쟁을 벌여 오고 있었다. 자유민주주의 체제는 '자유를 파괴할 자유'를 결코 허용할 수 없다. 그러나 저(低)발전은 탈피해야 했다. 그런 대결 상황에서는 자유민주주의는 자유민주적 권위주의를 띠지 않을 수 없었던 것이다. 당시 자유민주주의 체제를 수호하려는 국민들의 대다수는 그런 권위주의를 인정했다. 지극히 현명한 자유민주주의자들이었다. 박정희의 유신 권위주의는 '자유민주주의를 방어하면서 발전'하는 데 필요한 '철갑'이었고 '돌격의 탱크'였다. 박정희의 권위주의는 선량한 국민들을 보호했으면 했지, 해치지 않았다. 최소한 한국적 현재에서 자유민주주의를 '수구꼴통'으로 몰아붙이는 것은 사회민주주의를 가장하여 북한 노동당 독재와 연합하려는 기만전술에 불과하다는 것이 분명하다.

결국 자유민주주의는 규범과 현실 양면에서 이미 생명을 다한 공산주의, 사회주의와는 비교될 수 없는 '진보적 체제'인 것이다.

자유민주주의의 약점과 반공

이러한 자유민주주의는 현대세계의 여건에서 가장 좋은 정치체제이다. 그러나 자유민주주의는 결함이 전무하고 모든 면에서 우월한 완벽한 체제는 결코 아니다. 자유민주주의의 결함으로는 외적의 공격에 대한 방어능력이 허약하다는 점, 내부의 적이 전개하는 전복투쟁에 대한 방어능력이 허약하다는 점, 대중의 근시안적 욕구에 영합하는 선동정치로 전락하기 쉽다는 점, 경제적 위기 극복이나 분배정의 실현에 비능률적이라는 점 등을 들 수 있다.

자유민주주의 정치체제가 내부의 적, 즉 전복세력으로부터 가해지는 공격에 대한 방어능력이 허약한 주요 원인으로는 다음의 두 가지를 들 수 있다.

첫째, 자유민주주의 체제는 모든 국민에게 기본권을 보장해 주는데, 기본권을 보장받는 국민들 가운데는 자유민주주의를 공격하려는 세력이 있고, 그들은 자유민주주의가 보장해 준 기본권을 자유민주주의 공격에 이용하게 된다. 자유민주주의는 모든 국민에게 기본권을 보장해 줄 의무를 가지고 있기 때문에 그러한 내부의 적의 공격에 효과적으로 대응할 수 없다.

둘째, 자유민주주의는 국민이 이성적일 것을 전제로 한 체제인데, 국민이 항상 이성적일 수는 없으며, 국민이 이성보다 감정에 입각하여 정치적 선택과 행동을 할 경우 자유민주주의 체제는 내부의 적에 대한 방어력이 약해진다. 내부의 적은 국민을 감정적으로 선동하여 민주주의의 이름으로 자유민주주의 체제를 공격하며, 국민의 감정을 등에 업고 전개되는 전복세력의 공격을 자유민주주의 체제는 물리치기 어렵다. 일단 감정적 선동에 넘어간 국민들은 빠른 시일 안에 이성을 회복하기 힘들며, 국민이 이성을 회복했을 때는 이미 자유민주주의 체제는 와해되어 버렸기 십상이다. 감정 우선 문화가 지배하는 국가나 어려운 상황에 처한 국가에서는 대중이 자유민주주의 세력의 이성적인 설득보다는 반(反) 자유민주주의 세력의 감정적 선동에 더 잘 넘어간다. 우리나라에서 그런 상황이 전개되어 왔다. 바로 여기에 자유민주주의 체제를 타도하는 것을 본질로 하는 공산 전체주의에 반대하는 활동인 '반공'이 필수불가결한 원리적인 이유가 있는 것이다.

6·25 남침을 했고 1968년 1·21사태와 1974년 8·15저격사건으로 박정희 대통령을 죽이려 한 김일성은 1977년 12월 평양을 방문한 동독 공산당 서기장 호네커에게 이런 말을 했다.

> 남한에서 박정희 같은 사람이 정권을 잡지 않고 정당한 민주인사가 정권을 잡는다면 그 사람이 반공주의자일 수도 있겠지만 어쨌든 그런 사람이 권력을 잡는다면 통일의 문제는 풀릴 수 있을 것입니다. 남한에서 민주인사가 권력을 잡으면 조선의 평화통일은 이루어질 수 있습니다. 남한에서 민주적인 상황이 이루어진다면 노동자와 농민이 그들의 활동을 자유로이 할 수 있을 것입니다. 외국 군대는 물러가야 합니다. 남한 민중이 그들의 길을 스스로 선택할 수 있을 때 그들은 사회주의의 길을 선택할 것입니다.

김일성은 한국이 민주화되면 설사 반공주의자가 집권해도 노동자와 농민들의 활동이 자유로워지므로 민노당, 통진당 같은 종북 정당도 만들 수 있어 대남공작에 유리하고, 좌경세력의 선동에 넘어간 한국 사람들 손으로 주한미군을 철수시키게 될 것이라고 내다봤던 것이다. 그런 김일성의 전략 판단과 예상은 적중했다. 적의 침투와 전복공작에 취약한 자유민주주의 체제의 약점을 정확히 간파하여 역이용하겠다는 것이다.

김일성이 박정희만을 배타하고 죽이려 했다는 것은 자유민주주의 대 전체주의 대결 구도에서 박정희가 자유민주주의 체제를 수호하는 보루였다는 점을 역설적으로 말해 준다. 박정희는 "한국의 민족주의는 […] 우리의 자유민주주의 이념과 제도를 더욱 신장하고 토착화하는 방향으로 전개되어 나가야 한다"고 보았다. 박정희는 민족주의의 과제로서 민주주의의 중요성도 인정하고 있었으며, 더불어 북한과의 대결 속에서 지켜야 할 남한 체제가 민주주의 체제라고 굳게 믿었다. 하지만 '자유는 자기보존을 위해서 한계를 가지고 있고, 또한 그 한계를 지키기를 강요하는 것'이라는 점을 꿰뚫어 보고 있었다. 박정희의 이런 사상은 민주주의도 어차피 인간의 문제니만큼 민주주의는 '보이지 않는 손'에 의해 작동되는 '자동적'인 것이 아니며 인간존재에게 절대라는 것은 있을 수 없기 때문에 자유도 "한계조건 내에서 자유를 갖는다"라는 프랑스 자유주의자 레몽 아롱과 토크빌 등의 사상과 일치한다.

국가는 사상에 대하여 중립적일 수는 없다. 그런데 몰지각한 자들은 이 사실을 모른다. 또 혁명을 바라는 자들은 모른척한다. 모든 국가는 특정한 사상에 입각하여 체제를 결정하고 영위한다. 현대에는 자유민주주의냐 아니면 전체주의냐 하는 두 가지 정치체제 사상 중 하나에 근거해 있다. 대한민국은 자유민주주의를 선택해 건국된 나라다. 대한민국에서 자유민주주의에 반대하는 사람은 대한민국 국민일 수가 없다.

자유민주주의의 핵심을 실천적으로 알기 쉽게 표현하면 여러 모로 반(反) 공산주의이다. 북한의 6·25 남침으로 말미암아 이승만 대통령이 그 당시에 자유민주주의의 한국이라는 국가를 지키려면 권위주의적 자유주의와 반공주의적 자유주의 이외에는 다른 방법이 있을 수 없었다. 그 당시에 대한민국의 존립을 위협하는 조선민주주의인민공화국이 너무나 강력했기 때문에 자유민주주의 이념만으로는 나라가 제대로 지켜지지 못하고, 권위주의와 반공주의가 없으면 사상적으로 나라를 지키는 일이 불가능한 상태였다.

4·19학생의거 이후 당시의 보수야당이 주장하는 자유민주주의뿐만이 아니라 남로당 계열을 잇는 사회주의, 통일운동 등이 숨을 죽이고 있다가 지하로부터 분출했다. 4·19 직후에 특히 중요한 운동이 '자주, 민주, 통일'을 내세운 '민자통' 운동이었는데, 결국 학생을 중심으로 하는 이러한 운동이 완전히 대학가를 휩쓸었다. 이 친북 좌익운동은 1980년 이후 다시 표면화된다. 나아가 그것이 지금은 좌익 운동권과, 그들과 한몸이 되어 돌아가고 있는 정치권의 헤게모니를 잡기에 이르렀다. 두 번이나 집권세력에 속하기도 했다.

이러한 사회주의, 통일운동은 대한민국의 자유민주적 정당성을 부정하는 것이기 때문에 원래 용인돼서는 안 되는 것이다. 전체주의적 세력이 어떻게 자유민주주의 대한민국에서 합법성을 인정받을 수 있는가? 자유민주주의도 자신을 타도하려는 세력의 자유를 허용하지 않는 법이다. 종북 공산혁명 세력과 연대하면서 합법, 반합법, 비합법 투쟁을 배합하는 정치세력들을 국회에 등원할 수 있도록 허용하고 집권도 할 수 있게 허용할 수 없다는 이야기다. 반공주의는 자유민주주의의 최소공약수다. 정확하게 얘기하면 북한 권력은 대한민국에 대한 반국가단체, 즉 반역권력이며, 남북한은 전쟁상태다. 그것은 북한이 공산체제라고 하는 전형적인 전체주의 체제라는 성격에서 비롯된 것이다. 따라서 원리적으로도 서로 융합될 수 없는 관계지만 상황적으로도 더욱 화합할 수는 없는 관계다. 그러므로 대한민국에서는 공무원은 물론 국민도 공산주의, 즉 전체주의 사상과 노선에 동조하면 반체제, 위법이다. 공무원과 국민들은 자유민주체제와 반공 노선을 수호할 의무와 권리가 있는 것이다. 이 엄연한 논리를 부정, 훼손하고 국가는 모든 사상이나 노선에 대하여 중립적 자세를 지켜야 한다는 주장은 무지한 해체주의적 리버럴, 즉 레닌이 말한 '쓸모있는 바보들(useful idiots)'이거나 반(反) 자유민주적 전복세력의 음모다.

이 세상에 어느 나라도 자기 체제를 무너뜨리고자 하는 세력을 자유롭게 허용하는 나라는 없다. 주권이라는 것은 그것을 용납하지 않는 존재다. 자유민주주의 체제라는 국체를 변경하는 것은 개헌 대상이 되지 않는다. 자살을 선택한 나라만 그럴 수 있을 뿐이다. 대한민국에서 반공을 해야 하는 것은 모든 국민의 의무이고 권리이기도 하다. 링컨도 말했듯이 "자유민주 헌법을 파괴하는 것을 보장하는 헌법은 없다. 자유민주도 한계가 있다." 그래서 미국에도 국가보안법이 있다. 1950년에 제정된 공산주의자의 공직 접근을 저지하기 위한 「전복활동통제법(The US Subversive Activities Control Act)」 등이 그것이다.

박정희도 "국가 없는 민주가 있을 수 없고, 민족의 생존권의 보장 없는 자유도 있을 수 없다"고 보았다. 박정희는 1976년 1월 15일 연두기자회견에서 남북대화의 조건으로 '민주애국인사'를 석방하라는 북한의 주장에 대해 이렇게 힐난했다.

"민주애국인사들이 어떤 사람들인지 모르지만, 또 공산주의자들이 볼 때는 그들을 민주애국인사라고 보는지 모르지만, 우리가 볼 때는 그들은 국가에 반역을 한 큰 국사범들입니다. 공산주의자들인 간첩, 공산주의에 협력한 자들을 어떻게 석방할 수가 있습니까."

사정이 이러함에도 불구하고, 반공 노선을 극우나 파시즘으로 매도하는 것은 공산주의 진영의 용어법이다. 그것은 자유민주주의 체제를 부정하고 타도하고자 하는 데서 비롯된 공산주의 진영의 용어 혼란전술이자 자유민주주의 체제 내에 이반세력을 조성하고자 하는 이간전술이었다.

많은 구미 사상가들이 좌익으로부터 전향하는 데 큰 영향을 끼친 솔제니친은 1975년에 미국의 속물적 리버럴 언론인들을 앞에 두고 다음과 같이 일갈한 바 있다.

"그들 자신의 인적 자원으로 지킬 수 없는 사람들을 우리는 방어할 수 없다"라는 말을 사람들은 듣고 있다. 우리는 "완전한 민주주의를 실천하지 않는 나라를 방어하는 것은 불가능하다"라는 말을 또 듣고 있다. 이 말은 가장 두드러진 논쟁거리로서, 여러분의 신문에서 나도 읽었으며, 여러분의 정치지도자 중 일부가 연설한 바 있는 주제이다. 그러나 세계에서 전체주의와 대치하여 방어의 제1선에 있는 어느 나라가 완전한 민주주의를 유지할 수 있을 것인가? 여러분은, 미국은 할 수 있단 말인가?

미국의 좌경 리버럴들이 말한 '완전한 민주주의'라는 것은 현실 세계에서 존재할 수 없는 허구다. 솔제니친의 발언은 마치 당시 한국의 처지를 대변한 말처럼 들린다.

3. '민주화투쟁'과 '통일운동'은 좌익의 체제전복 활동이었다

1960~70년대 좌익의 체제전복 활동

박정희 대통령은 1969년 광복절 축사에서, 해방이 민족의 자유를 뜻하는 것이었지만, 한국인들에게는 해방이 그대로 자유를 뜻하는 것이 아님을 알게 됐다고 언급하면서 "국가의 안보와 국가의 안정이야말로 우리들의 지상과제요 지상명령으로서 이것이 보장되지 않으면 해방의 의미는 물론 자유의 가치도, 평화의 희망도, 모두 다 허사로 돌아가 버린다"고 역설했다. 그리고 "해방과 자유와 평화를 우리 것으로 만들기 위해서 우리는 무엇보다도 먼저 공산 침략을 근절해야 한다"고 주장함으로써 해방과 분단 이후 자유의 주적이 북한 공산주의자들임을 분명히 했다. 왜냐하면 공산주의자들이야말로 "인간의 존엄성을 부정하며, 자유를 부인하는 것을 기본 교조로 하고 있는 집단"이기 때문이다. 한국뿐만 아니라 전 세계적으로도 자유의 주적이 공산주의임을 분명히 한바, 박정희가 냉전 자유주의자임을 알 수 있다.

정치적 절대주의, 곧 프롤레타리아 독재를 주장하는 공산주의를 자유의 주된 위협으로 설정한 것은 박정희와 한국인들의 신조와 시대적 상황에도 충분히 부합했다. 그럼에도 불구하고 1960~70년대 박정희 대통령 시기에 학원가와 좌익운동권에서는 다음과 같은 일들이 벌어지고 있었다. 1980년대 학생운동권 핵심 활동가 출신의 한 인사에 따르면, 운동권 선배가 4대 공안사건(인민혁명당, 통일혁명당, 남조선해방전략당, 남조선민족해방전선준비위원회)의 수사실록을 꺼내 놓고는 "용공 조작은 없었다. 이것은 남한변혁 운동의 피어린 발자취다!"라고 엄숙하게 천명하고 교육했다고 한다. 좌익운동권을 사상적으로 지도했던 안병직 교수의 증언에 의하면, 당시 수사기관에 발각되어서 조사, 발표된 대부분의 보도 내용들이 기본적으로는 대개 사실이라는 것이다. 그러나 사건 자체는 사실이라고 하더라도, 개별 구성원에 대한 수사 결과는 사실이 아닌 경우도 적잖이 있었다고 한다. 특히 사실이 많이 과장된 사건은 제2차 인혁당사건인데, 제2차 인혁당사건은 실체는 분명히 있었지만, 그들이 한 일은 대단한 것이 없었다고 한다. 그런데도 그 사건으로 8명이 바로 사형이 되었는데, 그렇게 가혹한 처벌이 이루어진 이유는 반정부 학생운동으로 당시에 통치자인 박정희 대통령이 노이로제에 걸려 있었기 때문이다. 그러나 근거가 전혀 없는 일을 억지로 수사하는 일은 없었다. 피의자들이 함구하고 속이는 상황에서 수사관들도 모르는 부분을 캐내려면 폭력을 쓰지 않을 수 없었을 것이다.

자유민주주의를 표방하는 헌법체제 하에서 제대로 된 민주주의를 하자는 주장 이상으로 간단명료하고 호소력이 있는 요구는 있을 수 없다. 그러나 그 시기에 문자 그대로의 민주주의를 한국에서 실현할 수 있는 객관적 조건이 있었느냐는 전혀 별도의 문제다. 당시 박정희 대통령 정부는 이 점을 강조했지만, 헌법에서 기본적으로 민주주의를 하겠다고 표방하고 있는 이상 집권층의 주장은 변명으로 들릴 수밖에 없었다. 이 같은 현실과 이상의 딜레마 위에서 반정부, 반체제 운동세력은 실현 가능한 근대화에 매진하고 있는 박정희 대통령을 괴롭히며 코너로 몰아 갔던 것이다.

좌익 민중운동 측에서도, 선동투쟁적 야당 정치인들과 마찬가지로 운동의 이념으로서 자유민주주의를 표방하는 것이 여러 가지로 유리했다. 우선 자유주의에 의하여 보호받을 수 있고, 둘째로 야당이 이끌어 주어야 운동이 쉽게 대중화될 수 있었고, 셋째 순수한 자유민주주의 체제가 확립되면 대중운동을 하기가 용이할 것이라는 전망도 가질 수 있었다.

당시의 좌익운동 측에서는 한국에서는 순수한 자유민주주의 체제가 실현되기 어렵다고 보았다. 이른바 '제국주의' 체제 하에서 자립적인 한국자본주의가 형성될 수 있다는 것은 당시로서는 상상도 못했기 때문이다. 공산 전체주의에 동조하는 좌익세력들의 이와 같은 위장전술과 속임수는 적지 않은 국민들에게 박정희 대통령이 지나치게 강경하다거나 독재적이라거나 사악하게 보이게 유도했다.

결국 좌익운동권의 국가전복 책동에도 불구하고 박정희 대통령의 부국강병 세력이 자유민주주의의 바탕을 만들어 낸 것이었다.

돌이켜 보면 이승만, 박정희 시대에는 한국의 자본주의가 세계사적으로도 보기 드물 정도로 빠르게 발전했다. 개발도상국 중 한국만 강대국형 산업구조와 독자 브랜드를 가졌다. 이를 성취한 박정희 대통령이 목표가 무엇이었나? 자유민주주의 선진복지국가였지 않은가! 독재가 아니지 않았는가! 대한민국 전복이 목적인 좌익과 권력획득이 목적인 선동투쟁 정치인들이 방해하고 뒤집어엎으려는 것을 저지하지 못하고는 산업화는 이룰 수 없었던 것이 역사의 진실이다. 선진국들도 과거에 산업화 과정을 각기 나름의 방식으로 돌파하는 데 성공했기 때문에 선진국이 될 수 있었다. 동기로 보나 결과로 보나 박정희가 정의였다. 부정의하고 반역적인 세력들이 연합전선을 형성해 그렇게 해코지를 했음에도 불구하고 박정희는 그에 굴하지 않고 일로매진하여 국민들을 중산층으로 끌어올림으로써 국민에게 충성했던 것이다.

그 당시의 사회주의 운동은 민주화라는 명분을 내걸고 운동은 했지만, 사실상 그 사상 내용적으로는 민주주의와는 아무런 관련이 없는 그런 운동이었다. 그들이 지향했던 인민민주주의나 신민주주의는 민주주의 모델이 아니다. 혁명과정에 관한 이론들이기 때문에 민주주의 모델이 될 수가 없다. 그렇기 때문에 이들은 1987년 이후 한국에 자유민주주의 체제가 상당히 공고화되고 수준 높은 민주주의 국가가 성립했음에도 불구하고 민주주의 문제를 계속 제기할 수밖에 없는 것이다. 김대중, 노무현 정권에서 집권했던 사람들이 이명

박 정부는 민주정부가 아니라는 것이다. 그 사람들이 그렇게밖에 이야기할 수 없는 것은 결국 그 사람들이 바라는 민주주의는 사회주의인데, 아직도 사회주의가 실현되지 못했다는 것을 말해 주고 있다.

인민혁명당은 1962년 1월에 조직된 자생적 공산주의 정당이었다. 인혁당의 조직 목적은 당시 활발하게 전개되고 있던 학생운동을 지도하는 것이었다. 서울대학교 문리과대학을 중심으로 활동했는데 당시 학생운동의 목표는 한·일회담을 좌절시키는 것이었다. 인혁당이 이 학생운동을 지도했던 것은 사실이다. 한·일회담에 대한 반대는 바로 한국의 근대화정책을 좌절시키는 것을 목표로 했다. 다시 말해 한국이 자본주의적인 길로 발전할 것인가, 인민혁명의 길로 갈 것인가를 두고 반일이란 절대적 명분을 내걸고 정부와 좌익 대중운동이 대립하고 있었던 것이다.

이 사건은 수많은 사람이 수사망에 올랐고, 구속된 사람만 하더라도 50여 명이나 되었다. 그런데 인혁당은 조직이 발각되고 강령도 나왔는데, 재판 과정에서 처벌을 받은 사람은 소수로서 형량도 2, 3년 이하에 불과했다. 그러면 국가의 기본정책을 한때나마 좌절시키는 데—이로 인해 한·일회담 타결이 1년 늦춰졌다—일조를 했는데도 인민혁명을 지향했던 사람들이 어떻게 대부분 무죄석방되고 형량도 그렇게 가벼울 수 있었던 것인가? 그 비밀은 근대적인 사법제도에 있었다. 형사소송법에 의하면 정당한 사법수사관 앞에서 수사를 받은 수사기록이 아니면 그 기록은 법적 증거능력이 없다. 그런데 중앙정보부와 경찰은 위와 같은 사법수사기관이 아니기 때문에 이들의 조사기록은 법적 증거능력은 없고 참고사항이라는 것이다. 이러한 형사소송법의 규정을 이용하여 사건이 중앙정보부나 경찰에서 검찰이나 법원으로 이송될 때, 피고인들은 중정이나 경찰에서의 수사기록의 진실성을 뒤집을 수 있었다. 즉 중정이나 경찰에서의 수사기록은 고문에 의한 허위자백이라는 것이다. 공산 전체주의 혁명운동을 하는 자들이 자유민주주의 국가의 사법적 장치를 이용하여 이른바 법정투쟁을 한 것이다.

이와 같이 자유민주주의 체제는 그것을 전복하려는 세력에 대하여 허점을 많이 드러내고 있는 것이 문제다. 이와 같이 한국 수사당국의 수사는 대체로 준법적이었다. 사회주의 국가의 인민재판 제도 하에서 피고가 인권을 보장받을 수 있는 법적 장치가 있겠는가? 자유민주주의 국가가 문명사회이고 전체주의 국가가 야만사회임을 단적으로 말해 준다. 사실이 이런데도 불구하고 박정희 정부를 인권을 유린한 권력이라고 말할 수 있는가?

인혁당의 최고 핵심이었던 도예종은 1948년에는 남로당에서 활동한 자로 4·19 후 '청년층의 자주적 통일운동'을 표방한 민주민족청년동맹의 경북맹부 결성을 주도했고, 민주민족청년동맹을 기반으로 민족자주통일중앙협의회를 결성하는 과정에서 조직위원회 부위원장으로서 조직 업무를 총괄하였다. 동시에 이종률과 더불어 부산과 서울의 좌경 청년 학생들에게 지도성을 발휘하여 서울대학교를 필두로 하는 민족통일연맹의 결성을 지원하였다. 도예종은 '인민혁명당사건'의 당수로 판정되어 1964년 7월 체포되고 3년형을 선고받았다. 그리고 1974년 4월 20일 도예종은 다시 '인민혁명당재건위원회사건'으로 체포되어 1975년 4월 8일 대법원에서 사형판결을 받앉다. 그런데 좌익은 이런 모든 것을 조작으로 몰았다. 결국 인민혁명당재건위사건은 노무현 정권 때인 2007년 1월 대법원의 재심에서 고문에 의한 조작이라는 무죄판결을 얻어 내기에 이른다.

통일혁명당은 김종태가 북한의 지령을 받아 결성한 지하 공산당 조직으로 김질락, 이문규, 신영복 등을 핵심으로 하는 최대의 지하당 사건이었다. 1965년 전후로는 학생들 사이에 학회 활동을 중심으로 자생적 공산주의 사상이 광범위하게 전개되기 시작했다. 통혁당은 1968년에 적발되어 큰 충격을 주었다. 통혁당의 중앙 지도 핵심부였던 김질락 청맥 대표에게 소개된 신영복 전 성공회대 교수는 자신의 의식화 방법을 털어놓았다. 당시 숙명여대 경제학 강사이던 신영복은 4·19의거 때 서울대 상과대학에서 선언문을 쓴 일이 있다고 했다.

다 걸리지 않게 쓰는 방법이 있지요. 외견상으로 볼 때 누가 봐도 저는 순수한 자유주의자죠. 학생들에게 강의할 때 될 수 있는 대로 쉽고 재미나는 말로 계급의식을 주입시키지요. 예컨대 원시시대에는 인간이 뛰어 다니며 자연을 착취하여 살았고, 좀 더 편하게 살자니 농사를 지었다. 농사를 짓는 것보다는 남이 지어 놓은 농사나 재물을 빼앗는 게 훨씬 수월했기 때문에 부족 간에 싸움이 생기고, 이긴 자는 지배자가 되고 진 자는 노예가 되었다. 그리스 문화만 하더라도 노예의 희생 위에 성립된 것이었다. 그러니 인간은 자연을 착취하는 데서 인간을 착취하는 방향으로 지능이 발달했다. 이런 식으로 인류 역사가 계급투쟁사임을 인식시키는 거죠. 이런 방법이 훨씬 안전하고 사회주의를 모르는 친구들에게는 잘 들어가는 것 같습니다.

저는 곧 군에 입대하게 됩니다. 단기간의 훈련만 마치면 육사 교관으로 임명됩니다. 제가 훈련 받고 와서 육사 교관으로 임명되고 난 뒤부터 시작하는 게 좋지 않겠습니까?

그들은 너무나 쉽게 결합되었다. 김질락은 육사 교수부에 근무하고 있는 육군 중위 신영복에게 선언한다.

우리는 남한에서 사회주의혁명을 실현시키기 위해 이 자리에 모였습니다. 여러분의 이 길이 얼마나 험한 길인가를 스스로 잘 알고 계십니다.

신영복은 김질락을 만나기 전부터 기독교 학생단체인 CCC 내의 경제복지회와 서울대 상과대학 내의 경우회에 관련하고 있었고, 구성원의 대개가 이화여대 학생으로 이루어진 여학생 서클을 하나 지도하고 있었다.

남조선민족해방전선준비위원회(남민전)는 처음부터 북한과 연합전선을 구축하려 노력한 무장투쟁조직이었다. 노무현 정권기인 2006년 3월에 민주화운동관련자 명예회복 및 보상심의위원회는 남민전이 두 기업가와 금은방을 습격해 털었던 강도 행적까지도 '민주화운동'으로 간주하여 남민전 관련자 29명에 대하여 민주화운동 공로자로 인정하는 지경에 이르렀다. 그러나 이들의 운동은 자유민주주의의 회복을 목표로 하는 순수한 민주화운동이 아니라 어디까지나 '인민민주주의 운동', 그것도 북한 김일성에게 충성을 맹세한 공산주의혁명이 그 궁극적인 목표였던 것이다.

지금도 한국에는 대한민국의 자유와 번영을 폄하하고 그 한계를 지적하면서 자자손손 이어지는 김일성 전체주의 왕조를 옹호하는 사람들이 있다. 이렇게 역사를 날조하는 자들과는 이성적인 대화가 불가능하다. 왜냐하면 시시비비를 가릴 수 있는 기준인 객관적 사실 자체를 부정하면서 우기기 때문이다. 그런 심한 경우 중의 하나가 민주화운동기의 좌익운동도 민주화운동 바로 그것이었다고 주장하는 것이다. 당시의 좌익운동은 겉으로는 민주화운동을 하는 것처럼 보이지만 내면적으로는 민주화운동을 수단으로 이용하여 인민혁명과 통일혁명을 지향하는 운동이었다. 과거의 좌익운동을 주로 계승한 오늘날의 좌익세력들은 우익이 이끌어 온 한국 근현대사의 공로를 전면 부정하면서 대한민국의 정통성이나 정당성을 거부하고 있다. 무엇보다도 우선 이승만 대통령과 박정희 대통령을 음해, 왜곡, 폄하하는 것이다.

이른바 '민주화투쟁'

박정희 시대에 이른바 '민주화투쟁'을 주도했다는 야당의 정치지도자들과 그들의 우산 아래 참여했던 재야 운동권 세력과 학생운동권 세력의 실태를 살펴보자.

민주화의 의미는 그 용어를 사용하는 세력의 사상에 따라 크게 달라진다. 다 같이 민주화라는 동일한 용어를 쓰지만, 사회주의자가 말하는 민주화란 사회주의화를 뜻하는 것이고, 무정부주의자가 말하는 민주화는 무정부화를 뜻하는 것이고, 자유민주주의자가 말하는 민주화란 자유민주주의화를 뜻하는 것이다. 민주화라는 용어가 뜻하는 바가 그것을 말하는 사람들의 사상에 따라 이처럼 크게 차이가 나는데도 한국에서는 지금 '민주화운동'이라는 이름으로 그간의 반정부, 반체제 세력들의 '투쟁' 행위들을 포괄하고 있다. 이것은 그들의 '통일전선전술'을 공인하는 꼴이다. 그리하여 좌익까지도 모두 보상을 받았으며 정치적 자산으로 크게 활용되어 왔다.

흔히 박정희 시대의 사회를 권위주의 정치에 억눌린 암울한 모습으로 그리고 있지만 그것은 커다란 착각이다. 그것은 박정희의 개발독재에 저항한 소수 정치세력에 의해 조성되어 널리 유포되어 온 것이다. 그 시대를 산 대부분의 한국인들은 정부-기업-노동자의 상호 유인적인 성장 체제에 포섭되어 그들의 인생과 가족을 위해 활발하게 노동하고 헌신했다. 사회는 밝았으며 역동적이었다. 이런 진실을 반정부투쟁가 백기완 씨는 1990년대의 어느 날 "박정희는 우리 같은 사람 3만 명만을 못살게 했지만 다른 정치인들은 국민 3천만 명을 못살게 했다"고 우회적으로 폭로했다.

'민주'를 입에 달고 사는 사람치고 진정으로 자유민주적인 사람은 드물다. 자유민주주의만이 진정한 민주주의라는 점을 부정하는 사람들은 '민주'라는 말 속에 '인민민주주의' 내지 좌경적 민주주의들을 포함시키기 위해 그렇게 한다. 레닌의 용어혼란전술을 의식적으로 구사하는 것이거나 아니면 감염됐다는 증좌다. '민주화투쟁' 세력이라고 자칭한 부류는 대개 권력 획득을 목적으로 하는 야당의 선동적 정치인들과 좌경 재야인사와 종교계 인사들 그리고 좌경 학생운동권과 혁명적 좌익세력이었다. 1960~70년대에는 전자가 '민주화투쟁'을 주도했지만 1980년 광주사태를 구실로 후자가 세를 급격히 확대하여 과격한 선도투쟁을 벌이면서 이후 주도권에 접근했다. 1980년대 후반에 이르면 '통일'과 '민족해방'을 명분으로 내건 종북세력이 장성하여 좌익 진영의 헤게모니를 쥐었다. 반면 자유민주주의의 심화로서의 민주화를 바라는 사람들은 대체로 과격한 '투쟁'으로까지는 나가지 않았다. 그들은 1960년대 중반 이후 건설이 이루어져 가는 나라를 처음으로 희망을 갖고 바라보면서 자신의 분야에서 자신의 역할에 충실함으로써 나라 발전에 기여하고자 할 따름이었다. 그들은 경제를 비롯한 나라의 인프라가 성장하면 자유민주주의도 심화될 수 있을 것임을 부정하지 않았던 것으로 보인다.

한국의 '민주화투쟁'으로서의 민주화운동은 권력 획득을 위한 권력투쟁이었다. 김대중은 일찍부터 명확한 신념 위에서 좌경 행보를 보였다. 한국 정보기관의 여러 차례 경고에도 불구하고 김대중은 1973년 일본에서 북한의 대남공작 전위대인 조총련 내의 '베트콩' 파가 주도한 '한국민주회복통일촉진국민회의(한민통)'에 참여했다가 붙잡혀 오기도 했다. 그는 또 1985년에는 국회의원 이철을 같은 좌파로 오인하여 "현재 우리나라는 극심한 계급적 갈등 때문에 이를 해소하기 위해서는 프롤레타리아 혁명이 필요하다. 우리나라는 권력은 군사정권에 독점되어 있고 부는 재벌이 독점하고 있는 등 너무나 상황이 악화되어 있다. 이를 해소하기 위해 프롤레타리아 혁명이 꼭 필요하다"는 요지로 한 시간 정도 설명하기도 했다. 이러한 김대중은 좌익세력을 끌어들여 자신의 세 불리를 보완하면서 전통 보수 야당을 대한민국에 대한 충성도가 애매한 정당으로 탈바꿈시켰다. 평민당부터 시작된 그의 당은 좌익세력의 신분세탁소 역할을 하여 좌익세력에 대한 국민의 거부감을 약화시키는 데 크게 기여했다.

이와 같이 좌익세력을 품어서 엉켜 돌아가기는 경쟁하는 비좌파 선동 정치인 김영삼도 크게 다를 바가 없었다. 치열한 권력욕 이외에는 사실 별다른 정치적 비전이 없었던 김영삼은 좌경세력과의 연합을 두고도 김대중과 경쟁했다. 김영삼이 정계에 입문시키고 김대중의 지원으로 대통령이 된 노무현은 대통령 재임 중에 "한국에서도 공산당이 허용될 때라야 비로소 완전한 민주주의가 될 수 있다"고 속내를 드러냈다.

한편 좌익 진영에서 '민주화운동의 대부'라고 불리는 김근태는 '민주화투쟁' 내 혁명세력의 정체와 선동 정치인과의 관계를 전형적으로 보여 준다. 서울대 상과대학을 졸업한 김근태는 1970년대부터 경인지역에서 노동자로 위장취업하여 혁명적 노동운동을 전개했고, 1983년에는 학생운동 출신자들을 규합하여 혁명운동단체인 민주화운동청년연합(민청련)을 만들었다. 민청련 의장으로 활동하면서 남한에서의 당면 혁명을 '민족민주혁명(NDR)'으로 규정하는 일을 선도했다. 김근태의 민족민주혁명론은 대학가의 운동권 학생들에게 접목되었으며, 후일 운동권 학생들은 자기들이 실현하려는 당면 혁명을 '민족해방민중민주주의혁명(NLPDR)'으로 정립했다. 민족해방민중민주주의혁명이란 북한이 1970년대부터 남한에서 일으킬 혁명으로 제시해 온 '민족해방인민민주주의혁명'과 내용이 동일한 것이다. 단지 한국의 법 집행기관과 대중을 기만하기 위하여 북한이 사용한 '인민'을 '민중'으로 바꿨을 뿐이다. 혁명운동권 구성원에게 민족해방

민중민주주의혁명은 궁극적으로 사회주의혁명을 실현하기 위한 중간 단계의 혁명이다. 김근태는 그후 반(牛) 합법 운동단체들을 만들어 이끌면서 투옥을 거듭하던 중 김대중의 대선운동에 참여하면서 그의 공천으로 정계에 입문한다. 그는 국회의원이 되면서도 자신의 과거 혁명운동에 대한 반성을 말하거나 사상 전향을 선언한 바가 없다. 그리고 반(反) 대한민국 활동을 제도권 내에서 활발히 벌였다. 이 점은 김근태의 동지들은 물론 후배인 386 학생운동권 출신 정치인들과 시민운동가들도 대동소이했다.

이와 같이 '민주화운동'은 제도권 정치 엘리트들과 재야의 좌익 세력들이 권력을 획득하기 위해 박정희의 발전국가 세력에 비해 미약한 각자의 세 불리를 보충하기 위한 연합, 즉 통일전선투쟁이었다. 이런 '민주화운동' 세력은 10년간의 좌파 정부를 거치면서 더욱 장성하여 다시 좌파가 집권한 2017년 현재 여야에 두루 걸쳐 정치적 헤게모니를 행사하고 있는 실정이다. 그러나 한국의 민주화는 이런 '민주화투쟁'이 아니라 박정희를 위시한 산업화와 국가안보에만 열중한 '부국강병' 세력에 의해 이루어졌음을 간과해서는 안 된다. 박정희 정부의 산업화와 부국강병 정책이 이 나라 자유민주주의의 진전을 실제로 가져왔던 것이다.

4. 박정희의 반공정책은 성공했는가

대한민국은 현재 사상적으로 좌경화된 상태다. 그람시가 말한 '진지전'이 성공했다. 적어도 말로 하고 펜대를 굴리는 분야들 모두에서 무정부적이고 해체적이고 전복적이다. 그나마 좌경 언론은 눈에 보이므로 알아차리는 사람들이 있지만 일반인들에게 공개되지 않는 분야에서 벌어져 온 해악은 잘 알지 못한다. 전교조, 노동계, 문화계, 이른바 시민운동계, 법조계 일각 등 다 열거하기 어려울 정도다. 1960~70년대 서구의 낡은 반(反) 문화(counter-culture) 혁명 열풍이 이 나라에서는 아직도 한창 벌어지고 있다. 전체주의 북한의 대남 선전 선동이 먹혀들고 있다는 점에서 역사상 최악이다. 결국 학계와 언론에서 이런 좌익세력, 좌경 리버럴, 그들을 품은 선동 정치세력, 즉 그들이 자칭하는 이른바 '민주화운동' 세력을 '진보' 세력이라고 불러주는 한 이 나라의 미래는 없다. 사실이 들어설 수 없는 사회와 나라는 결코 세상에서 존속할 수 없기 때문이다. '보수 대 진보'라는 허위의 프레임에서는 촛불시위에 올라타 토해 내는 혁명의 광언(狂言)들은 분석, 비판되지 않는다. 오히려 성역에 가까워졌다.

'자유민주주의 대 전체주의' 체제 대결 구조에서 자유민주주의가 진보고 전체주의가 반동이라고 평가하는 것이 옳다. 자유민주적 건국세력과 자유민주적 부국강병 세력이 진보고, 좌익의 숙주 역할을 했고 한국형 국가혁신 체계를 해체함으로써 IMF사태를 초래한 '해체 세력', 국부(國富)를 헐값에 팔아넘기고 북한 김정일과 연방제 추구를 서약한 '야합 세력', 국가보안법 해체를 추구했고 한사코 북한을 변호해 온 북한 '변호인 세력'들은 반동이다.

자유민주주의는 결국 법의 지배다. 그 법이란 보편성을 가진 것을 말한다. 개인의 존엄성을 인정하는 기본가치 등등에 입각한 것이다. 박정희 시대의 법도 물론 그런 법이었다. 이 체제를 정통성의 합의 기반으로 하면 경제제도는 그 하위에서 자유로운 주장과 경쟁이 가능하다. 사회민주주의적 좌파도 허용될 것이다.

공산주의는 정치원리이기도 한데, 그때는 전체주의의 전형으로서 전체주의라고 해야 옳다. 전체주의 정치 구성 원리를 필연적으로 그 속성으로 하는 공산주의 등 극좌 사상은 자유민주주의 체제를 전복하고자 할 수밖에 없기 때문에 하위 경제제도 주장으로서도 용납되지 않는다. 결국 자유민주주의는 반공을 포함할 수밖에 없는 것이다. 따라서 반공만 하겠다면, 즉 법을 지킨다면, 즉 대한민국 체제와 법의 정통성을 합의한다면, 다시 말해 대한민국에 충성하겠다면 한국에서 사상과 정치의 자유가 있었다. 그런 합법적이고 충성스런 세력들은 정치선거에서 경쟁을 할 수 있었고, 그 과정에서 유권자들은 자유를 향유했다.

오히려 문제는 정부가 반(反) 자유민주 좌익 혁명세력을 제대로 단속하지 못한 데 있었다. 너무 관대했다. 감형하고 사면하고, 그것이 혁명세력을 더욱 키웠고 나라는 그들에게 우습게 보이게 됐다. 우리나라에서 사상대립이라는 것이 늘 이런 식의 인정(人情)주의로 끝나는 경우가 많다. 공산주의 운동을 벌이던 학생이나 지식인들을 처벌하려 들면 다 배우는 학생이요 약자를 동정하는 지식인이라는 동정론이 고개를 든다. 개인적인 차원에서도 좌·우익 간의 대립이라는 것이 마지막에 가서는 이처럼 인정주의에서 꼬리를 내리고 만다. 그렇지 않을 경우에는 몰인정하다든지 잔인하다는 비난을 듣기 십상이다. 이래서 죽기 살기로 싸우던 혁명투쟁이 몰락에 즈음해서는

'치기 어린 혁명놀음'으로 용서받고는 한다. 이것은 법치가 안 되는 문화임을 말해 준다. 자신의 행위에 책임을 지우는 태도가 성립되지 않은 유아적 사회 수준이라는 말이다. 법치주의를 그 핵심 요소의 하나로 하는 자유민주주의가 구현되기 어려운 이유다.

1977년 5월 22일, 박정희 대통령은 비서진들과 함께 식사를 하면서 주한미군을 철수하겠다는 카터를 비판하였다.

> 한국에 어떤 인권 문제가 있는가, 하고 미국 사람들에게 구체적으로 물으면 그들도 대답을 못 합니다. 인권 침해란 법에 의하지 않고 재판도 하지 않고 탄압하는 것을 말하는 것이지, 헌법에 따라 3심을 거치고 그것도 공개리에 외국 기자들한테까지 방청을 시키면서 법으로 확정해서 처벌하는 것을 어떻게 인권 침해라고 할 수 있는가 말이오. 지난번 울프 의원도, 스나이더 대사도 "카터가 한 얘기이니까 미국의 체면을 봐서 제스처라도 해 달라"고 내게 말했는데, 내가 제스처를 할 것이 있어야지. 지금 잠깐 들어가 있는 사람도 전에 민청학련 사건과 같이 개과천선하면 사면될 수도 있는 것이오.

위에서 보듯 한국의 법치와 인권에 대한 박정희 대통령의 입장은 정당했다. 오히려 교사의 성품을 가진 박정희 대통령은 민청학련도 학생들을 훈도하는 입장에서 다루고 있었다. 분명한 좌익들의 체제 타도를 위한 조직활동이었는데도 깨우치고 반성하면 된다는 것이었다. 그들은 얼마 지나지 않아 풀려났다. 김대중같이 반국가사범이라는 중죄를 범한 경우도 처벌을 받지 않았다. 그렇기 때문에 정치적 탄압이라는 그들의 선전이 먹혀들어 갔다.

10월 유신은 반자유민주주의가 아니었냐는 반론이 종종 제기된다. 물론 자유민주주의가 일정부분 제한됐다. 그러나 당시에는 대안이 없었다. 좌익세력과 통일전선을 형성하고 있었던 김영삼이나 김대중 세력이 집권했으면 현재의 대한민국은 없었을 것이다. 그들은 해체, 약탈 세력이었고 대한민국에 충성하지 않거나 충성심이 애매한 세력이었다. 이와 같이 반공이 전제되지 않으면 국가의 존속이 어렵고 당연히 개인의 자유와 번영이 사라진다. 그래서 반공은 필수였고 지금 역시도 그렇다.

자유민주주의를 보다 완벽하게 실현하려면 그러한 노력이 반공과 병행되어야만 한다. 특히 공산주의 위협에 직면해 있는 국가에 있어서는 반공과 민주화는 병행이 필수다. 그런 나라에서 양자가 병행되지 않으면 민주화는 종국적으로는 자유민주주의를 공산주의에 제물로 바치는 불행한 결과를 초래할 뿐이다. 남한에서의 반공은 통일에 방해가 되는 것이 아니라, 오히려 올바른 통일, 진정한 평화통일에 기여하는 것이라는 얘기다.

자유민주주의 체제 하에서 살고 싶어 하는 국민들이라면 각자가 자발적으로 반공을 해야 옳다. 자유민주주의적 생활방식으로 살고 싶어 하는 국민 자신들을 위해, 그리고 자유민주주의와 올바른 통일과 자유국민의 생명을 위해서 반공을 해야 한다.

나오며

반공은 대한민국의 건국 이유이기도 했고 또한 대전략이었다. 박정희 대통령은 "빈곤 탈출 없이는 반공이 성공할 수 없다"며 반공 대전략의 내용을 경제개발로 채웠다. 반공은 대한민국과 이승만과 박정희의 대전략이었고, 세계사상 악의 시대를 종식시킨 세계사적 대전략이었다.

그렇다면 이른바 '민주화운동'과 '민주투사'는 무엇이었는가? 대개가 좌익 공산주의 동조자들이었다. 북한 공산 전체주의와 이들의 전복 공작을 저지한 것이 반공이었다. 그러나 충분히 정확하게 하지 못했다. 박정희 대통령의 과오라고 한다면 '민주화투쟁'의 탈을 쓴 좌익을 발본색원하지 못했다는 것이다. 그것은 박정희가 자유민주 문명적 레짐을 고수했다는 증명이기도 하다.

자유민주주의 체제의 약점은 전복 기도에 취약하다는 것이다. 양동안 교수가 지적했듯 '공산주의를 좋아하느냐?'는 물음에는 '아니다'라고 대답하면서 왜 반공을 배척하는가? 옳지 않은 것이면 제거해야 마땅한 것이 아니겠는가.

반공, 달리 말해 반(反) 전체주의로서의 자유민주 체제는 인류사가 도달한 가장 보편적이고 정의로운 체제이다. 대한민국은 반공으로 표현되는 이 사상의 지도 하에서 건국과 호국, 근대화를 이룩했다. 그래서 반공을 백안시하는 요즘의 관점, 즉 반(反) 반공주의(Anti-anticommunism)는 전체주의에 대한 친연성을 떨치지 못하고 있다는 증거가 된다. 이는 서구 자유세계에서도 그런 구도였고, 지금도 그렇다. 한국은 반공 노선과 정책을 고수했던 시절이 있었음으로 해서 많은 이득을 누렸으며 그리고 정의롭고 정당했다. 그런데도 박정희의 반공이 반민주라고?

05
박정희가 노동자를 착취했다고?

중산층은 하늘에서 뚝 떨어졌나요

류 석 춘*

1. 박정희 백 년 대 공산주의 백 년

2017년은 박정희 대통령이 태어난 1917년으로부터 딱 100주년이 되는 해다. 북한 공산주의와의 대결, 즉 반공을 기치로 1961년 44세의 나이에 집권에 성공한 그는 1979년 62세의 나이로 서거하기까지 18년간 대한민국을 통치했다. 2017년, 그가 서거한 지 이미 38년이 지났지만 대한민국은 여전히 그가 남긴 유산을 놓고 갑론을박 중이다. 한편에서는 그를 근대화의 아버지라 추앙하지만, 다른 한편에서는 그를 친일파 혹은 독재자라 부르며 폄훼한다.

공교롭게도 그가 태어난 1917년은 마르크스·레닌주의가 러시아

---

* 연세대학교 교수, 사회학

에서 볼셰비키 혁명이라는 이름으로 권력을 잡은 해였다. 박정희 백년, 그리고 볼셰비키 백 년은 공간을 달리했지만, 시간을 공유하며 한반도에서 격렬히 대결했다.

그 백 년 동안 박정희는 단지 18년간 권력을 잡아 대한민국을 통치했다. 박정희 이후 최규하, 전두환, 노태우 집권 기간을 박정희 시대의 연장이라 간주한다면 그가 만든 체제는 1993년 김영삼이 집권할 때까지 32년간 유지되었다. 만약 1987년 민주화를 기점으로 박정희 체제가 정리된 것이라면 그의 체제는 26년간 유지된 셈이다. 백년의 세월을 기준으로 봤을 때 분명 박정희 체제는 상대적으로 짧은 기간만 존재했다. 그러나 그 짧은 시간에 박정희는 최소의 비용으로 최대의 효과를 거두며 최빈국 대한민국을 선진국 턱밑까지 끌어올렸다. 박정희의 산업화에 기초해 대규모 중산층이 출현하면서 대한민국은 정치적 민주화는 물론 문화나 복지의 영역에서까지도 선진국 수준으로 올라갈 수 있었다.

한편, 러시아 볼셰비키 정권은 1991년 구소련이 해체되기까지 무려 74년간 장기집권하면서 동구권 전역과 상당수 개발도상국들을 공산화시켰다. 그 과정의 일환으로 북한에서도 1945년 해방과 동시에 공산정권이 들어서 2017년 현재까지 장장 72년간 김일성과 그 아들, 그리고 그 손자로 권력이 이어지며 집권하고 있다. 1989년 베를린 장벽의 붕괴로부터 시작된 공산권의 해체에도 불구하고 북한 공산정권은 2017년 현재 여전히 건재하다. 오늘날 북한은 한편으로 핵무기 보유국 지위를 넘보며 대한민국을 위협하고 있다. 그러나 다른 한편 북한은 주민의 기본적인 생계도 책임지지 못하여 탈북자를 양산하고 있다. 중국 국경을 배회하며 먹을 것을 찾아 헤매는 북한의 앙상한 '꽃제비' 사진 한 장이 모든 것을 말해 준다. 마르크스레닌주의에 따라 건설된 '노동자 천국' 주민이 왜 노동자를 '착취'한다는 자본주의 시장경제 대한민국으로 넘어오고 있는가?

박정희 백 년과 공산주의 백 년은 바로 이 대목에서 결정적 차이를 드러낸다. 이 글은 이 차이에 주목해, 오늘의 대한민국을 세우는 데 결정적으로 기여한 박정희 대통령 시대에 과연 노동자들은 어떤 대접을 받았는지를 구체적으로 따져 보는 글이다. 만약 박정희 시대의 노동자들이 정말 '착취'를 당했다면, 오늘날 우리가 보고 있는 광범한 중산층은 도대체 어디에서 온 것인가?

분석은 세 단계로 진행된다. 첫째는 박정희 시대의 전반부, 즉 경공업이 발전하던 1960년대의 노동자 사례를 평화시장의 경우를 중심으로 살펴본다. 둘째는 박정희 시대의 후반부, 즉 중화학공업이 발전하던 1970년대의 노동자 사례를 현대중공업의 경우를 중심으로 확인한다. 마지막으로는 이 두 시기를 연결하면서 박정희 집권 이후 1997년 외환위기를 전후한 시기까지 대한민국의 노동자들이 과연 어떤 대접을 받아 왔는지를 시계열(時系列)적 통계자료로 검토한다.

결론을 미리 말하면, 박정희가 이끈 자본주의 시장경제 대한민국은 노동자를 착취하기는커녕 그들을 중산층으로 육성시키며 국가 발전의 핵심 역량으로 키워 냈다. 물론 1997년 외환위기 이후 대한민국은 부익부빈익빈의 양극화를 겪으며 중산층이 줄어들고 있는 것이 사실이다. 그러나 이는 1979년 서거한 박정희와는 무관한 일이다. 김대중, 노무현 정권이 외환위기를 극복하는 과정에서 새로이 발생한 현상이기 때문이다. 그럼에도 불구하고 일부에서는 오늘날의 양극화 책임을 38년 전 세상을 떠난 박정희에게 떠넘기고 있다.

2. '착취' 그리고 한국의 노동자 연구

'착취(expoitation)' 라는 용어는 널리 쓰이고 있지만 학문적으로 정의하기 까다로운 개념이다. 또한 '착취'는 공산주의 이론을 구성하는 가장 핵심 개념이기도 하다.

공산주의 이론에서 착취는 생산수단, 즉 자본을 소유한 자본가가 생산수단을 소유하지 않고 노동만 하는 사람, 즉 노동자로부터 정당한 대가를 지불하지 않고 노동의 성과를 빼앗는 행위를 말한다. 쉽게 말해 일한 만큼 보상을 안 해 주면 '착취'에 해당한다.

그러나 공산주의 이론은 현실을 전혀 설명하지 못했다. 자원의 상대적 희소성 문제를 고려하지 않기 때문이다. 공산주의 이론은 생산수단의 소유 여부로만 계급을 구분한 다음 계급 간의 영합적(zero-sum) 갈등관계, 즉 양극화 때문에 자본가는 노동자를 '착취'하지 않을 수 없다고 설명한다. 그에 따라 마침내는 자본가 계급에 대한 노동자 계급의 집단적 투쟁이 등장할 것이라고 설명했다. 그러나 자본주의 사회에서 노동자 혁명은 끝내 등장하지 않았다. 오히려 공산주의 혁명은 자본주의 사회로 진입하지 못한 일부 후진국에서만 발생했다. 그러므로 공산주의 이론에 연연하며 착취를 정의하는 시도는 불필요하다.

대신 여기서는 상식적인 차원에서 '착취'에 접근하고자 한다. 만약 착취당하는 노동자가 있다면, 다시 말해 일한 만큼 보상받지 못하는 노동자가 있다면 그의 삶은 시간이 지나면서 더욱 열악한 상황으로 치달아야 한다. 이를 계층적 기준에서 말하면 착취당하는 사람은 시간이 가면서 계층의 사다리를 내려갈 수밖에 없다. 만약 시간이 가면서 삶의 조건이 현상을 유지하든가 혹은 상대적으로 개선된다면 그는 착취당하는 사람이 아니다. 계층의 사다리에서 같은 위치를 차지하고 있거나 혹은 사다리를 올라가는 경우가 이에 해당한다.

우리나라 노동자, 특히 '착취'에 관한 분석은 지금까지 '계급'을 강조하는 연구자들에 의해 주도되었다. 그 결과 이들은 마르크스주의의 선입견을 따라 노동자를 '착취'의 대상으로만 접근하여, 오늘날 한국 사회의 구체적 현실과는 전혀 괴리된 분석 결과를 내놓는다. 이들은 기업은 성장했지만 기업에 종사하는 노동자들은 유례 없는 저임금에 시달리면서 자본의 '착취' 대상이 되어 '프롤레타리아화'되었다는 계급주의적 담론을 벗어나지 못하고 있다.

그러나 대한민국은 박정희가 집권한 초기의 절대빈곤 상황으로부터 시작해, 국민 대부분이 '마이 카' 그리고 '마이 홈'을 누리는 시대를 거쳐, 이제는 휴가철이 되면 해외여행을 가느라 국제공항이 북새통이 되는 국가로 변신했다. 만약 사회의 상층 계층만이 해외여행과 같은 특전을 누릴 수 있다면 그런 모습이 나타날 까닭이 없다. 계층의 사다리에서 허리를 차지하는 절대다수의 중산층이 참여하지 않고는 이런 현상이 가시적으로, 또 지속적으로 나타날 수 없기 때문이다.

현재 우리사회의 중산층을 구성하는 집단에 화이트칼라로 대표되는 사무직과 관리직만 포함되어 있는 것은 결코 아니다. 블루칼라 직업을 가진 노동자들, 특히 대기업이나 중견기업의 기술을 가진 노동자들도 상당한 수준의 급여와 혜택을 누리며 중산층에 편입되어 있다. 그 결과 일부에서는 이들을 심지어 '노동귀족'이라고까지 부르는 실정이다. 그렇다면 산업화의 주역인 노동자 집단이 어떻게 '착취'를 당하지 않고 중산층으로 편입되었는지 우리는 궁금해 하지 않을 수 없다.

3. 박정희 시대의 경공업 노동자: 봉제산업의 전태일, 그리고 평화시장의 경우

박정희 시대의 초반, 즉 1960년대의 산업화는 경공업에 의해 주도되었다. 경공업 가운데서도 재봉틀로 원단을 가공해 의복을 만드는 봉제산업이 당시를 대표하는 산업이다. 박정희 정부는 봉제품 수출을 위해 1964년 통칭 '구로공단'이라 불린 한국수출산업공단을 새로이 조성하고 수많은 여성 노동자에게 일자리를 제공했다. 한편, 내수를 위한 봉제품 생산은 6·25 피난민이 모여 살던 청계천 평화시장에서 역시 여성 노동자를 중심으로 이루어졌다. 이 여성 노동자들을 당시에는 '여공'이라 불렀다.

당시 봉제산업 여공의 삶에 관한 기록은 많다. 신순애가 2014년

저술한 『열세 살 여공의 삶』(한겨레) 및 김원이 2005년 저술한 『그녀들의 반역사』(이매진) 등이 대표적이다. 그러나 이들 기록은 모두 노동운동, 특히 노동해방이라는 마르크스주의적 관점을 전제로 주관적으로 쓰여졌다. 그렇기 때문에 이들 기록은 당시의 객관적 노동시장의 상황, 즉 일자리는 없는데 일할 사람이 넘쳐나는 조건을 무시하고 있다. 조영래 변호사가 쓴 『전태일 평전』(1978 일본어판. 1983 한국어 초판, 2009 신판) 또한 마찬가지다. 조영래의 평전을 읽으면 전태일 (1948~1970), 그리고 당시 평화시장 근로자들이 겪은 삶의 조건에 독자들은 피가 거꾸로 솟지 않을 수 없다. 어린 전태일에게 주어진 삶의 무게는 너무나 버거운 데 반해 그를 도와주는 사회적 장치는 전혀 존재하지 않기 때문이다. 그래서 이런 책들은 전태일, 그리고 여공으로 대표되는 1960년대 경공업 노동자들이 엄청난 '착취'를 당했다는 인식을 가슴 속 깊이 심어 준다.

그러나 『전태일 평전』의 내용을 기초로 전태일의 경력이동 및 임금상승을 구체적으로 분석한 결과는 전혀 다른 결론을 제시한다. 필자는 『월간조선』 2016년 12월호에 발표한 글 "전태일 평전의 3가지 함정"에서 이 문제를 본격적으로 따졌다. 다음은 『전태일 평전』을 꼼꼼히 분석한 필자의 결론이다.

16살이라는 나이에 학교를 다닐 수 없는 가정형편 때문에 직장을 구하러 나온 젊은이에게 당시 사회는 일자리를 주었고, 그로부터 3년 만에 월급을 열 배나 받게 해 주었다. […] 『평전』에 따르면 전태일은 16살이 되던 1964년 봄 평화시장에서 '시다'로 일을 시작해 만 3년 만인 19살이 되던

1967년 봄 '재단사'가 되었고, 같은 기간 그의 월급은 1,500원에서 1만 5천 원으로 정확히 10배 올랐다.

『전태일 평전』은 전태일이 이로부터 다시 3년 후 1970년이 되면서 재단사 월급 2만 3천 원을 받았음도 밝히고 있다. 그렇다면 전태일의 월급은 1964년부터 1970년까지 6년 동안 무려 15배 이상 상승한 셈이다. 이를 두고 과연 누가 착취라는 말을 꺼낼 수 있는가?

경제학자 박기성 교수가 전태일 분신 46주기(2016)를 맞이해 자유경제원 세미나에서 발표한 글 "근로기준법이 전태일을 죽음으로 몰고 갔다"에 제시된 다음 인용문이 착취가 아니었음을 다시 한 번 뒷받침한다.

전태일의 월급 2만 3천 원에 12달을 곱해 연봉으로 환산하면 27만 6천 원이 된다. 1970년 한국의 1인당 국내총생산은 8만 7천 원이었으므로, 연봉 27만 6천 원은 당시 일인당 국내총생산의 3.2배였다.

대한민국 평균소득의 3배를 넘게 받은 사람이 착취를 당했다고?

전태일의 임금상승과 경력이동은 『전태일 평전』이 기술하고 있는 당시 평화시장의 일반적 경력이동 패턴과 비교해 매우 빠른 경우에 해당한다. 왜냐하면 『전태일 평전』은 당시 평화시장에서 '시다'로 시작해 '미싱보조'로 승진하는 데 필요한 시간을 1.5년에서 2년, 그리고 '미싱보조'에서 '미싱사'로 승진하는 데 필요한 시간을 3~4년이라고 말하고 있기 때문이다. 다시 말해 『평전』은 당시 평화시장의 승진 사다리에서 '시다'로부터 '미싱사'까지 올라가는 데 최소 4.5년~최대 6년이 필요하다고 기술하고 있다. 이 승진의 사다리를 전태일은 불과 2년 만에 모두 올라갔다. 물론 전태일의 아버지가 재단사였다는 가족 배경이 작용한 결과다.

그렇다면 전태일이 아닌 평화시장의 평범한 다른 여성 노동자들의 경우는 어땠을까? 앞의 설명에 따르면 당시 평화시장의 노동자는 아무리 늦어도 최대 6년이면 '시다'에서 '미싱사'로 승진할 수 있었다. '시다'에서 '미싱보조'로 최대 2년, 그리고 다시 '미싱보조'에서 '미싱사'로 최대 4년이 걸린다고 기술하고 있기 때문이다. 『전태일 평전』은 전태일이 시다로 처음 받은 월급이 1,500원, '미싱보조'가 되어 처음 받은 월급이 3천 원, 그리고 '미싱사'가 처음 되어 받은 월급이 7천 원이라고 각각 밝히고 있다. 물론 『전태일 평전』이 제시하는 전태일의 보수는 각각의 직책에 따른 월급일 것이다. 그렇다면 전태일이 아닌 다른 노동자 누구라도 그러한 직책에 따른 보수를 동일하게 받았을 것이라고 가정할 수 있다.

그렇다면 평범한 여성 노동자 누구라도 '시다'로 일을 시작해 '미싱보조'를 거쳐 마침내 '미싱사'가 되는 데 필요한 시간이 최대 6년이고, 그 기간에 월급은 1,500원부터 3천 원을 거쳐 7천 원으로, 즉 6년 만에 임금이 4.7배 상승함을 알 수 있다. 즉, 평화시장 노동자는 누구라도 6년 만에 임금이 5배 가까이 상승했다는 결론이다. 그렇다면 전태일의 경우는 말할 것도 없고, 당시 평화시장 노동자 누구에게도 '착취'라는 용어를 적용할 수 없다. **그림 1**에 이 상황이 요약되어 있다. 『전태일 평전』의 내용을 꼼꼼히 따져 본 결과는, 1960

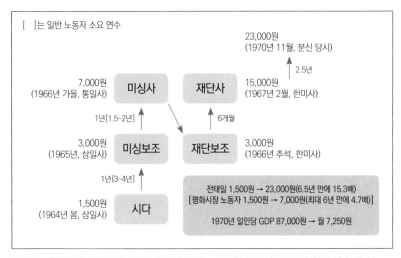

그림 1 『전태일 평전』에 나타난 평화시장 노동자의 경력이동 및 임금상승 요약

년대 봉제산업 노동자의 상황을 기술하는 과정에서 '착취'라는 단어가 노동운동의 활성화를 위한 수단으로 활용되었을 뿐임을 적나라하게 드러낸다.

　이러한 상황은 비단 청계천 평화시장 여공들에게만 해당되는 일이 아니었다. 같은 상황을 구로공단 여공들에게도 고스란히 적용할 수 있기 때문이다. 당시 농촌의 유휴인력으로 존재하던 젊은 여성들은 일자리를 찾아 무작정 상경하는 경우가 많았다. 온갖 곡절 끝에 그들의 상당수는 마침내 구로공단 혹은 평화시장에 어렵사리 취직했고, 강도 높게 일했다. 그러나 힘들게 노동했지만 동시에 그들은 경력의 상승에 동반한 임금의 상승을 통해 시골에 있는 부모의 생활비 그리고 형제들의 학비를 대며 계층의 사다리를 착실히 올라가고 있었다. 그런데 '착취'라고?

4. 박정희 시대의 중화학공업 노동자: 조선업의 현대 중공업 노동자의 경우

　박정희 시대의 후반부, 즉 1970년대의 산업화는 중화학공업에 의해 주도되었다. 1973년 '중화학공업화'를 선언한 박정희는 철강, 석유화학, 조선, 전자, 기계(자동차 포함), 비철금속이라는 6개 업종의 산업을 일으켰다. 나아가서 그는 이 새로운 중화학공업에 종사할 노동자들을 '산업전사' 혹은 '기능공'이라 부르며 적극적으로 육성했다. 이들은 1960년대 경공업 분야의 여성 노동자, 즉 '여공'들과는 전혀 질이 다른 새로운 종류의 노동자들이었다. 1960년대 여공들은 특별한 기술훈련을 거치지 않고 생산현장에 OJT(On the Job Training) 방식으로 바로 투입되었다. 그러나 중화학공업에 필요한 기능공들은 '공업고등학교' 혹은 '직업훈련원'을 거치며 일정한 수준의 기술을 습득해야만 생산현장에 투입될 수 있었다. 이 과정을 관리하기 위해 박정희 정부는 1973년 12월 「국가기술자격법」을 제정하고 엄격한 기능·기술 자격제도를 도입했다. 기능공 자격에 대한 제도의 정비와 함께 당시 양성된 기능공의 규모는 엄청났다. 서울대 사회학과 김진균 교수가 1978년 『한국 사회 인구와 발전』 제2권에 발표한 논문 "인력개발"에 따르면 당시 정부는 1972년부터 1981년까지 10년 동안 추가로 필요한 기능공 인력이 도합 134만 명이라고 추정하고 있다.

　이 인력을 충원하기 위한 통로가 두 가지로 마련되었다. 하나는 '학교교육'이고 다른 하나는 '직업훈련'이다.

　'학교교육'은 실업계 고등학교 가운데 공업고등학교 교육을 강화

표 1 공업고등학교 유형별 졸업생 추계(1979)

기계공고(19개교) (1973~1979)		시범공고 (11개교)(1976)	특성화공고(12개교) (1978~1979)	일반공고
성동기계공고 전남기계공고 전북기계공고 태백기계공고 창원기계공고 청량기계공고 평택기계공고 군산기계공고 진주기계공고 경부기계공고	부산기계공고(국립) 충남기계공고 인천기계공고 청주기계공고 서울기계공고 부산기계공고(공립) 연무대기계공고 목포기계공고 춘천기계공고	용산공고 경남공고 안양공고 영월공고 옥천공고 천안공고 이리공고 순천공고 대구공고 울산공고 한림공고	구미전자공고 부산전자공고 금오공고 전주건설공고 김해건설공고 포항제철공고 대중금속공고(대구) 금파화학공고(전남) 철도고(용산) 수도전기공고 한국광산공고(제천) 정석항공공고(인천)	55개교
연간 졸업생 1만 명		연간 졸업생 9천 명	연간 졸업생 6천 명	연간 졸업생 2만 5천 명
1979년 공고 졸업생 계 5만 명				

문교부, 『한국의 공업교육: 조국근대화의 기수』(1980), 34, 58, 68쪽; 조황희 외, 『한국의 과학기술인력 정책』(과학기술정책연구원, 2002), 152~53쪽.

하는 방식으로 추진되었다. 대통령이 서거한 1979년을 기준으로 방위산업에 필요한 기술을 교육하는 '기계공고'가 시·도별로 19개, 중동 진출에 필요한 기술을 교육하는 '시범공고'가 시·도별로 11개, 그리고 금오공고·구미전자공고·진주건설공고·금파화학공고 등과 같은 '특성화공고'가 전국적으로 12개 만들어졌다. 여기에 더해 전국에 분포한 일반공고 55개교의 교육이 강화됐다. 그렇게 배출된 공고생이 1979년 한 해 5만 명이었음을 표 1은 보여 준다. 이를 기준으로 10년이라는 시간을 대입하면 누적 공고 졸업생 숫자는 50만이 된다.

표 2 경제개발 5개년계획 기간 중 직업훈련에 의한 기능공 양성 계획과 실적 (1972~1981)

연 도	직업훈련 계획(명)(A)	직업훈련 실적(명)(B)	B/A
1972	32,436	30,668	0.95
1973	31,900	39,851	1.25
1974	47,000	41,310	0.88
1975	74,900	75,254	1.00
1976	91,600	125,653	1.37
제3차 5개년계획 합계	277,836	312,736	1.13
1977	96,300	83,027	0.86
1978	170,700	100,425	0.59
1979	176,200	129,442	0.73
1980	181,800	104,480	0.57
1981	187,300	78,365	0.42
제4차 5개년계획 합계	812,300	495,739	0.61
전체 합계	1,090,136	808,475	0.74

정택수, 『직업능력개발제도의 변천과 과제』(2008), 131, 133, 136쪽.

다른 한편 '직업훈련' 또한 강화되었다. 군이나 정부기관 그리고 지자체 등이 운영하는 '공공직업훈련' 및 기업이 필요한 인력을 정부가 정한 기준에 맞추어 스스로 교육하면 공공직업훈련을 마친 것처럼 '인정'해 주는 '사업내 직업훈련' 방식이 선택되었다. 공공직업훈련을 위해서는 국제원조 자금이 적극적으로 활용되었다. UNDP는 중앙직업훈련원(1968), 독일은 한독부산직업공공훈련원(1971), 미국은 용산의 정수직업훈련원(1973), 일본은 대전직업훈련원(1976), 벨기에는 한백창원직업훈련원(1976) 등의 설립을 지원했다. 이에 더해

ADB 및 IBRD 지원으로 1973년부터 1980년까지 전국에 모두 20개의 공공직업훈련원이 추가로 설치되었다. 표 2는 이와 같은 직업훈련을 통해 당시 배출된 기능공의 규모를 정택수가 구체적으로 확인한 결과다. 그에 따르면 1972년부터 1981년까지 10년 동안 '공공직업훈련'과 '인정'을 포함한 '사업내 직업훈련'을 합해 모두 81만 명의 기능공이 배출되었다고 한다. 앞에서 살펴본 '공고' 교육을 통해 충원된 기능공의 규모 50만을 이에 더하면 도합 130만 명 이상의 기능공이 당시 양성되었음을 알 수 있다. 실로 엄청난 규모의 숙련노동자가 탄생했다. 그리고 이는 김진균 교수의 논문에 등장하는 정부의 계획, 즉 10년 동안 134만 명의 기능공을 양성하겠다는 야심찬 계획이 실제로 거의 완벽하게 이루어졌음을 확인해 준다.

이들은 지리적으로 울산, 마산, 창원 등과 같은 지역의 중화학공업단지에 당시 신설되고 있던 오늘날의 대기업 공장에 모두 취업했다. 또한 이들은 1987년을 전후로 학생운동과 연대해 '노동자 대투쟁'을 주도했다. 당시 지속된 한국경제의 호황과 함께 전개된 노동운동 덕택에 이들이 일하던 공장에는 노동조합이 우후죽순처럼 들어섰고 이들에 대한 처우 또한 전반적으로 급상승했다. 그러나 한편 이들은 1997년에 들이닥친 외환위기의 후폭풍으로 구조조정, 즉 해고의 칼바람을 정면으로 맞기도 했다. 1997년 위기 이후 심화되고 있는 노동자 집단의 양극화 과정에서 잘나가는 대기업 부문의 정규직 숙련 노동자를 대표하는 집단이 바로 이들 기능공 출신들이다. 오늘날 양산되고 있는 비정규직 노동자의 반대편에 존재하는 이들은 심지어 '노동귀족'이라는 호칭까지 얻을 정도로 임금은 물론 복

표 3 현대중공업 1973~1983년 입사 기능공의 세대내 계층이동(N=20)

단위: 명

			2015년 현재 소속 계층				
			하	중			상	합계(%)
				중하	중중	중상		
입사당시 (1973~1983) 소속계층	상							
	중	중상			1			1(5)
		중중			4			4(20)
		중하			9			9(45)
	하				6			6(30)
	합계				20			20(100)

지 수준도 높다. 그렇다면 이들은 과연 어떤 과정을 거쳐 '착취'는커 녕 안정된 직장과 고임금을 누리는 중산층 노동자로 성장하였는지 궁금하지 않을 수 없다.

유광호·류석춘은 2015년 『동서연구』 27권 3호에 "정주영의 기능 공 양성과 중산층 사회의 등장: 현대중공업 사례를 중심으로"라는 논문을 발표했다. 여기에서 이들은 기능공을 대규모로 고용하는 대 표적 장치산업인 조선업에서 지난 40년간 진행된 노동자에 대한 처 우와 소속 계층의 변화를 분석했다. 이들은 구체적으로 1973년부터 1983년까지 현대중공업에 생산직으로 입사하여 2015년 현재까지 근속하고 있는 기능공 20명을 찾아, 이들을 대상으로 1) 입사 당시 의 소속 계층, 2) 임금소득을 비롯한 제반 처우의 변화, 3) 2015년 현

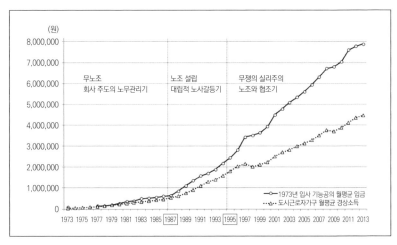

（원）

무노조
회사 주도의 노무관리기

노조 설립
대립적 노사갈등기

무쟁의 실리주의
노조와 협조기

—o— 1973년 입사 기능공의 월평균 임금
······△··· 도시근로자가구 월평균 경상소득

1973 1975 1977 1979 1981 1983 1985 1987 1989 1991 1993 1995 1997 1999 2001 2003 2005 2007 2009 2011 2013

그림 2 현대중공업 1973년 입사 기능공의 월평균 임금과 도시근로자가구의 월평균
경상소득 추이(1973~2013)

재의 소속 계층을 추적했다.

이들 20명의 소속 계층에 대한 분석 결과는 표 3에 제시되어 있
다. 입사할 당시 이들의 소속 계층은 '중상' 1명, '중중' 4명, '중하' 9
명, 그리고 '하' 6명이었다. 그러나 2015년 현재 이들은 모두 '중중'
계층에 소속되어 있다. 따라서 입사 당시 '중중' 계층보다 아래 계층
에 속해 있던 '중하' 9명 및 '하' 6명이 오늘날에는 '중중' 계층으로
소속이 바뀌었다. 전체 조사대상 20명 가운데 이들 15명, 즉 75퍼센
트가 계층의 상승이동을 경험한 셈이다.

유광호·류석춘은 또한 현대중공업 인력개발팀의 협조로 1973년
입사하여 2015년 현재까지 근무하고 있는 기능공 출신 생산직 직원
한 사람의 연도별 시계열 '기본급' 자료를 확보할 수 있었다. **그림 2**
는 이렇게 얻은 자료로부터 현대중공업 기능공의 월평균 임금을 도

시근로자가구 월평균 경상소득과 비교한 결과다. 이 그림이 제공하는 정보는 다음과 같은 몇 가지 특징으로 요약된다.

우선, 입사 초기부터 현대중공업 기능공은 도시근로자가구의 평균소득을 상회하는 보수를 받았다. 다음, 1987년 노동자대투쟁이 벌어지면서부터 그 차이가 조금씩 커졌음도 확인할 수 있다. 마지막으로, 노조가 회사와 쟁의를 하지 않고 협조적 관계를 구축하기 시작한 1995년부터 2013년까지 그 차이는 두 배에 달할 정도로 넓어지며 기능공의 소득이 가파르게 상승했다는 사실이다.

종합적으로 보아 이 노동자에 대한 처우는 처음부터 끝까지 '착취'라는 말을 전혀 끄집어 낼 여지가 없다. 따라서 이 논문이 사례로 분석한 현대중공업 기능공의 임금상승 상황은 박정희가, 혹은 대한민국이 노동자를 '착취'하는 모습을 보였다고 절대 말할 수 없게 한다. 박정희는 1970년대 중·하층 출신의 젊은이들이 숙련을 가질 수 있도록 기술·기능 교육을 제공했고 또한 일자리를 제공해 결국에는 이들을 중산층으로 편입시키는 발판을 마련했기 때문이다. 나아가서 이와 같은 상황은 결코 현대중공업이라는 특정한 회사에 소속된 특정한 기능공에게만 벌어진 일이 아니었다. 당시 새로 시작한 중화학공업 분야의 공장에 취직한 모든 기능공들이 공유한 경험이다. 이들은 바로 이러한 과정을 겪으며 40년이 지난 지금 엄청난 임금과 복지를 누리며 해외여행을 즐기는 중산층으로 성장할 수 있었다. 이와 같은 계층의 상승이동을 경험한 노동자들의 규모가 박정희 대통령 재임기로만 국한해서 따져도 최소 100만 명 이상에 달한다. 4인 가족 기준 도합 400만 명 이상의 중산층이 만들어진 셈이다. 그런데, 박정희가 노동자를 착취했다고?

5. 한계노동생산성과 임금상승: 시계열 통계자료 (1963~1999)

앞의 현대중공업 노동자에 대한 분석 결과를 두고 여전히 일부 독자는 매우 제한적인 분야의 특수한 사례일 뿐이라고 평가절하할지도 모른다. 실제로 현대중공업은 중화학공업화 정책에 따라 탄생하여 오늘날 세계적 경쟁력을 갖춘 대표적 기업에 속한다. 비록 조선업의 국제적 여건 변화 그리고 노사관계의 악화 때문에 2017년 현재 심각한 구조조정의 아픔을 겪고는 있지만, 분명 현대중공업은 당시 출발한 기업 가운데 가장 성공한 기업 가운데 하나다.

그렇다면 다른 경우는 어떤가? 이를 확인하기 위해 하나하나의 기업에서 일하는 노동자들을 대상으로 앞에서와 같은 분석을 반복할 필요는 없다. 왜냐하면 노동자 집단 전체를 대상으로 그들이 일한 만큼 보상을 적절히 받고 있었는가 하는 문제를 거시적인 통계자료로 확인할 수 있기 때문이다. 그림 3은 성신여대 경제학부 박기성(Park Ki Seung) 교수가 2007년 영문학술지 *Pacific Economic Review* 12권 5호에 "한국의 노사관계와 경제성장(Industrial Relation and Economic Growth in Korea)"이라는 제목으로 발표한 논문에 등장하는 도표다. 이 도표는 1963년부터 1999년까지 우리나라에서 노동의 한계생산성이 증가함에 따라 임금이 동반해서 상승하고 있었음을 분명히 보여준다.

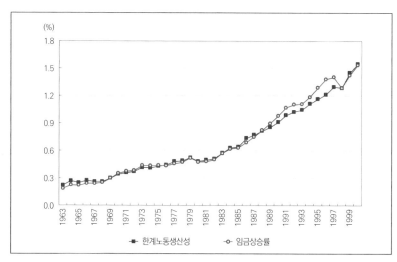

그림 3 한계노동생산성과 임금상승률 추이(1963~1999)

노동의 한계생산성은 노동을 한 단위 더 투입할 때 생산이 얼마나 증가하는가를 보여 주는 지표다. 따라서 노동의 한계생산성이 증가하면 그만큼 기업의 생산이 증가한다. 물론, 생산이 증가하면 기업의 수익도 늘어난다. 이때 노동에 대한 보수가 늘어나면 노동은 적절한 보상을 받는 셈이다. 만약 이때 적절한 보상이 없다면 노동은 일한 만큼 보상을 받지 못했다고 평가할 수 있다. 따라서 노동이 기여한 몫, 즉 노동의 한계생산성이 증가하고 있음에도 불구하고 임금의 상승이 이루어지지 않는다면 이는 노동에 대한 '착취'가 발생한 경우라고 해석할 수 있다.

따라서 이 도표는 박정희 시대는 물론이고 그 이후 1999년까지도 노동에 대한 '착취'가 없었음을 확인해 주는 객관적 자료다. 오히려 이 도표에서 주목해야 할 사실은, 1987년 노동자대투쟁이 벌어지던

해부터 1997년 외환위기가 오는 해까지 약 10년간 임금의 상승이 노동의 한계생산성 상승을 상당한 수준으로 앞지르고 있었다는 사실이다. 즉, 이 기간에는 노동이 생산에 기여한 몫보다 임금을 더 많이 받아 갔다. 이와 같은 상황이 약 10년간 누적되면서 결국에는 1997년 경제위기가 발생하였음을 이 도표는 잘 보여 주고 있다. 이 도표는 1997년 위기 이후 다시 두 지표의 상승이 수렴하고 있음도 보여 준다. 따라서 위기를 매개로 노동이 기여한 만큼만 임금을 받아 가도록 조정이 되었음을 알 수 있다.

결국 이 도표는 대한민국이 노동자를 '착취'하기는커녕 임금의 상승이 노동의 한계생산성 상승을 웃도는 기간이 1987년 노동자대투쟁 이후 10년이나 지속되면서 경제가 위기를 맞게 되었다는 사실을 보여 주는 도표다. 이 상황을 두고 노동자에 대한 '착취'를 말하는 건 언어도단이다.

6. 맺는말: 노동조합은 고용 세습 버리고 노동보국勞動報國 나서야

오늘날 고임금과 복지, 그리고 고용의 안정까지 보장받는 대기업 노동조합의 뿌리가 1970년대 박정희 대통령의 중화학공업 정책에 따른 기능공 양성이었음을 이해하고 있는 사람들은 많지 않다. '노동자' 하면 경공업 분야에서 특별한 기술 없이 고강도·장시간 노동을 버텨 낸 여공과 같은 이들을 떠올리기 때문이다. 그래서 노동자는 으레 '착취'당하는 대상으로 치부돼 보호가 필요한 사회적 약자로 그려진다. 동시에 오늘날 경제의 발목을 잡는 가장 큰 걸림돌이 파업을 무기로 임금인상과 복지를 요구하며 정리해고는 절대 수용할 수 없다고 버티는 대기업의 강성 노조라는 사실을 엄중하게 인식하는 사람들도 그리 많지 않다. 그렇지 않다면 2017년 현재 한국 경제가 처한 국내외의 어려운 상황에 아랑곳하지 않고 기업이야 망하든 말든, 비정규직이야 죽든 말든 기득권을 위해 파업도 마다 않는 노조를 대상으로 개혁을 밀어붙이지 못할 까닭이 없기 때문이다.

노조 권력에 밀려 기업이 불황에 해고를 못 하면 호황에 고용을 늘릴 생각도 할 수 없다. 한번 채용하면 은퇴할 때까지 고용을 보장해야 하기 때문이다. 여기에 더해 임금과 복지도 매년 꼬박꼬박 올라가니 더욱 그렇다. 그러나 경제는 생물(生物)이다. 매 순간 상황이 변하고 매 순간 경쟁자가 나타난다. 중국과 인도라는 값싸고 거대한 인력을 가진 경쟁국의 등장에 한국은 지금 턱밑까지 물이 찬 상황이다. 그럼에도 노조가 쳐 놓은 노동시장의 경직성에 발목이 잡혀 우리 경제는 지금 익사 직전의 상황으로 몰리고 있다. 노조의 역할이 없더라도 우리나라 노동자는 처음부터 '착취'의 대상이 아니었다.

요즘의 대기업 노조는 조합원 자녀가 입사를 지원하면 가산점을 주어 고용을 세습하는 악습을 관행으로 만들고 있다. 이른바 '착취'당했다는 노동자 부모가 자식이 대를 이어 또 다시 '착취'당하도록 같은 회사에 노동자로 취직시키는 제도를 노조가 암묵적으로 요구하여 시행되기 때문이다. 이제 대기업 노동자는 더 이상 '해방'의 대상이 아니라 '세습'의 대상이 되었다.

그러나 고용 세습을 요구하는 노동조합의 뿌리를 거슬러 올라가면 박정희를 만나지 않을 수 없다. 1960년대 경공업과 달리 1970년대 중화학공업은 기술을 가진 기능인력을 절대적으로 필요로 했다. 당시 인력은 넘쳤지만 노동시장에서 필요한 기술을 가진 인력을 찾기는 어려웠다. 대규모 자금을 투자한 중화학공장에서 일할 기능인력의 확보가 무엇보다 시급했다. 그래서 선택한 방식이 공업고등학교와 직업훈련원을 통한 기술인력의 공급이었다. 앞서도 밝혔지만 이렇게 '공고'와 '직훈(職訓)'을 통해 양성된 기능인력의 규모는 1973년 중화학공업화를 선언하고 1979년 박정희 대통령이 서거하기까지 약 100만 명 규모였다. 그 후 1987년 노동자 대투쟁이 있기까지 또 다른 100만 명이 양성되었다. 이들 200만 명의 기능인력은 당시 정부의 정책에 따라 집중적으로 중화학산업공단이 조성된 마산·창원·울산 지역에 대부분 채용되었다.

당시는 기술을 가진 일손이 모자랐지 그들이 일할 일자리가 모자라지 않았다. 이들은 농촌의 어려운 가정 출신으로 교육과정에서 장학금이나 보조금 등의 혜택은 물론, 군복무를 대신해 산업체에서 5년간 일하는 특혜도 받았다. 국가적 지원으로 기능올림픽에 출전해 메달을 따기도 했고, 중동 붐을 타고 외화를 벌기도 했다. 그런데 바로 이들과 이들의 후예가 오늘날 고용을 세습하는 노조를 만들고, 막무가내의 강성 노동운동을 주도하고 있다. 노조 설립을 위해 1987년 '대투쟁'을 주도한 것도 이들이었고, 노조가 제도화되자 노조에 가입하지 못한 비정규직을 방패막이로 삼아 자신들의 고용을 보장받은 것도 이들이었다.

대기업 노조에 호소한다. 제발 "형님들, 삼촌들" 하며 일자리 달라는 오늘날 청년들의 외침을 외면하지 말라고. 국가의 지원으로 오늘의 자리까지 왔으니 이제는 국가를 위해 보답할 때도 되지 않았는가? 임금피크제 등의 노동개혁 도입에 동의해, 기업만 보국(報國)하는 것이 아니라 노동도 보국할 수 있음을 보여 줄 때가 되었다.

오늘날 등장한 '노동귀족'의 배후에는 노동자를 '착취'하기는커녕 중산층으로 키워 낸 박정희가 존재한다. 그마저도 박정희는 이를 세계에서 가장 짧은 시간에 가장 효율적으로 만들어 냈다. 공산주의 북한은 꿈도 꾸지 못할 일이다. 박정희 백 년이 공산주의 백 년을 압도하는 대목의 비밀이 바로 여기에 있다.

그렇다. 박정희는 노동자를 결코 '착취'하지 않았다. 박정희는 이들을 '마이 홈', '마이 카', 그리고 휴가철에 해외여행을 누리는 중산층으로 끌어올리는 데 결정적 역할을 했다. 박정희 백 년이 공산주의 백 년을 압도하는 까닭이다.

06

10월유신이 장기집권을 위한 독재의 산물이라고?

북한, 대만, 싱가포르를 보라

이 지 수*

1. 응답하라, 흘러간 시간이여

다방의 오후 두 시. 일을 가지지 못한 사람들이 그곳 등의자에 앉아 차를 마시고 담배를 태우고 이야기를 하고 또 레코드를 들었다. 그들은 거의 다 젊은이들이었고 그리고 그 젊은이들은 그 젊음에도 불구하고 이미 자기네들은 인생에 피로한 것같이 느꼈다. 그들의 눈은 그 광선이 부족하고 또 불균등한 속에서 쉴 사이 없이 제각각의 우울과 고달픔을 하소연한다. 때로 탄력 있는 발소리가 이 안을 찾아들고 그리고 호화로운 웃음소리가 이 안에 들리는 일도 있었다. 그러나 그것들은 이곳에 어울리지 않았고 그리고 무엇보다도 다방에 깃들인 무리들은 그런 것을 업신여겼다. 구

---

* 명지대학교 교수, 정치학

보는 아이에게 한 잔의 가배차와 담배를 청하고 구석진 등탁자로 갔다. 그의 머리 위에 한 장의 포스터가 걸려 있었다. 어느 화가의 도구유별전(渡歐留別展). 구보는 자기에게 양행비(洋行費)가 있으면 적어도 지금 자기는 거의 완전히 행복일 수 있으리라 생각한다. 동경에라도—동경도 좋았다. 구보는 자기가 떠나온 뒤의 변한 동경이 보고 싶다 생각한다. 혹은 더 좀 가까운 데라도 좋았다. 지극히 가까운 데라도 좋았다. 오십 리 이내의 여정에 지나지 않더라도 구보는 조그만 '슈케이스'를 들고 경성역에 섰을 때 응당 자기는 행복을 느끼리라 믿는다. 그것은 금전과 시간이 주는 행복이다. 구보에게는 언제든 여정에 오르려면 오를 수 있는 시간의 준비가 있었다. 구보는 차를 마시며 약간의 금전이 가져다 줄 수 있는 온갖 행복을 손꼽아 보았다. 자기도 혹은 8원 40전을 가지면 우선 조그만 한 개의 혹은 몇 개의 행복을 가질 수 있을 게다. 구보는 그러한 제 자신을 비웃으려 들지 않았다. 오직 고만 한 돈으로 한때 만족할 수 있는 그 마음은 애달프고 또 사랑스럽지 않은가.

— 박태원, 『소설가 구보씨의 일일』(1934) 중

소설가 박태원은 경기고보를 나와 일본 유학을 다녀온 당시 전형적인 지식인 소설가로, 위 작품은 일제 식민통치가 한창이던 1934년, 당시 식민지 지식인의 어느 날의 일상을 묘사한 작품이다. 작중 주인공 구보는 26세의 미혼 소설가로 일본 유학을 다녀 온 지식인이다. 아들의 늦은 귀가와 결혼을 걱정하는 일상적인 주인공 어머니의 모습과 함께 우리는 이 소설을 통해 당시 경성 거리의 자취를 더듬어 보는 즐거움을 갖기도 한다. 아울러 주인공의 묘사를 통해 본 당시 거리 사람들의 인상 또한 당시를 넘겨다볼 수 있는 귀중한 자료가 된다. 여기서 우리는 '총독부병원 시대의 구보의 시력검사표', '대정(大正) 12년', '삼전정마(三田正馬) 박사의 단련요법(鍛鍊療法)', '총독부 청사'라는 단어들을 제외하면 당시가 일제강점기라는 사실을 알아채기 어렵다. 소설 가운데 주인공이 일본 유학 시절을 그리는 대목의 묘사는 목가적인 느낌을 주기도 한다.

다음은 유신체제 정점의 시기인 1970년대 발간된, 소설가 박완서의 베스트셀러 수필집 중 타이틀작의 일부이다.

그래도 나는 선두로 달려오는 마라토너를 보고 싶다는 갈망을 단념할 수가 없었다. 나는 짐짓 발을 동동 구르며 안내양의 어깨를 쳤다.

"아가씨, 내가 화장실이 급해서 그러니 잠깐만 문을 열어 줘요, 응."

"아주머니도 진작 그러시지, 신경질 먼저 부리면 어떡해요."

안내양은 마음씨 좋은 여자였다. 문을 빠끔히 열고 먼저 자기 고개를 내밀어 이쪽저쪽을 휘휘 살피더니 재빨리 내 등을 길바닥으로 떠다밀어 주었다. 일등 주자(走者)를 기다리는 마음. 나는 치마를 펄럭이며 삼거리 쪽으로 달렸다. 삼거리엔 인파가 겹겹이 진을 치고 있으리라. 그 인파는 저만치서 그 모습을 드러낸 선두 주자를 향해 폭죽 같은 환호를 터뜨리리라. 아아, 신나라. 오늘 나는 얼마나 재수가 좋은가. 오랫동안 가두었던 환호를 터뜨릴 수 있으니. 군중의 환호, 자기 개인적인 이해관계와 전혀 상관없는 환호, 그 자체의 파열인 군중의 환호에 귀청을 뗄 수 있으니. 잘하면 나는 겹겹의 군중을 뚫고 그 맨 앞으로 나설 수도 있으리라. 그러면 제일 큰 환성을 지르고 제일 큰 박수를 쳐야지, 나는 삼거리 쪽으로 달음질치며 나의 내부에서 거대한 환호가 삼거리까지 갈 동안 미처 못 참고 웅성웅성 아우성을 치고 있는 것처럼 느꼈다.

— 박완서, 『꼴찌에게 보내는 갈채』(1977) 중

이 책은 1970년대의 대표적인 베스트셀러를 꼽을 때 열 손가락 안에 빠지지 않을 정도로 대중적 인기를 얻었다. 2002년 『한겨레신문』의 기명 칼럼에 잠깐 이 수필이 등장하는 대목을 들춰보자.

"작가 박완서의 「꼴찌에게 보내는 갈채」란 수필이 한때 여러 사람 입에 오르내리며 사랑을 받았다. 박정희 유신독재 막바지, 민주화와 인간성 회복 요구가 터져 나오고 입시 위주 교육, 경쟁만 부추기는 삭막한 사회를 비판하는 시대상황과 맞물려 작가의 따뜻한 눈길이 폭넓은 공감을 자아냈다."

"삭막한" 당시 사회를 비판하는 시대상황에도 불구하고 작가의 이런 "따뜻한 눈길이 폭넓은 공감을" 얻었다는 것은 무엇을 의미할까?

필자는 이 글에서 '10월유신'이라는 역사적 사건과 박정희에 대해 쓰고자 한다. 그런데 왜 난데없이 일제강점기 소설, 1970년대 수필을 거론하는 것인가? 이에 대한 해명을 먼저 하고자 한다.

특정한 시공간을 체험하지 않은 후세의 사람이 당시 사건을 들여다보면 종종 다음과 같은 일들이 벌어지곤 한다.

첫째, 당시 시공간의 당사자들이 느끼는 것과 이후 오랜 시간이 흐른 후의 후세들이 느끼는 점에 차이가 의당 있게 마련이다. 이때 당시의 체험자들의 인식과 체험하지 못한 이들의 재인식 중에 어느 하나가 더 중요하다고 판단하려는 것은 어쩌면 무의미할 수 있다. 왜냐하면 당시 체험자들마다의 인식도 다양하거니와 재인식하는 이들의 그것 역시 제각각이기 마련이기 때문이다. 저마다 자신의 인식이 올바른 인식이라고 주장하는 것도 이해가 가지만, 역시 우리는 저마다 각자의 다양한 인식 모두 속에 놓여 있는 우리의 현실을 받아들일 수밖에 없게 된다. 그러므로 보다 다양한 측면의 이해야말로 우리가 수용해야 할 자세일 것이다. 요컨대 어느 누구도 전방위적으로 모든 측면을 감안하여 역사적 시공간을 이해하기란 애초 불가능하다는 점에 동의할 수밖에 없다. 우리는 소설가 박태원의 일제하 어느 날의 지식인의 묘사에서 식민지의 엄혹한 정치현실이 빠져 있다고 비난할 수도 있다. 그러나 그것만 가지고 소설가 박태원이 일제 현실에 눈감았다고 단정할 수 없다. 어쩌면 1930년대 당시의 조선 사람들은 일제하 현실에 대해 흑백영화 속에서 지낸 것이 아니라 총천연색 영화 속의 일상을 살았을 수도 있다. 물론 그렇지 않은 사람들도 있었을 것이다. 다양한 인식은 다양한 현실과 다양한 처지의 사람들이 복층적으로 존재했음의 반영일 수 있다.

둘째, 특정한 사건의 인물에 대한 평가 역시 다양할 수 있다. 이것 역시 당시 사람들의 인식이나 후세 사람들의 인식에 공히 적용될 수 있다. 흔히 특정 인물에 대한 역사적 평가에 대해 공과 과를 나누어 얘기하기도 하는데, 공과 과는 수치적으로 5:5 혹은 10:0 식으로 단정하는 것도 무리이거니와 대체로 공과 과는 비대칭적이고 다른 차원의 영역이기도 하여서 동일한 수위에서 평가하는 것 또한 쉽지 않다. 우리가 위에 거론한 이들의 글에서 당시 상황에 대한 그들의 다양한 인식을 확인하는 것도 이를 방증하는 것이다. 1972년 단행된 10월유신이란 사건 역시, 그리고 그 사건의 정점에 있는 박정희란 인물에 대한 평가와 더불어 일면적으로 판단하기엔 여러모로 무리가 따른다는 점을 확인할 수 있다.

필자는 10월유신이란 사건을 어떻게 이해해야 하는가에 대한 다양한 관점에 대해 얘기하려고 한다. 아울러 10월유신을 통해 본 박정희에 대한 다양한 평가의 일단을 드러내고자 한다. 다양한 관점과 다양한 평가에 대해 필자가 '모든' 것을 망라하기란 불가능하다. 이것은 필자뿐 아니라 그 누구도 엄두 못 낼 작업이기도 하다. 결국 필자는 '10월유신과 박정희'란 주제의 글을 통해 '이런 점 역시 고려되어야 한다'는 점을 제시하는 선에서 머무를 것이며, 그에 대한 판단은 독자들의 몫일 것이다. 아니, 오히려 필자의 관점에 대해 독자들은 판단에 국한하지 말고 오히려 더 새로운 기준과 시점들을 떠올리는 상상력을 발휘할 것을 기대한다.

이 글에서 제시하는 관점은 대체로 다음과 같다.

첫째, 당시 한국, 남북한, 국제 상황에 대한 나름의 관심이다. 이것은 사건의 시점을 전후한 시공간에 대해 눈길을 두루 살피게 된다.

둘째, 숙명적인 남북 대치라는 시공간 구조를 전제로 김일성과 박정희를 아울러 살피게 된다. 김일성과 박정희는 누구나 그렇듯이 비단 성격이나 성장 과정 등에서만 다를 뿐 아니라 지향하는 주의 주장이 질적으로 다른 이들이다. 실제 그러했는가와는 별개로 김일성은 사회주의자 공산주의자임을 자처했다. 한편 박정희는 자유민주주의를 주장했다. 단서를 달았지만, 이것은 어디까지나 그들이 주장한 바에 따른 기술이다. 실제로 그러했는지에 대해서는 다양한 평가가 있을 수 있다. 김일성이 진정 사회주의자였는지, 박정희가 순수한 자유민주주의자였는지에 대해서는 논란의 여지가 있다. 물론 무엇이 사회주의이고 자유민주주의인지에 대한 정의부터 논란적이다. 어쩌면 김일성은 자신이 주장하는 바에 따른 사회주의자이라는 자의식을 가졌을 수 있고, 그 점은 박정희 또한 마찬가지일 수 있다.

셋째, 10월유신이란 사건의 결과에 대한 모든 책임을 곧장 당사자인 박정희에게 돌리는 것을 경계하고자 한다. 여기서 10월유신의 결과라는 표현은 시간적으로 전후에 일어난 일을 그대로 인과적으로 해석한다는 것과는 구분된다. 10월유신 이전의 일련의 상황이 원인이 되어 그대로 10월유신을 초래했다든지, 10월유신 이후에 전개된 상황에 대한 원인이나 배경을 일괄적으로 10월유신에 돌리지는 않는다는 의미다. 이는 박정희에 대한 평가에 있어서도 동일하게 적용된다. 10월유신 이후 벌어진 모든 상황 전개의 책임을 박정희에게 돌릴 수 없다는 것은 바꿔 말하면 10월유신의 순기능의 원인 제공자를 무조건 박정희로 돌리는 것도 자제한다는 뜻이다.

여기서 독자들의 이해를 돕기 위해 재밌는 예를 하나 들겠다. 미국의 어느 학자는 역사적 인물과 역사적 사건의 연관에 대한 착시 현상에 대해 이런 말을 한 적이 있다. 탐험가 콜럼버스는 죽을 때까지 자신이 디딘 땅이 신대륙이라는 사실을 몰랐다는 것이다. 그는 죽을 때까지 오늘날의 아메리카 대륙을 그저 인도의 서쪽 어디쯤인가로만 알았다고 한다. 그러한 자신의 인식과는 무관하게도 미국에서는 탐험가 콜럼버스가 미 대륙에 첫발을 디뎠다는 날을 기려 콜럼버스 데이라는 국경일로 삼고 있다. 그는 마지막 순간까지 실은 자신의 세계사적인 업적의 진실을 모른 채 죽은 셈이다.

아무튼 이런 사실에 빗대어 소련의 마지막 공산당 서기장이자 대통령이었던 고르바초프에 대한 평가를 다음과 같이 한다. 즉, 고르바초프 역시 자신이 시작한 개혁(페레스트로이카)과 개방(글라스노스찌)이 냉전의 종식이라는 세계사적인 결과를 가져올 것이라고는 꿈에도 상상하지 못했다는 것이다. 그가 의도한 것은 냉전의 종식이 아니라 소련 사회, 경제의 부흥을 위한 일종의 냉전의 휴전을 의도했을 뿐이라는 해석이다. 그런데 이후 상황은 애초 그의 의도와는 무관하게 소련의 해체, 냉전의 종식을 가져온 것뿐이라는 주장을 편다. 그러나 그의 주장에 반해, 세상 사람들은 그를 냉전 종식의 영웅으로 생각하고 그에게 노벨평화상을 안겨주기도 했다. 그리고 이러한 세상의 평가에 대해 고르바초프 자신은 굳이 부정하지 않고 있다.

콜럼버스와 고르바초프의 차이는 생전에 그의 행위에 대한 결과의 끝을 보았느냐 아니냐가 다를 뿐이다. 박정희 역시 임기중 돌연한 사고로 죽임을 당하면서 과연 그가 종신집권을 했겠느냐 아니냐에 대한 논란의 여지를 남겨 두었다. 그리고 세상은 그에 대해 저마다 잣대를 들이대고 평가하느라 분주하다. 여기서 우리는 유신체제 이후 전개된 사안들에 대해 그 공과를 전부 그에게 돌리는 것을 경계하고 그에 대한 평가를 유보해야 한다는 것이 필자의 주장이다. 우리는 역사를 재단하기 앞서, 역사의 전개를 차분하게 복기해 볼 수는 있다. 이 글에서도 역시, 역사를 평가하기보다 역사를 복기해 볼 따름이다.

2. 1972년의 입구에서

그림 1은 1972년 1월 11일자 『동아일보』 1면이다. 이 시점에서 좀 더 앞으로 시간 여행을 떠나 보자.

1968년 1월 21일은 우리가 1·21사태라고 기억하고 있는 북한 무장공비 31명의 청와대 기습사건(그림 2)이 벌어진 날이다. 유일한 생

그림 1 박정희의 1972년 연두기자회견을 보도한 신문 지면

그림 2 1968년 1·21사태를 보도한 이튿날 신문 지면

존자로 알려진 김신조는 당시 사건을 취재하던 기자들 앞에서 박정희와 당시 대한민국의 요인들을 살해하러 왔다고 당당하게 밝혔다. 아래의 『동아일보』 지면은 당시의 충격을 생생하게 보여주고 있다.

이 사건의 충격이 채 가시기도 전에 1월 23일에는 동해에서 미 함정 푸에블로호가 북한에 의해 나포되는 사건이 벌어진다. 당시 미국은 자국의 함정과 승무원들의 무사 송환을 위해 다각적인 노력에 최선을 기울이게 된다. 1·21사태를 계기로 조성된 남북한 간의 긴

장관계가 악화되어 자신들의 문제 해결에 악영향을 미치는 데 대해 미국이 우려하여 나름 한국 정부에 압력을 가하는 것도 미국의 입장에서 보면 이해할 만하다.

1·21사태와 푸에블로호 납치사건 이듬해인 1969년 새로 출범한 닉슨 정부는 소위 '닉슨 독트린'을 통해 동서 간의 긴장 완화에 대한 입장을 천명했다. 닉슨 독트린으로 인해 한국에서 주한미군 철수를 감행했다. 실제 7사단이 철수했고 2사단도 철수시킬 계획이었었다. 와중에 같은 해 3선개헌을 통해 박정희는 연임이 가능해졌다.

1970년은 으레 그렇듯이 음양이 엇갈리는 사건의 연속이었다. 새마을운동이 제창되었고, 경부고속도로의 역사적인 개통이 있었다. 한편으로는 청계천 피복노동자 전태일의 분신 사건이 있은 해이기도 했다.

1971년 4월 박정희는 제7대 대통령선거에서 야당 후보 김대중을 누르고 당선된다. 하지만 뒤이은 제8대 국회의원선거에서 당시 야당은 개헌 저지선을 확보하게 된다. 같은 해의 광주대단지사건은 활발히 진행되던 개발과 도시화 과정의 그늘을 드러내고 있다. 남북관계의 측면에서는 적십자회담을 통해 남북 간의 대화가 시작되었다.

이런 역사적 배경 속에서 1972년 새해 대통령 연두기자회견이 나온 것이다.

1971년 시작한 남북 간의 적십자회담이 지지부진한 표면상 과정과 별도로 비공식적인 남북 간의 은밀한 접촉이 있었음은 얼마 안 가 밝혀진다. 적십자회담의 실무 선에서 시작한 비공식 접촉은 남북 특사의 상호 비밀 방문에 이어 1972년 7·4공동성명의 전격적인 발표로 이어졌다. 공동성명이 나오기 전 평양을 방문한 이후락의 증언은 시사하는 바가 크다. 김일성은 이후락과 만난 자리에서 1·21사태에 대해 자신은 아는 바가 없다고 했다는 것이다. 당시 이후락이 전하는 김일성의 발언에 대해 그 진위에 대한 판단은 분분했다. 지금에 와서는, 북한 체제의 성격상 김일성의 당시 발언이 거짓이라는 데 이의를 제기할 사람은 많지 않을 것이다.

이후에도 남북한 간에는 무수히 많은 합의와 공동성명, 공동선언이 이어졌다. 또 개성공단사업이나 금강산 관광, 남북한 간의 상호교류 방문 등등 가시적인 성과도 적지 않았다. 그럼에도 불구하고 실질적인 남북 간의 평화 정착은 요원한 것이 객관적인 현실이다. 이 점에 비추어 본다면, 박정희가 남북대화의 무드에도 불구하고 북한에 대한 의구심과 경계의 끈을 놓지 않은 것은 혜안에 가깝다고 보아도 무리가 없을 것이다.

이제 북한으로 눈을 돌려 보자. 북한의 내부 사정은 외부에서 알기 힘들다. 우리가 접하는 것은 그들의 공식적인 보도와 발표에 크게 의존한다. 하지만 언론이나 의사소통의 자유가 극도로 제한된 북한의 형편상 그들의 보도와 발표의 사실 여부를 확인할 도리가 없는 것 또한 사실이다. 1971년 북한을 방문한 루마니아의 차우셰스쿠가 당시 북한의 안정적인 통치 시스템을 참고로 동유럽 판 김일성 체제를 구축한 점은 시사하는 바가 크다. 이미 1971년 북한은 사회주의 국가 역사에 유례없는 1인 세습독재 체제를 구축하고 있었다. 당시 평양을 방문한 이후락에게도 강력한 인상을 남겨 주었을 것이라고 추측해도 무리가 아닐 것이다.

그림 3 1972년 10·17특별선언을 보도한 이튿날 신문

3. 그해 10월

1972년 8월 2일 정부는 대통령 긴급명령권을 발동하여 「경제와 안정과 성장에 관한 긴급명령」을 공포하고, 그다음 날인 8월 3일에 시행하도록 하였다. 이른바 8·3조치이다. 기업이 지고 있던 사채를 동결하고 공개화시킨 일종의 정부의 강력한 시장 개입 정책이었다. 이어 10월 1일 국군의 날 박정희는 "국력의 조직화로 능률을 극대화해야 한다"는 취지의 담화를 발표했다. 이어 3일 개천절에는 비능률

을 시정하자는 내용을 포함한 담화를 공표했다. 한편 동남아시아에서는 북부 사회주의 국가인 월맹군의 베트남 전역에 걸친 대공세가 강화되고 있었다. 12일에는 7·4공동성명 이후 남북조절위원회가 판문점에서 공식 대화의 첫발을 디디기도 했다. 당시 일본 집권당 자민당은 한국 정부의 반대에도 불구하고 북한과의 관계 개선을 추진하고 있었다. 드디어 10월 17일, 박정희는 10·17특별선언을 전격적으로 발표한다(그림 3).

내용은 다음과 같다.

> 10월 17일 오후 7시를 기해 전국에 비상계엄을 선포한다.
>
> 국회를 해산하며, 정당 및 정치활동을 중지하는 등, 현행헌법의 일부 조항 효력을 정지시킨다.
>
> 열흘 후인 10월 27일까지 새로운 헌법개정안을 공고하고, 공고 이후 한 달 내 국민투표를 통해 확정한다.

그에 따르면, '현행헌법'은 냉전 시기의 반영이며 당시 진행되는 남북대화의 국면을 맞아 이에 걸맞은 새로운 헌법질서가 필요하다는 것이다. 이를 그는 '일대 유신적 개혁'이라고 명명했다. 이런 개혁 추진은 정상적인 방법으로는 오히려 혼란만 가중되므로 '국민적 정당성'을 대표하는 대통령이 비상조치로써 체제 개혁을 단행한다고 선언한 것이다.

이렇게 하여 이른바 유신헌법안이 다음과 같은 요지의 내용으로 공표되었다.

첫째, 대통령 직선제를 폐지하고 통일주체국민회의의 간접선거를 통해 선출한다.

둘째, 국회의원의 3분의 1을 대통령 추천으로 통일주체국민회의에서 선출한다.

셋째, 대통령에게 헌법 효력까지도 일시 정지시킬 수 있는 긴급조치권을 부여한다.

넷째, 국회해산권 및 모든 법관 임면권은 대통령이 갖는다.

다섯째, 대통령의 임기를 6년으로 연장하고, 연임 제한을 철폐한다.

이어 11월 21일 실시된 국민투표에서 유신헌법안은 투표율 91.9퍼센트, 찬성 92.2퍼센트 이상의 압도적 지지로 확정된다. 하지만 당시 보도가 될 수 없었지만, 야당 국회의원 일부가 계엄포고령 위반 명목으로 연행되어 불법고문을 받은 사실이 후일 알려졌고, 사실상 강압적 분위기에서 일련의 과정이 진행된 것은 명백한 사실이다.

4. 유신의 뒤안길

유신헌법은 이를테면 전시(戰時)와 같은 비상상황이라면 응당 나름 정당성이 확보된다고도 볼 수 있다. 하지만, 그렇지 않은 상황에서는 자유민주주의의 기본이념 기준에 따르면 분명 크게 위배된다고 단언할 수 있다. 여기서 헌법학자 권영성의 평가를 음미해 보자. 그의 평가를 요약하면, 유신헌법은 다음과 같은 성격을 갖는다.

첫째, 국민의 기본권에 대한 조항에서, 기본권 제한의 사유로서 국가안 전보장이 추가되는 대신에 자유와 권리의 본질적 내용을 침해할 수 없다는 조항이 삭제되었다. 결과적으로 자유권적 기본권이 크게 약화되고, 노동3권의 주체와 범위가 대폭 제한되었다.

둘째, 국회에 대한 규정의 경우, 국회 회기가 단축되고, 국회가 기존에 가지고 있던 국정감사권이 부인됨으로 국회 권능이 대폭 축소되고, 대통령에게 정식으로 국회해산권이 주어졌다(국회해산권은 원래 내각제 국가에서 국회의 내각불신임권에 대응하기 위해 총리에게 주어지는 권한이다).

셋째, 사법부의 경우, 대법원장을 비롯한 모든 법관을 대통령이 임명 또는 보직하거나 파면할 수 있게 함으로써 사법권의 독립을 현저하게 제한하였다.

마지막으로 헌법위원회를 설치하여 여기에 위헌법률심사권, 위헌정당해산결정권, 탄핵심판권 등 헌법재판권을 부여하였다.

결국 유신헌법은 애초 태생의 연원부터 태생의 과정, 그리고 태생의 결과 공히 당시 상식적으로 국민들에게 수용된 자유민주주의의 이념에 비추어 과연 정당성을 가질 수 있는지에 대해 누구나 의문을 품을 수 있다. 물론 이러한 의문은 자유민주주의의 잣대로 비추어 본 것이다.

여기서 과연 자유민주주의란 무엇인가라는 데에 우리는 눈길을 돌리지 않을 수 없다. 이것이 다음에 생각해 볼 주제다. 미리 사족을 달자면 자유민주주의란, 용어 자체도 다의적이지만 현실에서도 다양한 스펙트럼으로 발현되기에, 정형의 모델을 들어 이것이야말

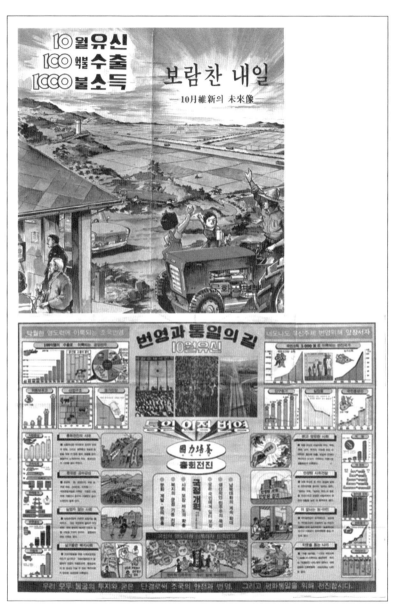

그림 4 10월유신 홍보 포스터들

로 진정한 자유민주주의의 모델이라고 단언하기 힘들다는 점이다.

5. 북한, 싱가포르, 대만의 경우

당시 유신헌법 홍보 포스터(그림 4)는 물론 당시 정부가 제작 유포한 것이다. 포스터의 내용을 액면 그대로 받아들인다면, 그리고 당시 박정희와 집권당이 주장하는 바를 선의로만 해석한다면, 유신헌법에 대한 부정적 시각이 다소 누그러질 수 있을까? 과연 누가 그 의도를 확정적으로 인식할 수 있을까? 순진무구한 선의 일변도의 이해도 필자는 거부하지만, 동시에 악의 일변도의 이해 역시 필자는 보류하고 싶다. 대신에 필자는 같은 시공간의 다른 사례와 비교해 볼 것을 제안한다. 대한민국과 떼려야 뗄 수 없는 운명의 북한, 그리고 대한민국과 똑같이 자유민주주의를 표방하고 있는 싱가포르와 대만을 차례로 비교해 보자.

북한의 권력세습 준비

남한의 10월유신 이후 북한 역시 1972년 헌법을 개정하여 국가주석제를 도입하여 김일성 체제 독재를 강화한 것으로 알려져 왔다.

하지만 여기에는 일말의 오해가 있다. 당시 북한은 그들이 표방하듯이 명실상부한 사회주의 국가이다. 그들의 이론에 따르면 사회주의 국가는 존재할 수 있지만 공산주의 국가란 형용모순이라는 점을 상기했으면 한다. 무슨 말이냐 하면, 그들의 마르크스레닌주의 이론에 따르면 원래 혁명이 완성되면 국가란 소멸되게 마련이다. 이른바 국가소멸론이다. 국가란 조직은 애초 가진 자, 자본가 부르주아의 이익에 봉사하기 위해 고안된 기구에 불과하므로 모든 착취가 사라지는 혁명이 성공한다는 것은 동시에 기존의 국가란 존재 자체가 소멸된다는 의미다. 그리고 궁극적 의미의 공산혁명은 일국에서만의 의미가 아니라 전 세계적인 수준에서 실현되어야 한다는 것이 그들의 주장이다. 그러므로 세계혁명이 완수되기 전 일부 국가에서 달성된 혁명을 이론적으로 공산주의 혁명과 구분하여 사회주의 혁명이라고 부른다. 이를테면 사회주의는 공산주의의 전 단계, 과도기적 개념을 갖는다는 것이다. 이로써 공산주의 국가라는 형용모순의 논리적 결함은 사회주의 국가란 개념으로 해결된다. 다시 말해, 전세계 수준의 공산혁명이 달성되기 전에, 일부에서 사회주의 국가들이 존재하게 되는 셈이다.

하지만 사회주의 국가는 어차피 공산혁명을 지향하는 과도기적 존재이므로, 국가란 형태를 가지기는 하지만 굳이 본래적 의미의 국가제도를 제대로 갖출 필요는 없다. 국가란 본시 국민의 이해 복리 증진을 추구하는 법이다. 하지만 사회주의 국가는 일국 국민 수준의 이해 복리 증진을 추구하는 대신에 세계적인 차원에서 혁명을 추구하는 것을 국가의 목표로 설정한다. 거듭 말하자면 사회주의 국가란 과도 단계에 불과하기 때문이다. 그리고 세계적인 수준의 혁명을 추구하는 것은 일종의 성전(holy war)과도 같은 셈이다. 사회주의 국가들에게 비 사회주의 국가들은 공존과 공동번영, 평화교류와 선린우호의 대상이 아니라 혁명화시켜야 할 대상에 불과하다. 이러한 공산혁명을 지향하는 사회주의 국가들과 대화와 협력을 해 보겠다는 비사회주의 국가들을 그들은 어떻게 생각할까? 김일성 유일사상체계를 고수하는 한, 북한과의 대화와 협상도 근본적인 한계가 있는 것 아닌가. 공산혁명을 포기한 다음, 유일사상체계를 포기한 연후에나 가능한 일일 것이다.

그러므로 사회주의 국가는 우리가 역사적으로 이해하는 통상적인 국가와는 전혀 이질적인 성격을 태생적으로 갖는다. 국민의 이해복리 증진을 담당하게 되는 일반적 국가의 제반 제도 기구들 대신에, 세계혁명을 완수할 단일 지도부가 절실한 법이다. 이러한 성스러운 과업을 수행하는 것이 당이다. 공산당 일당 이론은 단순한 독재당의 개념이 아니라 혁명과업 수행의 사령탑, 지휘부로서의 개념에 더 가깝다. 사령탑, 지휘부가 복수일 수는 없다. 그러므로 비 사회주의 국가들이 갖는 국가통치주권 수임기구로서의 복수 정당들 대신에 사회주의 국가들에서는 당연히 일당 체제가 자리 잡은 것이다. 이를테면 사회주의 국가들에게 복수정당제의 도입을 요구하는 것은 사회주의 국가로서의 정체성에 부합되지 않는 셈이다. 다만, 북한은 여타 사회주의 국가가 공산당이라는 혁명 지휘부를 갖는 것과는 달리 조선노동당이란 당 외에 천도교청우당 등의 다당제를 두고 있다. 이것은 공산당은 일국일당제 원칙에 따르지만, 통일전선 전술을 위해서는 형식상 다당제를 가지게 되므로 실질적으로는 공산당의 지위를 가지지만 명칭은 노동당이란 명칭을 갖게 된 것이다.

멀리 돌아서 설명한 감이 없지 않다. 요컨대 사회주의 국가들에서는 국가 최고 규정인 헌법은 유명무실한 장식에 불과하고, 혁명의 사령탑인 당의 규약이 헌법보다 상위에 있다는 사실이다. 그러므로 북한에서 헌법의 개정은 그다지 큰 의미를 갖지 않는다.

그럼에도 불구하고 왜 북한은 1972년 국가주석제를 도입하는 헌법 개정을 굳이 했을까? 이에 대해서는 몇 가지 추측이 가능하다.

첫째, 중국의 주석제를 단순히 모방했을 수 있다.

둘째, 혁명의 대상인 한국을 상대로 유사시 다양한 형태의 통일전선전술을 구사하기 위해서 단순히 당의 지도자의 직위에서 더 나아가 국가기구의 지도자로서의 격을 맞추기 위해서 내각만의 수상 대신에 당과 내각(정부)을 통솔하는 지위의 국가주석제를 도입한 것일 수 있다. 이 경우, 형식상 국가 규정인 헌법 개정이 필요하다.

중심 주제와는 다소 벗어난 얘기지만, 여기서 잠시 2차대전 직후 사회주의 국가들의 탄생 시기로 시간 여행을 가 보자. 2차대전 이후 소련이 점령한 지역에서 벌어진 공통된 역사적 사실을 돌이켜 보자. 소련 당국은 점령국들에서 공산당의 단독 집권이 어려워진 상황에서 일단 연립정권 수립을 통해 집권에 참여하고, 순차적으로 연립정권 내에서 타 당 세력을 구축(驅逐)하고자 하였다. 이른바 통일전선전술이다. 그러기 위해서 우선 기존 점령국에 존재하던 공산당을 일괄적으로 노동당, 노동자의 당, 노동의 당 등의 이름으로 바꾸었다. 조선공산당도 예외가 아니었다. 공산당은 유일당의 개념이므로 연립정권을 구성하는 다당제에서는 존재하는 것이 이론적으로 안 맞기 때문이다. '공산당=유일당'이란 공식에 충실하기 위해서 개명을 한 셈이다. 공산혁명을 포기했다는 위장전술에 따라 당명을 바꾼 것이 아니라, 통일전선전술이라는 다당제를 전제로 한 전술을 위해서 개명한 것이라고 보는 것이 타당하다. 나중에 연립정권의 헤게모니를 장악한 이후 타 당들을 구축한 이후에는 다시 원래의 공산당 명칭으로 돌아간 것이다. 노동당이란 작명의 예외가 동독 공산당이다. 동독에는 이미 노동당이 존재했다. 결국 동독은 공산당을 노동당으로 개명할 수 없어서 대신에 사회주의통일당이란 명칭을 사용하게 되었다. 그리고 이 당명을 동독이 사라지는 날까지 그대로 유지했다.

그럼 왜 동독과 북한은 사회주의 국가를 수립한 이후에도 공산당이란 이름을 회복시키지 않았는가? 그것은 분단국가라는 데에 비밀의 열쇠가 있다. 아직 통일전선전술의 과제가 남아 있고, 일국성을 달성하지 않았으므로 여전히 공산당의 명칭을 갖지 않는 것이다. 그럼 중국은 대만이 존재함에도 왜 공산당의 명칭을 유지하는가? 중국은 대만의 의사와는 무관하게 '하나의 중국'을 일관되게 주장하고 있다. 그러므로 일국일당주의 원칙에 따라 공산당의 명칭을 가질 수 있는 셈이다. 사회주의자들이야말로 이론에 충실하다는 점에서 경의를 표하지 않을 수 없는 대목이다.

북한의 경우 헌법 개정이 갖는 의미가 중요하지 않다는 점을 설명하다 보니 각론이 길어졌다. 오히려 북한은 1972년 헌법 개정 이전에 이미 강력한 통치체제를 갖추고 있었다. 1971년 북한을 방문한 루마니아의 차우셰스쿠가 감탄하고 부러워했던 그 체제 말이다.

혹자는 북한의 실질적인 최고 규약으로서, 유일사상의 10대 원칙이란 당 규약이 김정일을 후계자로 지명한 1974년에서야 비로소 공표되었음을 두고 김일성의 세습이 유신헌법보다 나중에 나온 것이라고 주장하기도 한다. 하지만 김정일의 경력을 살펴본다면 그러한 추측은 근거 없는 것임을 금방 알 수 있다. 김정일은 이미 1960년대 후반, 20대 나이에 노동당의 조직지도부 부부장과 선전선동부 부장을 지낸 바 있다. 그들의 이론에 정통한 사람이라면 금방 알 수 있듯이 공산당(사실상)의 선전선동부와 조직지도부는 당의 양대 기둥이다. 양 조직은 상호 견제와 균형 그리고 과학적 업무분담을 통해 존재한다. 양 조직의 경력을 공히 거치는 사람은 장차의 최고지도자뿐이다. 이미 1960년대 후반부터 김일성은 세습체제를 다지고 있었던 것이다.

결론적으로 북한의 김일성은 유신헌법 이전, 7·4공동성명 이전에 오늘날 북한 정권의 세습체계를 차곡차곡 준비하고 있었던 것이다.

싱가포르와 대만의 권력세습 실제

북한과의 좀 더 자세한 비교는 다음으로 미루고 싱가포르와 대만의 경우와 비교해 보자. 굳이 길게 설명할 필요가 없다. 두 나라 지도자인 리콴유(이광요), 장제스(장개석)의 경우 공히 약 30여 년의 최고지도자 지위를 누리다가 그 아들들에게 지위를 물려주었다.

싱가포르는 1959년부터 현재까지 리콴유가 이끌었던 보수주의 정당인 인민행동당이 여당으로 집권하고 있다. 야당으로 싱가포르 노동자당, 싱가포르민주당, 싱가포르민주연합 등의 많은 정당들이 있으나 여당의 장기집권과 강력한 정권의 힘(검열, 게리맨더링[선거구 조작], 민주화운동 탄압)으로 존재가 미미하다. 이 때문에 공산주의 국가나 사회주의 국가보다 더 강력한 독재국가로 보는 시각도 있다. 그리고 인민행동당의 강력한 독재 체제에 야당들은 정치적인 역할이 엄청 약하기 때문에 보수주의적 일당독재를 할 수 있으므로, 싱가포르 의회는 오직 인민행동당의 정권장악력이 크다는 것이다. 1959년 이래 집권한 리콴유는 그의 아들 리셴룽(이현룡)을 준장까지 진급시킨 후 1984년 전역시키고, 곧바로 자신이 이끄는 인민행동당에 입당시켜 국회의원으로 당선시킨다. 그 후 리셴룽은 여러 부처의 장관을 맡으며 후계자 수업을 밟고, 1990년 부친이 총리 직에서 물러나고 고촉통(오작동)이 총리가 되면서 경제담당부총리 자리에 올랐다. 이후 싱가포르 경제정책에 큰 영향력을 행사했으며, 경제위기도 순조롭게 극복하였다. 이미 후계자로 내정되어 있던 그는 2004년 고촉통 총리가 사임하면서 총리직을 승계하여 오늘에 이르고 있다. 20여 년간의 후계자 수업의 마침표를 찍은 셈이다.

대만의 경우, 장제스가 1949년 이래 총통의 지위를 가지고 대만 통치를 지속해 오면서, 그의 아들 장징궈(장경국)를 대만에 자리 잡은 중화민국 정부의 군대와 안보기관의 책임자로 국민당을 지휘하게 했고, 1965년에는 국방장관으로 지명했다. 1972년 아들을 행정원장(총리)으로 임명했으며, 1973년 장제스가 병석에 누운 뒤부터 그의 아들 장징궈는 사실상 중화민국의 통치자로서 활동했다. 장징궈는 1978년 중화민국 제6대 총통으로 취임하여 1988년 제7대 총통 임기 중간에 사망할 때까지 대를 이은 총통으로서 군림했다. 대만과 싱가포르 공히 30여 년 이상의 장기집권 지도자들은 자기 아들들에게 권력을 물려주었다.

여기서 권력 상속의 문제에 관해서는 유신헌법과 박정희에 대한 평가의 일단을 좀 더 북한 체제와 비교해서 설명할 필요가 있다. 과연 박정희는 김일성 일가와 마찬가지로 권력을 사유화(私有化)했느냐에 대한 문제다. 그래서 다음에 다룰 주제가 권력의 사유화에 대한 문제다.

6. 박정희는 권력을 사유화했나

싱가포르와 대만의 정치권력 상속 사례는 북한의 경우에 비할 바가 못 된다. 김일성은 자기 아들, 그리고 그의 아들 김정일은 그의 아들 김정은에게 권력을 승계했다(물론 여기서 문제 삼는 유신체제 및 박정희의 경우와 공정하게 비교하려면 김정일에서 김정은으로의 권력세습은 별개의 시간대에 해당하므로 논외로 치는 것이 합당하다).

1917년생 박정희는 1961년 5·16군사쿠데타를 통해 집권하여, 1972년부터 유신헌법을 통해 한국 헌정사상 유례없이 강력한 대통령으로서의 지위를 누리다 불의의 사고로 죽임을 당했다. 1912년생인 김일성은 1945년 소련의 후원으로 사실상 북한의 권력을 손에 넣고 이래 1994년까지 종신 권력을 누리다 죽었다.

그런데 앞서 언급한 바와 같이 김일성은 이미 1960년대 후반부터 당시 20대 아들 김정일(1942~2011)에게 후계자 수업을 차근차근 밟게 하였다. 김정일은 아버지가 사망한 1994년부터 명실상부한 북한의 최고권력자 지위를 누리게 된다.

박정희의 경우, 사망 당시 아들 박지만(1957~)은 육사생도의 신분으로 스물을 갓 넘은 나이였다. 대신에 1974년 부인 육영수의 사망 이후, 당시 프랑스 유학생 신분이던 딸 박근혜(1952~)로 하여금 퍼스트레이디의 직무를 수행하게 한 것은 주지의 사실이다. 당시 박근혜의 나이가 24세였다. 그녀는 1979년 부친의 사망 때까지 실질적인 퍼스트레이디의 직무를 수행했다. 그런데 그녀가 1974년부터 1979년까지 약 5년간의 기간에 지도자로서의 훈련을 밟았다든가, 국정에 불법 혹은 비공식적으로 개입했다는 평가로부터는 적어도 자유로운 것이 사실인 것 같다. 요컨대 박정희가 자기 자식에게 정치권력을 물려주려고 한 뚜렷한 흔적은 찾기 힘들다는 점이다. 그렇다면 그는 과연 후계자로 누구를 생각했을까? 혹은 자신이 종신대통령의 지위를 누리려 했을까? 종신을 꿈꿨다 하더라도 그의 사후 지도자에 대한 생각은 어떠했을까? 이런 질문을 해 보는 것도 흥미로운 상상이긴 하다. 그러나 그가 후계자를 생각했더라도 그건 적어도 혈육이 아닌 제3자였을 가능성이 높다. 어쩌면 후계자를 키우지 않으려는 독재자 특유의 특성상 자신 이후에 대한 생각은 적어도 사망 당시까지는 없었을는지도 모르겠다. 사족을 붙이자면, 당대에 한하여 권위주의 통치를 한 인물과, 대를 이어 권력을 사유화한 독재자는 질적으로 구별되어 마땅하다.

　우리가 흔히 말하는 사유화의 실현은 상속으로 완성된다고 할 수 있다. 당대에 독점적 지위를 누리더라도 사후 그것이 공유화된다면 그가 사유화의 경지에까지 이르지는 않았다고 평가할 수 있다. 재산이나 권력의 경우, 생전에 독점적 지위를 누렸더라도 사후 그것이 공공의 영역으로 환원된다면 그가 재산이나 권력을 사유화했다고 볼 수 없다. 이 점에서 본다면 박정희는 권력을 사유화했다고 단정하기가 어렵다. 그가 권위주의 통치를 했다고 평가할 수는 있어도 적어도 권력을 사유화했다는 근거를 찾을 수는 없다. 비근한 예로 히틀러나 스탈린, 마오쩌둥(모택동)의 예에서도 동일한 평가를 할 수 있다. 하지만 북한의 김일성, 싱가포르의 리콴유, 대만의 장제스의 경우는 반대의 평가가 가능하다.

자유민주주의를 표방하는 나라에서 권력의 사유화, 세습은 언감생심이다. 사회주의 체제 또한 이 경우에는 마찬가지다. 세상에 어떤 사회주의 국가에서 권력을 세습하던가? 도대체 사회주의 이론 어디에서도 정치권력의 세습에 관해서는 예외규정조차 찾아볼 수 없다. 스탈린이나 마오쩌둥은 사회주의 전체주의 체제의 무자비한 독재자였음엔 분명하지만 권력을 세습하지는 않았다. 세습하려 했으나 못 한 것이 아니라, 권력을 혈육에게 물려주려는 시도조차 한 흔적을 찾을 수가 없다. 하지만 김일성은 그렇지 않았다. 이 점에서 박정희와 김일성은 크게 대비된다. 우리가 흔히 '안으로는 엄격하되 밖으로는 후하다'는 말을 하는데, 우리의 박정희 평가는 박하되, 김일성에 대한 평가는 후하게 주는 경향성에 대해서는 재고의 여지가 충분하다.

7. 박정희를 돌아보면서

　유신체제는 출범하여 약 7년여 지속하다 박정희의 비극적인 죽음을 계기로 막을 내린다. 당시 국제정세를 유신체제 정당화의 근거로 충분히 삼을 수 있다. 하지만 서두에서 잠깐 밝혔듯이 유신체제를 전후해서 벌어진 시간적 상황 전개를 유신체제와 인과적으로 연결하는 작업은 부정적 평가든 긍정적 평가든 일면적인 주장이 되어버린다. 모든 주장은 반박될 수 있기 때문이다. 어떤 주장도 완벽할 수 없는 것과 같은 이치다. 일리밖에 없는 인과적 설명보다는 차라리 한눈에 확인되는 비교 사례의 가시적인 제시가 오히려 더 적절한 설명 방식이라고 필자는 생각한다.

　유신체제를 박정희가 애용하던 표현대로 '국력의 조직화, 능률의 극대화'의 측면에서 본다면 나름 긍정적인 의미를 찾을 수 있다. 2차대전 이후 신생독립국 가운데 성공적인 경제성장을 이룩한 사례로 평가되는 싱가포르나 대만, 그리고 한국의 경우는 예외 없이 서구식 자유민주주의의 길을 걷지는 않았다. 혹자는 한국 경제성장의 원인에서 유신체제는 제외되어야 한다고 주장한다. 더 나아가 유신체제가 없었다면 더 높은 성장을 이룩할 수 있었다고들 한다. 하지만 중국을 비롯하여 여러 나라에서 박정희를 국가발전의 모범적인 리더십으로 인식하는 주장들에 역시 우리가 눈을 감을 수는 없다. 이견에 대한 상호 이해, 소통과 타협의 문화가 성숙하지 못한 오늘 우리 현실을 감안하면, 어쩌면 1970년대 유신체제의 선택은 성과 우선의 관점에서 본다면 나름 정당성을 획득한다. 위험한 가정이지만, 유신체제가 아니었더라면 우리는 남미와 같은 실패 사례를 걷고 있을지도 모른다.

만일 사욕을 배제하고 국가와 민족만을 생각하는 선한 지도자라는 평가를 박정희가 받는다면, 유신체제의 처음과 끝은 시종일관 긍정적으로 이해될 수 있을까? 좋은 의도에도 불구하고 방법 상의 흠결은 선한 지도자의 위악적인 행동이라 역사는 평가할 수 있을까? 오늘날 박정희를 높게 평가하는 이들의 인식 저변에는 선한 박정희 상(像)의 그림자가 짙게 깔려 있다. 반대로 박정희를 비판하는 이들의 주장의 밑바탕에는 나쁜 지도자라는 전제가 우선된다. 김일성 세습 정권이나 리콴유, 장제스의 경우에 대해서는 나름의 사정을 들어 이른바 '내재적인 접근'을 하는 경우에도 박정희에게만큼은 일말의 정상 참작이나 선한 의도 가능성을 일축하고 있다. 사실, 의도는 확인하기 어렵다. 하지만 앞서 살펴본 바와 같이 적어도 박정희가, 유신체제가 박정희 개인의 권력 사유화를 의도하지 않은 것만큼은 분명하다.

박정희와 유신체제에 대한 보다 객관적인 평가는 박정희 개인의 속마음까지 들여다볼 수 있어야 설득력 있는 결론에 이를 수 있다는 점에서 어쩌면 영원한 수수께끼일 수 있다. 그리고 항상 대개가 그렇듯이 각자는 각자의 마음속에 자신만의 개인 박정희 상을 간직할 것이다. 각자가 가진 박정희 상을 서로에게 강요할 것은 아니다. 역사적 사실과 인물에 대한 평가에는 논리, 이성적 차원에서뿐 아니라 각자의 정서적 차이, 사상 이념적 영향이 녹아들어 가 있으므로 더욱 그렇다. 하지만 이 글의 필자로서 개인적인 소회를 굳이 밝히

자면, 그럼에도 불구하고 필자는 박정희의 선한 의도에 대한 기대를 놓고 싶지 않다. 확인할 수 없는 선한 의도에 대한 미련을 바탕으로 그에 대한 연민과 존경의 뜻을 밝히는 것도 우리가 강조하는 자유민주주의의 혜택이 아닌가 싶다.

07
도덕성으로 박정희를 검증한다고?

검소, 청렴, 소탈했던 박정희

최 종 부*

들어가면서

1971년 3월 13일 미국의 대표적인 무기제조업체인 콜트 사(社)는 중역인 데이비드 심슨을 청와대로 보내 한국과의 M-16 소총 공급 계약 체결에 감사하는 인사를 전한다. 박정희 대통령(이하. 박정희)에게 는 따로 작은 성의(?) 표시로 봉투를 건넸는데 그 안에는 100만 달러 가 들어 있었다. 리베이트였다. 봉투를 열어 본 대통령은 미소를 지 었다.

"내 봉급으로는 3대가 일해도 만져 보기 힘든 큰돈이구려."

대통령의 웃음을 만족으로 읽은 심슨은 그러나 박정희의 이어지

---

* 자유경제원 연구원

는 말에 표정이 굳어진다.

"자, 이 100만 달러는 내 돈이 되었으니, 이제 이 돈의 값어치만큼 총을 더 가져다주시오."

심슨은 당황할 수밖에 없었다. 정색을 한 박정희 대통령은 봉투를 다시 건네며 말을 이었다.

"당신이 나에게 준 돈 이 100만 달러는 내 돈도 그렇다고 당신 돈도 아니오. 이 돈은 지금 천리타향에서 일하고 저 멀리 월남에서 피를 흘리며 싸우고 있는 내 형제 내 자식들의 땀과 피와 바꾼 것이오. 그런 돈을 어찌 한 나라의 아버지로서 자기 배를 채우는 데 사용할 수 있겠소? 이 돈은 다시 가져가고 대신 이 돈만큼의 총을 우리에게 더 주시오."

심슨은 그자리에서 바로 100만 달러어치의 소총을 더 보내겠다고 약조한다. 후진국 대통령의 작고 깡마른 모습이 거인처럼 느껴지는 순간이었다.

이것은 박정희에게 별로 특별한 에피소드가 아니다. 오로지 국가 안보 증진과 경제성장에만 관심이 있던 대통령에게 이런 일화는 일상이었다. 그런데도 박정희에 대한 '부정부패', '도덕적 타락자' 같은 도덕적 비난은 끊이지 않는다. 대체 왜들 그러는 것일까?

거짓이 판치는 세상에선 진실을 알리는 것이 혁명

"거짓이 판치는 세상에서는 진실을 알리는 것이 혁명이다"라는 영국 소설가 조지 오웰의 말처럼, 지금은 진실의 혁명이 필요한 시대다. 역사적 사실과 인물들에 대한 거짓과 왜곡이 난무하는 정점에 박정희가 있다. 박정희를 보는 시각은 극단으로 갈린다. 누구는 절제와 청빈, 애민과 애국 정신으로 대한민국을 지극히 사랑한 대통령이라고 존경하지만, 또 어떤 부류의 인간들은 민주주의를 정체시키다 못해 후퇴시킨 인물, 독재의 온상, 그리고 도덕적 타락자로 몰아붙인다. 능력 없는 자들이 유능한 인물을 공격할 때 사용하는 것이 도덕성이요, 유죄인 자들이 무죄인 자를 비난할 때에도 도덕성을 문제 삼는다. 마치 민주화라는 절대선이 산업화보다 더 큰 도덕성을 지녔기 때문에 사회적 진보에 더 큰 영향을 주었다고 말하는 것과 같은 논리이다. 공격의 만능 사슬이 사실 도덕적 검증인 것이다. 그러한 도덕주의가 지금 박정희를 힐난하고 있다.

이 글은 박정희라는 정답에 대한 해설집 역할을 할 것이다. 사실, 정답은 나와 있다. 대한민국 산업화와 부국을 동시에 이뤄 내는 데 지대한 영향을 끼쳤으며, 북한의 공산화 위협에 당당히 맞선 인물이 박정희라는 점이다. 이러한 정답에 '도덕성'이라는 애매모호한 개념을 대입하여 오답인 것처럼, 아니면 정답이 여러 개인 것처럼 호도하려는 모습들이 너무도 많이 보인다. 대통령의 탐욕, 대통령의 사치와 낭비, 대통령의 권력 횡포 등등, 도덕적 타락과 도덕적 결여라는 논지로 대통령을 비난하는 이야기들도 많다. 그러한 거짓들에 대해 몇 가지 예를 들고 논점을 확보해 가면서 '진실혁명'을 시작해 보려 한다.

'도덕'의 나라 조선의 실패

도덕의 사전적 의미는 "사회의 구성원들이 양심, 사회적 여론, 관습 따위에 비추어 스스로 마땅히 지켜야 할 행동 준칙이나 규범의 총체"다. 위에 언급된 내용만 봐도 알 수 있듯이 도덕은 추상적 단어의 나열에 불과하다. 사회 구성원들의 양심을 어떠한 기준을 중심으로 비춰 볼 수 있으며 사회적 여론이라는 것을 어떻게 명확히 구분지을 수 있을까? 이렇게 애매모호한 도덕이라는 개념을 너무도 숭고하게 생각하는 나라가 있었다. 바로 조선(朝鮮)이다.

조선 도덕률의 근간은 유교 주자학에 있다. 도덕률을 기준으로 유죄와 무죄가 나뉘었고 선과 악이 구분되었으며 국가의 정책마저도 좌지우지되던 시대가 바로 조선시대다. 조선 사대부들의 도덕은 대(大) 중국을 섬기고 오랑캐를 업신여기는 것이었다. 중국은 중화(中華)이고 조선은 소중화(小中華)였기 때문이다. 조선 성리학자들은 부국강병을 추구하는 무리를 소인배라 규정짓고 유교적 도덕적 교양을 갖추지 못한 자들로 치부해 버렸다. 유교를 교화의 근본으로 삼아 도덕적 이상정치를 꿈꾼 것이다.

그 결과는 어떠했는가? 일본이 열강이 되도록 강해지는 동안 조선은 종묘사직을 논하고 예송(禮訟) 문제로 시끄러웠다. 대국과의 사대(事大)를 백성의 안위보다 더 중요하게 여긴 끝에 벌어진 것이 병자호란이었던 것은 누구나 아는 사실이다. 절반에 가까운 인구가 노비였고 양극화라는 말조차 아까운 극심한 양극 빈곤의 시대였다. 학문의 실용성 여부는 더 말할 것도 없다. '경제'나 '자유'라는 단어조차 없던 나라였다. 도덕이라는 개념으로 옳고 그름을 나누다 보니 정작 중요한 지도자의 역할이나 백성을 생각하는 국가의 통치는 뒷전이 되었다. 경제의 성장이나 굶주림의 탈피라는 진정한 의미의 도덕은 어디에도 없었다. 그렇게 '도덕'을 앞세우다가 조선은 망했다. 도덕으로는 결코 국가적 기조를 논할 수 없다.

대한민국에만 없는 위인 이야기

'흑인 노예 해방의 아버지' 링컨 대통령은 미국 역사상 가장 위대한 지도자로 칭송된다. 한국에서도 위인 중에 위인으로 손꼽히는 인물이기도 하다. 미국의 링컨기념관에는 링컨 대통령의 조각상이 있다. 높이 6m가 넘는 링컨 대통령의 좌상(坐像) 조각은 외경스러울 정도의 크기를 자랑한다. 하지만 이러한 위인에게도 어두운 면은 있다. 남북전쟁은 62만 명의 사망자를 포함해 총 97만 명의 사상자를 냈다. 전쟁 기간 5년 동안 미국 국민을 공포와 고통 그리고 굶주림이라는 피폐함 속으로 몰아넣은 장본인이 바로 링컨이었다. 이뿐만 아니다. 1862년 흑인 청중들 앞에서 행한 백악관 연설에서는 우리가 익히 알던 링컨의 언행과는 정반대의 모습이 보인다.

"흑인, 당신들의 인종을 위해서 당신들은 현재 누리는 뭔가를 희생해야 한다. 해방된 흑인들이 미국에서 영원히 살겠다고 하는 것은 이기적이다. 당신들 고향과 비슷한 기후의 중앙아메리카가 이주해서 살기에 이상적인 지역일 것이다."

또한 링컨은 재임기간중 수차례나 아메리카원주민(인디언) 땅의 강탈을 일삼았다. 이는 미국 역사상 가장 큰 규모의 인디언 영토 강탈이었다. 1851년 미네소타주 인디언들이 연방정부에 땅을 팔고도, 정부의 부패로 인해 돈을 받지 못하는 사건이 발생하게 된다. 이에 그들은 1862년에 이르러 '다코타 전쟁'이라고 불리는 폭동을 일으켰는데, 그 대가는 너무도 참담했다. 민주주의의 아버지라 불리는 링컨은 강력한 무력을 행사했고, 폭동을 진압하자마자 인디언 38명을 동시에 처형시켜 버렸다. 게다가 그들 소유의 영토를 몰수하기까지 했다. 심지어는 본인 소유의 노예는 끝까지 해방시켜 주지도 않았다.

'철강왕'으로 불리는 록펠러 역시 세계 최고의 부자로서 지금의 미국을 강대국에 올려놓는 공을 세웠지만 '비도덕적'이라는 비난을 들어야만 했다. 당대 최고의 석유기업이었던 스탠더드 오일 트러스트(Standard Oil Trust)를 설립해 미국 전역 기름사업의 90퍼센트를 지배하는 식의 독점적 방법을 통해 경쟁사를 파산에 이르게 했기 때문이다.

위의 예들을 보면 어떤 생각이 드는가? 너무도 도덕적이지 못한 모습에 위인이라는 호칭을 붙이기가 아깝다고 말하는 사람도 있을 것 같다. 그러나 위와 같이 고통의 감내를 이끈 링컨과 같은 지도자가 없었다면 과연 오늘의 미합중국이 가능했을지를 생각해 봐야 한다. 록펠러가 없었다면 산업화된 미국의 폭발적 성장이 있었을지도 의심을 해 봐야 한다. 이들 모두 '도덕적'이라는 잣대로 평가해 보자면 지탄을 받을 수도 있는 사람들이다.

사실 소위 말해 영웅이나 위인이라는 사람의 생애는 비극적일 수밖에 없다. 그 이유는 대의적 행동의 집중적 투자를 위해 인정(人情)을 저버려야 할 때도 있고, 사정(私情)을 무시해야 할 때도 있고, 일의 과정을 생략해야 할 때도 있기 때문이다. 때로는 인명의 희생도 불러온다. 이는 필히 도덕적으로 문제가 있다는 시비에 걸리게 되어 있다. 하지만 위에 언급된 인물의 해당 국가의 사회에서는 그런 모습을 쉽게 찾아볼 수 없다. 다만 발전과 번영이라는 시각으로 인물들을 바라보며 존경과 감사의 표시로 동상을 세우고 기념관을 건립할 뿐이다.

역사적 인물을 평가하는 데 있어서 그의 부정적인 면을 부각시켜 내세운다면 훌륭한 사람이나 위인은 탄생하기가 어려울 것이다. 분명히 시대를 앞서 나간 지도자나 위인은 존재한다. 다만 그들을 평가함에 있어서 도덕성과 같은 너무 여러 가지 요소를 대입하여 사실을 사실로 보려 하지 않기 때문에 그 평가가 곡해되는 것은 아닌지 생각해 볼 필요가 있다.

당연히 우리나라 대한민국에도 훌륭한 업적을 쌓은 인물들은 존재한다. 다만 이들의 훌륭한 업적이 어두운 면에 가려 빛을 보지 못하는 측면이 있다는 점이 안타까울 따름이다. 2차대전 이후 탄생한 140개가 넘는 신흥독립국 중 유일하게 민주화와 산업화를 동시에 이룬 대한민국이다. 그 중추적 역할을 한 것이 바로 지도자들의 역할이었다. 지도자들의 공은 제쳐 놓고 도덕성이라는 잣대를 대입해 어두운 면만 부각시켜 업적까지 깎아내리는 한국 사회의 기이한 풍토는 여타 선진국에서는 찾아보기 힘든 잘못된 모습 중 하나일 것이다. 업적에 대한 과소평가와 왜곡으로 인해 자라나는 어린이와 청소년 그리고 후대(後代)가 본받을 위인이 사라지고 있는 것은 아닌지 걱정이 될 정도다. 눈부신 업적을 이뤘음에도 이승만과 박정희의 업적을 끌어내리고 폄하하는 수준은 도가 지나치다.

가고자 하는 길에는 목적과 목표가 있기 마련이다. 우리가 살아가는 삶에도 지향하는 바가 뚜렷한 정신적 목표가 있어야 한다. 도덕적 흠결 문제를 들기 전에 그 인물이 추구하고자 한 이상과 그 정책적 결과를 봐야 한다. 그것을 인정하느냐 못 하느냐의 차이가 서양여타 선진국과 우리나라와의 차이점이 아닌가 한다. 대한민국에는 없는 다른 국가의 위인 이야기가 그래서 부럽기만 하다.

권력은 양날의 칼

기본적으로 권력은 정부가 독점한다. 그 권력은 개인의 자유를 가로막는 권위적 힘이 대부분이다. 그래서 서양의 많은 철학자와 사상가들은 권력을 '악'으로 평가했다. 사실상 제대로 통제하기도, 그 경계를 정하기도 힘들기 때문이다. 무소불위의 권력이라면 그 '악'에 대한 평가는 더 부정적일 것이다. 그렇게 정부도 '악'으로 범주화시킬 수 있다. 다만, 무정부상태의 불안정함과 무규범성은 용납할 수 없으므로 어쩔 수 없이 정부는 '필요악'으로 간주된다.

권력은 인간이 인간을 직접적으로 간섭하고 제재하고 통제하게 한다. 억압과 지배를 위한 힘이기 때문에 대부분의 권력은 본질적으로 나쁜 것이다. 그렇기 때문에 권력을 없애는 것이 최선이겠지만, 국가의 유지와 사적 권익의 공고함을 위해 국민들은 어쩔 수 없이 권력을 인정하게 된다. 언급한 바와 같이 개인을 속박하고 억압하는 기능을 가진 것이 권력이 본질이기 때문에 권력은 사실상 개인의 가장 무서운 적이기도 하다. 그 적은 속성상 커지려는 경향도 있고 지속하고자 하는 성격도 숨기지 않는다. 그래서 권력은 꾸준히 경계되어야 하고 한정되어야 한다. 그럼에도 불구하고 인간이 속한 모든 사회는 권력을 필요로 한다. 인간 그 자체가 완벽한 이성을 가진 것도 아니요 절대선을 갖춘 성자도 아니기 때문이다.

많은 사람들이 박정희가 일군 조국근대화와 산업화의 근거를 강력한 권력의 발현으로 본다. 그리고 박정희가 권력욕에 눈이 먼 독재자라고도 한다. 하지만 이 말들은 전혀 틀리다. 그 당시 대한민국에는 박정희도 있었지만 모두 잘살아 보자고 하는 국민적 신풍(新風)이 불었다. 그것은 '나도 잘살아 보자'라고 하는 새마을운동으로 발현되었다. 권력으로만 나라를 그렇게 바꿀 수 있었다면 카스트로, 체 게바라, 김일성, 김정일, 김정은과 같은 '진짜' 권력독점형 지도자의 국가들은 엄청난 바람이 불었어야 한다. 이것이 권력을 제대로 사용했을 때와 못 했을 때의 차이다. 권력이라는 필요악을 어떻게 활용하고 사용하는지에 따라서 국가는 흥할 수도 있고 망할 수도 있는 것이다.

정경유착만 봐도 박정희는 도덕적으로 문제가 있다?

일반적으로 신생국과 개발도상국에서는 국영기업이 경제성장의 주도적 역할을 해 왔다. 하지만 대한민국의 경우는 달랐다. 민간기업이 경제성장을 도모했다. 이것이 성공할 수 있었던 결정적 계기는 바로 박정희의 중화학공업화와 수출주도 산업정책으로 대변되는 경제정책이었다.

박정희 경제정책의 특징은 일 잘하는 기업에 더 많은 일을 부여했다는 점이다. 현실적 시장원리에 충실했던 것이다. 그것이 정부가 기업에게 주는 인센티브가 된 것이고, 정부와 기업이 협력할 수 있는 추진력이 되었다. 경제 영역은 기업이 그 역할을 다하되, 성과의 평가는 정부가 하는 체제였던 것이다. 그 당시에 부여할 수 있었던 최대한의 시장 자유였다. 한국 정부와 기업 사이에 만들어진 산업 네트워킹은 전 세계 어떤 경제구조에서도 찾아볼 수 없는 긴밀한 협력이었던 것을 알아야 한다. 말 그대로 '정경유착'이 아닌 '정경협력'이었던 것이다.

근본적으로 정치와 경제 간의 올바른 관계가 무엇일까를 생각해 보아야 한다. 정치와 경제가 완전히 분리된 사회가 좋은 것인가, 아니면 협력하는 사회가 좋은 것인가? 지금은 정치와 경제가 완전히 분리되어야 도덕적이라고 생각하는 경향이 있는 듯하다. 하지만 기본적으로 정치와 경제는 연결되어야 한다. 협력해야 한다. 경제성장이라는 대의를 위한 불가분의 관계에 놓여 있기 때문이다. 정치와 경제가 완벽하게 분리된 국가는 어디에도 없다. 다만, 정치가 경제의 자유로움을 위해 시장을 개방할 때 그 국가는 선진국의 반열에 오르게 된다. 박정희는 이것을 대한민국 역사에서 가장 잘한 대통령이다.

박정희는 탐욕적? 그래서 도덕적 타락자?

한국 사회에서 욕망과 욕구를 드러내 놓고 추구하는 사람들은 좋은 평가를 받지 못한다. 과욕적이고 탐욕적이라는 비난을 받기 일쑤이기 때문이다. 이것은 물욕의 문제에 있어서도 그렇고 공명심의 발현인 출세욕 문제에 있어서도 그렇다. 특히나 인간의 기본적 욕구인 성욕에 있어서는 비난의 강도가 매우 거세진다. 한국 사회에 있어서는 더 그렇다.

그러나 다르게 생각해 볼 필요가 있다. 인간은 욕구를 발현하고 그것을 충족하며 더 나아가 욕망을 실현할 때 발전해 왔고 진화해 왔다. 욕구는 인류 진화와 진보의 핵심 원동력이라고 할 수 있겠다. 이것을 정면으로 가로막았던 것이 조선을 지배한 주자학이다. 욕구를 실현하기 이전에 그것을 통제하는 것부터 가르치는 것이 그 골자다. 이러한 잘못된 관습과 통념을 박정희 본인이 완전히 뒤집은 것은 아닌가 생각해 볼 필요가 있다. '욕망을 가지는 것은 나쁜 것이다'라는 구시대적 통념을 과감히 깨트린 것이다. 욕망을 가지고 더 많은 풍요를 추구하는 것은 당연한 것이다. 그것을 숨기지 않고 현실적 방안을 만들어 과감히 행동으로 옮겼을 때 진정한 진보가 이뤄지는 것 아니겠는가.

박정희의 '여자문제'도 도덕적 비난에서 빠지지 않는 항목이다. "재혼을 했다", "여자문제가 복잡했다" 따위의 비판이 늘 따라다닌다. 사실을 제대로 알고나 떠드는지 모르겠다.

박정희의 삶에서 공식적인 여자는 세 명이다. 첫 여자는 대구사범대학 4학년 시절이었다. 조선의 풍습 중에 조혼(早婚)이라는 것이 있었다. 혼인적령기에 이르지 못한 연소자를 부모의 주도 아래 일찍 결혼 시키는 풍속이었다. 박정희도 풍습에서 자유로울 수 없었다. 본인의 동의 없이 아버지가 강제로 결혼을 시켜 버린다. 여자의 이름은 김호남 여사이고 그 딸은 박재옥이다. 첫 부인과는 1950년 11월에 합의이혼을 하게 된다. 훗날 장녀인 박재옥 씨는 "아버지와 자주 편지를 주고받았다. 재혼하신 어머니는 아버지를 용서하시고 국사(國事)를 잘 돌볼 수 있게 해 달라고 기도하셨다. 아버지는 미안하다며 어깨를 두드려 주시곤 했다"라며 아버지에 대한 원망보다는 이해를 회고에 담았다. 강제로 결혼한 탓에 첫 부인과는 사이가 그다지 좋지 못했다. 그때 잠시 만난 것이 두 번째 여자인 이현란이다. 마지막으로 만난 세 번째 여인이 바로 육영수 여사다. 6·25전쟁 초반에 남한군이 열세에 몰려 대구까지 후퇴했을 때 육영수 여사와 1950년 12월 백년가약을 맺게 된다.

박정희의 '여자문제'에 있어서 가장 대표적으로 거론되는 사건이 있다. 바로 '정인숙사건'이다. 나훈아의 노래 중 〈사랑은 눈물의 씨앗〉이라는 곡이 있다. 나훈아라는 가수 자체가 워낙 유명했기 때문에 이 노래가 알려진 것도 있지만, 정작 대중에게 퍼진 이유는 따로 있었다. "사랑이 무어냐고 물으신다면 / 눈물의 씨앗이라고 말하겠어요"라는 가사는 "아빠가 누구냐고 물으신다면 / 청와대 미스터 박이라고 말하겠어요"라고 바뀌어 항간에 떠돌아 다녔다. 정작 이 사건의 진실을 밝혀 보니 정인숙의 자식은 당시 국무총리였던 정일권의 아이였고 박정희와는 아무 관련이 없었다. 그러나 소문이 한번 퍼진 이상 사람들의 뇌리에는 "박정희에게 혼외자식이 있을 것이다"라는 잘못된 선동만 박혀 있을 뿐이었다.

박정희와 육영수, 그리고 남겨진 사부곡思婦曲

박정희가 수많은 글과 시를 남겼다는 사실을 아는 사람은 많지 않다. 그 많은 글 중 다수는 육영수 여사에 대한 사랑 표현이었거나, 애도하는 시정(詩情)이 담겨 있다. 박정희는 현모양처인 육영수 여사를 정말 지극히도 사랑했다. 박정희가 아무리 여자문제가 얽혀 있다는 의심이 들끓는다 할지언정 결국 사랑의 끝은 언제나 육영수 여사를 향해 있었다.

사실 이러한 말들은 설명보다는 실제 박정희의 시 몇 편만 봐도 이해하기 쉽다.

> […] 옥과도 같이 금과도 같이
> 아무리 혼탁한 세속에 젖을지언정
> 길이 빛나고 길이 아름다워라

나의 모든 부족하고 미급(未及)한 것은

착하고 어질고 위대한 그대의 여성다운 인격에

흡수되고 동화되고 정화(精化)되어

한 개 사나이의 개성으로 세련하고 완성하리

행복에 도취한 이 한밤 이 찰나가

무한한 그대의 인력으로써 인생 코스가 되어 주오

그대의 안면(安眠)의 모습을 바라보고

이 밤이 다 가고 새 날이 오도록

나는 그대 옆에서 그대를 보고 앉아

행복한 이 시간을 영원히 가질 수 있도록

기도하고 있다.

「영수의 잠자는 모습을 바라보고」, 1952년 7월 2일)

　박정희가 그다지도 사랑했던 육영수 여사는 1974년 8월 15일 광복절 기념식이 열린 국립중앙극장 단상에서 조총련계의 문세광의 총에 맞아 피살당하고 만다. 대통령 연설 중에 일어난 사건이다. 박정희는 육영수 여사가 총에 맞고 쓰러진 모습을 바로 옆에서 지켜봐야만 했다. 경호원들은 황급히 육영수 여사를 병원으로 이송시켰고 박정희는 끝까지 자리를 지키며 연설을 마무리했다. 연설을 끝내고 단상에 있던 육영수 여사의 소지품들을 가지고 내려온 박 대통령이다. 슬픔이 하늘을 찌르는 상황이었지만 국가지도자의 책무를 다하는 모습이었다. 하지만 그 마음을 덤덤히 덮기엔 육영수 여사를 애도하는 사랑의 마음이 너무도 컸다. 그 사랑은 몇 편의 시와 글로 남아 있다. 그중 육영수 여사가 서거하고 며칠 뒤 적은 시 한 편을 소개한다.

> 이제는 슬퍼하지 않겠다고
> 몇 번이나 다짐했건만
> 문득 떠오르는 당신의 영상
> 그 우아한 모습
> 그 다정한 목소리
> 그 온화한 미소
> 백목련처럼 청아한 기품
>
> 이제는 잊어버리려고 다짐했건만
> 잊어버리려고 하면 더욱 더
> 잊혀지지 않는 당신의 모습
> 당신의 그림자
> 당신의 손때
> 당신의 체취
>
> 당신이 앉아 있던 의자

당신이 만지던 물건

당신이 입던 의복

당신이 신던 신발

당신이 걸어오는 발자국 소리

"이거 보세요" "어디 계세요"

평생을 두고 나에게

"여보" 하고 한 번 부르지 못하던

결혼하던 그날부터 이십사 년간

하루같이

정숙하고도 상냥한 아내로서

간직하여 온 현모양처의 덕을

어찌 잊으리. 어찌 잊을 수가 있으리.

「잊어버리려고 다짐했건만」, 1974년 9월 4일)

  아직도 인터넷에는 육영수 여사의 피살마저도 박정희가 기획했다는 악성 루머까지 나돌고 있다. 의도는 알겠는데, 욕심이 과하면 칼끝이 자신에게 돌아오게 된다. 적당히들 하자.

너무도 검소했던 박정희

도덕성 이야기가 나오면 빼놓을 수 없는 부분이 있다. 바로 사치와 낭비이다. 사실 소비란 본인의 능력과 재력 여하에 따라 다를 수 있으니 사치와 도덕성의 결부는 옳지 못하지만, 나라의 녹을 먹는 사람이라면 방만한 지출을 피하는 것이 도덕적 모습이라고도 할 수 있겠다. 특히나 독재자라는 오명을 뒤집어쓰고 있는 박정희에게는 이미지 자체가 서민적 모습이었다고 해도 귀족적 삶을 살지는 않았을까 하는 '의심을 위한 의심'을 하는 경우도 보인다. "박정희가 거액을 받았다", "대기업에게서 엄청난 떡고물을 받았다"는 등의 '찌라시'성 보도를 일삼는 언론들이 아직도 부지기수다. 하지만 그 정확한 출처나 데이터를 제시하는 언론은 없다. "~라고 생각된다", "~라고 추측한다", "정말로 돈을 안 받았을까?" 하는, 분노와 자극에 초점이 맞춰진 추측성 보도뿐이다. 사실을 말하면 '독재'라는 절대악의 그물로 덮어 버린다.

1979년 10월 26일 저녁 7시 40분경 박정희는 당시 중앙정보부장인 김재규로부터 총을 맞고 병원으로 이송된다. 박정희는 병원으로 가는 도중에 차 안에서 사망하고 만다. 그 당시 박정희를 본 응급실의 군의관들은 그 시신이 박정희인 것을 몰랐다고 한다. 다음은 당시 군의관이었던 정규형 대위의 증언이다.

병원에 들어왔을 때는 얼굴에 피가 묻어 있었고 감시자들이 응급처치 중에도 자꾸 수건으로 얼굴을 덮었습니다. 그리고 시계가 평범한 세이코

였고 넥타이핀의 멕기가 벗겨져 있었으며 혁대도 해져 있었습니다. 이런 여러 가지 사실로 미루어 각하라고는 상상도 할 수가 없었던 것입니다.

　도저히 일국의 대통령의 행색이라고 하기엔 초라할 정도로 검소한 모습이었다. 모든 권세를 등에 업은 것같이 보였던 박정희의 의복은 마지막 돌아가시는 순간까지도 초라할 정도로 소탈했다.

　대통령의 국장(國葬)이 끝난 뒤 집무실을 청소하며 나온 특이한 물품이 있었다. 바로 선풍기와 파리채, 그리고 부채였다. 박정희는 전기를 아끼기 위해 여름에도 일정 온도가 아니면 에어컨을 틀지 못하게 했다. 그러한 이유로 집무실 내부에서도 선풍기와 부채를 사용했다. 그래도 여름이라서 창문을 열다 보니 파리가 들어왔고 파리채까지 필요했던 것이다. 소탈함을 넘어선 검소함이 엿보이는 대목이다. 이뿐만 아니었다. 1층 집무실에 있는 화장실과 2층 침실에 있는 화장실에 있는 변기 모두에 벽돌 한 장씩이 들어 있었다고 한다. 그만큼 물을 아끼려 한 것이다. 특히나 2층 침실의 화장실은 아무도 보지 않는 곳임에도 불구하고 그렇게까지 절약한 흔적이 보였다.

　어떤 언론에서는 "막걸리를 좋아하던 박정희의 술상은 홍보용이고, 실은 고급 양주만 마셨다"고 떠들어 댄다. 10월 26일의 연회에 등장한 시바스리갈을 염두에 둔 기획기사다. 그러나 상 위에 놓여 있던 시바스리갈 12년산은 사치품도 고위층의 전유물도 아니었다. 그것은 '싸구려' 양주였다. 지금 우리나라에서 시바스리갈 12년산 700밀리리터는 할인매장에서 5만 원이면 살 수 있다. 대표적인 진보 경제학자 중 한 사람인 장하준 케임브리지대 경제학 교수는 "도

대체 세계 어느 나라에서 종신독재자가 시바스리갈을 마십니까?"라고 반문하며, 한때 '궁정동 술'이라 불린 이 양주에 대해 "박정희가 암살당할 때 마셨다고 해서 유명해져 엄청나게 좋은 술인 줄 알았는데, 영국에 가 보니 가장 싼 술이더라"며 "박정희는 자신부터 솔선수범해 가면서 부유층들로 하여금 외제와 사치품을 쓰지 못하도록 했다"고 주장하기까지 했다.

　너무도 검소했던 박정희지만 당신의 입으로 "내가 깨끗한 사람이다", "내가 청렴한 사람이다"라고 말한 적은 단 한 번도 없다. 요즘 몇몇 정치인들이 해진 구두에 낡은 넥타이를 매고 다니면서 "내가 청렴한 정치인이오!" 하고 떠벌이고 다니는 것과는 매우 대조적이다. 특히나 이런 정치인들일수록 시계나 양말 혹은 벨트가 명품인 경우가 종종 보인다. 청렴함과 검소함은 단순히 코스프레로 되는 것이 아니다. 삶의 자세에서부터 발현된다. 청렴은 존경받을 만한 덕목이지만 가난은 그렇지 않다. 요즘 정치인들은 가난이 덕목인 것처럼 착각하고 있다. 진정한 의미의 청렴은 내세우지 않는 묵묵함에서 드러나는 것 아닐까.

회고와 증언으로 본 박정희의 청렴함

　내세우지 않아도 알 사람은 다 안다. 지근거리에서 그를 본 사람들의 증언은 거의 일치한다. 검소에는 일가견이 있는 정주영 회장, 곽상훈 전 국회의장, 그리고 시인 박목월은 박정희에 대해 똑같은 말을 한다.

그분이 땅이 있습니까, 돈이 있습니까? 장기집권할수록 부패하기 쉬운데 우리는 그 정반대의 경우를 그분에게서 보았습니다. 아울러 통치자가 청렴결백할수록 나라는 더욱 부강해진다는 것도 배웠습니다. (중략) 평소 그분의 생활태도나 정치가로서의 신념이 나타나 있다고 생각합니다. 그분은 사리사욕으로 장기집권한 것도 아닙니다. 나라는 부강시키고 기업도 성장시켰지만 자손에게는 남긴 것이 없지 않습니까. 오로지 나라와 민족을 위해 일한 것입니다. (정주영 현대그룹 회장)

박 대통령의 민족중흥과 국가번영에 대한 강한 집념, 그리고 조국통일 의지는 평상시 그의 생활 속에서 읽을 수 있다. 박 대통령의 청와대 사생활은 더없이 서민적으로 검소하다. 세계 어느 나라 지도자의 생활이 그처럼 검소할 수 있을까 하고 생각해 보기도 한다. 혹 기회가 있어 청와대에 가게 되면 처음에는 얼마나 좋은 대접을 받게 될지 기대도 해 보았다. 그러나 혼자서든 몇 사람이 같이 가든 대개가 점심에는 국수며, 저녁에는 그저 우리 모든 가정에서 먹는 된장찌개 정도의 소찬(素饌)이다. 박 대통령의 이러한 서민적인 생활을 직접 보면 그분에 대한 친밀감과 함께 높은 뜻이 피부로 느껴진다. (곽상훈 전 국회의장)

필자의 인상 중 가장 강렬했던 것 중의 하나가 그분의 집무실에 안내되었을 때의 일이다. 대통령의 집무실이라면 나라의 정사를 다스리는 곳이다. 그러므로 평소에 필자는 으리으리하게 장식된 화려한 사무실을 상상하고 있었다. 그러나 비서의 안내를 받아 필자가 방문한 박 대통령의 집무실은 너무나 간소했다. 이편에 회의용 테이블이 놓였으며, 저편 중앙에 박 대통령의 테이블이 놓여 있고, 그 테이블에는 화병 하나 놓여 있지 않았다. 그리고 그것이 전부였다. 이 단조한 집무실에서 국가의 여러 가지 크고 작은 문제들이 처리된다고 생각하니 가슴이 벅차오르는 감동 같은 것을 느끼게 된다. 또한 이 단조로운 테이블에 앉아 있는 그분의 모습은 수도승 같은 인상을 주게 된다. (박목월 시인)

특권의식과는 거리가 멀었던 소탈함

특권보다는 특권의식이 문제인 것이 한국 사회다. 방만한 특권은 당연히 문제가 된다. 하지만 국정을 운영하는 직책에 있어서의 특권은 해당 직책의 권위를 보호해 주는 역할을 하며 외부의 부당한 간섭을 막아 주는 역할을 한다. 문제는 이러한 특권을 무소불위의 권력처럼 악용하려는 특권의식이다. 지도층의 잘못된 특권의식 때문에 최근에 '갑을 관계', '갑의 횡포' 등의 말이 나오는 것은 아닐까. 그래서 특권층에게 도덕적 비난을 가하는 모습이 심심치 않게 보이곤 한다.

특권의식에 젖어 있는 사람에 대해 도덕적 기준의 미달이라는 비판은 온당할 수도 있다. 국가원수의 자리까지 올라갔고 심지어는 독재자라는 오명을 뒤집어쓰고 있는 박정희에게 '특권의식 남발'이라는 말은 어찌 보면 당연한 것처럼 여겨진다. 물론 지금의 '통념' 안에서는 말이다.

많은 통념들이 사실과는 다르듯, 박정희의 '특권의식에서 비롯되었다'는 도덕성 문제 또한 사실과는 무관하다. 박정희의 곁에서 15년간 머리를 만져 온 대통령 전속 이발사 박수웅 씨의 회고를 보면 박정희 당신이 가지고 있던 삶의 자세 자체가 얼마나 소탈했는지 알 수 있다.

> 박 대통령께서는 특권의식 가진 사람을 유달리 싫어하셨습니다. 15년 동안 그분을 곁에서 모셨지만 권위의식라고는 전혀 찾아볼 수 없었습니다. 그저 마음씨 좋은 옆집 아저씨 같았습니다. 그분은 주위 사람들에게 항상 자상하셨고 정도 많으셨습니다. 특히 절약하는 데는 아마 그분을 따라갈 사람이 없을 것입니다. 그분은 늘 윗옷을 벗고 러닝셔츠 차림으로 이발관에 오셨는데, 해진 러닝셔츠를 입고 계신 적이 많았습니다. 허리띠도 얼마나 사용하셨던지 허리띠 구멍이 사람의 새끼손가락이 들어갈 정도로 크게 나 있었습니다. 절대권력자가 이처럼 검소하다는 사실을 아는 사람이 몇 명이나 되겠습니까?

특권의식의 또 다른 말이 권위의식이다. 박수웅 씨는 여기에 대해서도 남다른 증언을 남겨 놓았다.

> 박 대통령은 아랫사람들 앞에서도 예의를 잃지 않으셨습니다. 부속실로 하여금 이발하러 가겠다는 연락을 하도록 한 뒤 5분 정도만 늦어질 것 같아도 직접 이발관에 오셔서 "박 군, 지금 회의가 끝나지 않아서 그런데 조

금만 기다리래이" 하시면서 양해를 구하십니다. 한번은 연락을 받은 뒤 40여 분 만에 이발을 했는데, 이때에도 박 대통령께서 중간에 이발관으로 오셔서 "미안해서 우짜노. 박 군, 일 마치고 바로 올 테니까 조금만 더 기다려줘"라고 하시더군요. 도리어 제가 미안해 "어르신, 저는 여기에 근무하는 사람입니다. 저는 생각하시지 말고 충분히 집무 보십시오"라고 말씀을 드리자 "그래, 고맙대이"라며 특유의 옅은 미소를 지으시더군요.

싼 술을 마셨던 박정희는 다른 방면에서도 어김이 없었다. 회고를 하나 더 보자.

박 대통령께서는 특히 머리 감는 것을 싫어하셨습니다. 그래서 수건을 뜨거운 물에 담가 그 수건으로 머리를 문지른 다음 스킨을 머리에 바르는 것으로 이발을 끝냅니다. 대통령께서는 스킨로션도 비싼 외제 같은 것은 싫어하시고 그 당시 국산 중에서도 가장 값이 싼 특정 회사의 제품을 좋아하셨습니다. 향기가 마음에 드신다나요.

실은 이런 시시한 예까지 들어 가며 박정희의 검소함을 주장해야 하는 현실이 짜증날 따름이다. 그런데도 15년간이나 박정희를 모시면서 많은 대화를 나누었던 박수웅 씨의 증언까지 무조건 거짓이라고 치부해 버리는 사람들이 있다. 그런 분들에게 묻고 싶다. 박정희와 직접 일했던 사람들의 증언이 왜 칭찬 일색인지를.

글을 마치며

마키아벨리의 『군주론』에서는 이른바 도덕적으로 고상하거나 훌륭한 말을 찾아보기가 힘들다. 그 대신 잔혹하고 섬뜩한 사례와 조언만이 가득하다. "인민에게 사랑받는 군주가 되려 하지 말고 인민이 두려워하는 군주가 되라"라는 구절도 자주 인용된다. 일반적 기준의 도덕성과는 차이가 있다. 이 책이 고전으로서 꾸준히 읽혀 온 까닭은 정치라는 영역이 도덕적 올바름과는 다른 차원에 있음을 마키아벨리가 간파했기 때문일 것이다. 마키아벨리는 도덕과 정치를 분리함으로써 서양 정치사상사의 새 장을 열었다.

존 스튜어트 밀은 그의 저서 『자유론』에서 도덕성을 강조하는 세태를 경계하며 이런 말을 했다.

"전도유망한 지성인들이 소심해져서, 비종교적 또는 비도덕적이라는 평가를 받을까 두려워하여 용감하고 씩씩하게 독립적인 생각의 날개를 펼칠 엄두를 못 내게 되었을 때, 도대체 우리가 사는 이 세상은 어떻게 되겠는가?"

미국에서 다문화주의를 내걸면서 성차별이나 인종차별에 저항하는 언어를 사용했던 운동이 '정치적 올바름(Political Correctness, PC)'이다. 이는 미국 사회에서 다수 혹은 기득권층의 언어 사용을 겨냥해, 사회 소수자에게 불쾌감을 주는 차별이나 편견이 담긴 표현을 배제하자는 '착한' 운동이었다. 이 운동은 1980년대에 미국 각지의 대학가를 중심으로 전개됨으로써 성차별적 단어, 인종차별적 표현을 고쳐나가는 데에 큰 성과를 거두게 했다.

하지만 이것은 언론과 정치인들에 의해 남용되고 변질되기 시작했다. 1991년 이전의 미국 언론에서는 'PC'라는 표현을 별로 찾아볼 수 없었다. 그러나 1990년대 중반이 되자 1년에 5천 번 이상 미국 언론에 오르내리기 시작한다. 1997년 한 해에만 7,200번이나 사용되는 단어가 되었다. 'PC'라는 단어가 사회 소수자를 보호한다는 명목 아래 생겨나긴 했지만 이것을 정치인들이 법제화, 정책화, 일반화시키면서 오히려 보통의 사람들에게는 역차별을 불러오는 상황까지 이르게 된다. 그 사이에서 생기는 이득은 정치적 혹은 도덕적 당위를 운운했던 정치인들의 몫이었다. 무슬림들이 불쾌해 한다는 이유로 미국 회사나 쇼핑몰에서는 '메리 크리스마스'라는 말을 금지했었다. 미국 국적이 아닌 몇몇 학생들이 위압감을 느낄 것이라는 이유로 미국 상당수의 중·고등학교에서 성조기를 내리게까지 했다. 미국 내의 많은 문제점이 있었음에도 '불법 이민자' 문제는 소수자 보호를 방패막이 삼았다. 위와 같은 사항들을 지적하면 인종차별자로 낙인찍히거나 정치적으로 타격을 입기 때문에 정치인들은 '도덕적' 모습만 보이려 했었다. 정치에서 도덕적으로 올바른 모습을 보이려 했던 것이 실효성 없는 '착한 척'으로 변질된 것이다.

PC가 강조되면 강조될수록 표면적으로는 도덕이 존중받는 사회가 건설되는 것처럼 보이지만, 그것이야말로 정치적 위선으로 변질되어 버린다. '도덕성' 혹은 '도덕률'이라는 PC를 깨트려야 세상은 발전할 것이다. 한국에서 있었던 그 깨트림의 중심에는 정치적, 도덕적 올바름보다는 민족과 국가의 안위를 중요시했던 박정희가 있었다.

역사는 과거에서 과거를 보고 지금에서 지금을 봐야 한다. 그래야 객관적 평가가 가능하다. 그 와중에 과거에서 지금의 시각으로 일을 진행했던 사람들을 소위 위인이라고 부르곤 한다. 그러한 위인에 대한 사실을 바르게 보아야 한다. 현실과 사실을 있는 그대로 직시하는 것도 상당한 교양과 지성이 요구된다. 그 교양과 지성을 쌓는 조그만 출발점이 되기를 바라며 글을 마친다.

참고자료

강태영, 『좌파 탈출하기』, 부크크.

김용삼, "나에게 이 돈만큼의 총을 주시오", 『미래한국』 528호.

김인만, 『임자, 막걸리 한잔 하세』, 바른길미디어.

박근, 『자유 민주 보수의 길』, 기파랑.

안병훈 엮음, 『사진과 함께 읽는 대통령 박정희』, 기파랑.

『월간조선』 2001년 11월호.

월간조선 편집부 엮음, 『이승만 박정희를 추억한다』, 월간조선사.

이근미, 『역사를 바꾼 대통령 박정희』, 기파랑.

이유미, 『육영수 퍼스트레이디와 떠나는 여행』, 시대정신.

전인권, 『박정희 평전』, 이학사.

윤태훈, "한국엔 위인이 별로 없다?", 『한국경제신문』 2007. 5. 10.

08
박정희가 지역감정을 조장했다고?

지역감정·호남포비아 '괴담'의 진실

배 진 영*

들어가면서

비판자들이 주장하는 박정희 대통령(이하. '박정희')의 '과(過)'에는 여러 가지가 있다. 독재, 장기집권, 불균형 성장으로 인한 빈부격차 확대와 노동자들의 희생, 친일, 지역감정 조장, … 등등.

개인적으로는 이 중 특히 껄끄러운 것이 친일 문제와 지역감정 문제라고 생각한다. 독재, 장기집권, 불균형 성장 등의 문제는 이론의 여지가 있지만 정치·경제적 선택의 문제로 변호할 수 있다. 가령 정치발전이 먼저냐 경제발전이 먼저냐를 두고 벌어진 오랜 논쟁이 그렇다. 근래의 연구들은 경제적 기반이 먼저 다져지고 난 후에야 비

*『월간조선』 기자

로소 민주주의로 이행하는 것이 바람직하며 실제 역사와도 부합한다는 것을 보여 준다. 아담 셰보르스키(Adam Przeworski)나 페르난도 리몽기(Fernando Limongi) 등의 연구가 그것인데, 1980년대 이후에 민주화로 이행한 한국, 대만, 스페인 등의 경우가 이를 입증한다. 선진국이라는 영국, 미국, 프랑스, 독일, 일본 등도 엄밀히 따지면 산업화가 먼저 있었고 그 이후에 민주주의의 확대가 이루어졌다. 균형발전이냐 불균형 발전이냐의 문제도 그에 대한 당위론적 논란은 있을수 있지만, 한정된 자원을 효율적으로 활용하기 위한 선택의 문제로 설명할 수 있다. 때문에 이를 논하면서 마음의 부담을 느낄 일은별로 없을 것이다.

반면에 '친일'이나 '지역감정'은 '마음'의 문제다. 이민족의 식민지배 아래서 어떻게 처신해야 옳은가 하는 것은 민족적 도덕의 문제고 감정의 문제다. 해방 후 72년이 지났지만 '친일파'라는 낙인이여전히 무시무시한 생명력을 갖고 있는 것은 그 때문이다. 그래도'친일'의 문제는 과거의 문제로 치부할 수 있다. 반면에 '지역감정'의 문제는 아직도 현재진행형이다. 김대중 정권의 등장과 퇴장 이후 우리 정치의 대립 구도는 겉보기로는 '지역구도'에서 '이념구도' 혹은 '세대구도'로 바뀐 것처럼 보인다. 하지만 그 밑에는 여전히 지역구도가 강고하게 자리 잡고 있다. 기본적으로 우리나라의 정당은여전히 지역정당이다. 총선이나 대선 때 정당이나 언론이 제일 먼저염두에 두는 것은 '지역구도'이다. 그리고 선거 결과를 보면 어김없이 지역에 따라 표가 갈린다. 일견 지역감정에서 한발 떨어져 있는것처럼 보이는 수도권에서조차 선거 결과도 뜯어보면 그 안에 어느 지역 출신이 많이 거주하느냐에 따라 결과가 좌우되는 것을 볼 수 있다. 심지어 대북정책이나 사드(THAAD) 배치, 박근혜 대통령 탄핵 등의 문제에서도 지역 간의 온도차가 존재한다.

이렇게 현재진행형인 문제이기 때문에 학문적 차원에서라 하더라도 지역감정 문제를 거론하는 것은 매우 조심스러운 일이다. 신복룡 전 건국대 교수는 "한국 현대사의 애물처럼 우리의 가슴을 할퀴고 있는 지역감정의 문제를 다룬다는 것은 그 자체로서 부담스러운 일이다"라고 말한 적이 있다 ("한국의 지역감정과 역사적 배경: 호남 포비아를 중심으로", 1996).

지역감정 문제의 중심에는 '호남'이 있다. 지역감정 문제는 '호남 대 비(非) 호남', '호남 대 영남'의 문제이다. '영남 대 비영남' 구도가 형성되는 경우도 있지만, 그건 앞의 구도의 변형일 뿐이다. 신복룡 교수의 말처럼, 우리가 겪고 있는 현대사의 지역감정 문제는 솔직하게 얘기해서 '호남포비아(phobia)'를 의미한다. 문제는 솔직하게 말하는 게 쉽지 않다는 데 있다. 학자들 중에서도 이 문제를 거론했다가 '전라도 죽이기 교수'로 낙인찍히거나 호된 필화(筆禍)를 겪은 이들이 다수다. 요즘 같았으면 아마도 '일베충'으로 몰렸을 것이다. 지역감정을 조장하는 자들을 형사처벌하자는 입법안이 국회에 계류 중인데, 만일 그게 실제로 국회를 통과한다면, 지역감정에 대해 말을 잘못했다가 감옥에 갈지도 모르는 일이다.

'현대사의 애물처럼 우리의 가슴을 할퀴고 있는 지역감정의 문제'는 대체 어디서 비롯되었을까? 많은 이들이 이 문제가 박정희 정권에서 비롯되었다고 주장한다. 그런 주장을 하는 사람 중에는 김대중 전 대통령(이하, '김대중')도 있다. 그는 1991년 1월 20일 평화민주당의 대구 국정보고대회에서 이렇게 주장했다.

저는 박정희 씨의 최고의 죄는 독재도 아니고, 부(富)를 소수에게 집중시킨 것도 아니고, 가장 큰 죄는 지역감정을 조장한 것이라고 생각합니다. 여러분은 기억 못 하시는 분이 많겠지만 박정희 씨는 전라도 사람들 덕택으로 대통령이 되었습니다. 63년 선거에서 15만 표 차로 당선됐는데, 그 당시 박정희 씨는 서울, 강원, 경기, 충북, 충남에서 다 졌습니다. 경상도하고 전라도에서 이겼습니다. 전라도에서만 35만 표를 이겼습니다. 그랬는데 대통령이 되자마자 전라도와 경상도를 가른 것입니다. 왜 갈랐는지 아십니까? 자유당 치하에서 가장 반독재투쟁을 잘한 곳이 경상도와 전라도였습니다. 따라서 이 둘이 합치면 독재를 할 수가 없으니까 둘을 갈라서 하나는 우월감을 조장하고 하나는 열등감으로 내리누르고 해서 전라도와 경상도 사람끼리 싸움을 시킨 것입니다. 처음에는 우습게 시작한 것이지만 30년 동안에 뭣도 모르고 거의 제2의 본성이 되다시피 되었습니다. 결국 이렇게 해서 역대의 박정희, 전두환, 노태우 군사정권의 지배층들이 부귀와 권세를 누리는 동안에 전라도 사람도 희생되고 여러분도 희생되고 이용당한 것입니다. 이것이 지역감정의 본질입니다.

지역감정 문제를 연구한 학자들의 논지도 대부분 여기서 크게 벗어나지 않는다. 지역감정을 만들어 낸 것은 '박정희, 전두환, 노태우 군사정권'이라는 것이다. 그중에서도 가장 큰 비난을 받는 사람은 '군사정권'의 '원조'인 박정희이다.

정말 지역감정 문제의 원죄가 박정희에게 있을까? 그런 주장이 성립되려면, 다음과 같은 질문에 '예스'라고 답할 수 있어야 할 것이다.

1. 박정희 이전에는 지역감정이 없었나?
2. 박정희 이전 정치에서는 지역감정이 작용하지 않았나?
3. 지역 편중 인사는 박정희 때부터 시작되었고, 박정희 시대에 가장 극심했나?
4. 지역 불균형 성장정책은 박정희의 지역차별 정책의 소산인가?
5. 박정희가 지역감정을 정치적으로 악용하기 시작한 시초인가?

지금부터 이러한 질문에 대해 하나씩 살펴보기로 하자.

1. 박정희 이전에는 지역감정 없었나

박정희 시대 이전에도 우리나라에는 지역감정이 다양한 형태로 나타났었다. 통일신라시대 이후 호남지역에 대한 정치·사회적 차별이 있었고, 이는 고려시대를 거쳐 조선시대로 이어졌다. 조선시대에는 함경도, 평안도 지역에 대한 차별도 극심했고, 영남지역에 대한 차별도 있었다.

통일신라 이래의 지역차별은 고려 태조가 자손들을 훈계하기 위해 몸소 지었다는 열 가지 유훈(『훈요십조訓要十條』)에서 한층 노골화된다.

「훈요십조」

신라가 백제와 고구려를 멸망시킨 후, 신라는 옛 백제 및 고구려 인들을 차별하는 정책을 폈다. 옛 백제나 고구려의 관리, 군인 들에게 벼슬을 주고 체제 내로 포섭하려 하기는 했다. 하지만 이는 망국의 구(舊) 지배세력 일부를 대상으로 하는 '포섭정책'이었지, 백성들까지 신라라는 새 나라의 용광로 속에 녹여 내는 '통합정책'은 아니었다. '삼한일통(三韓一統)'은 숙적 백제와 고구려를 극복해 낸 신라인의 자부심의 표현이었지, 하나의 민족을 만들어 내겠다는 의지의 표현이 아니었다. 당연히 이들 망국민들의 마음속에는 신라 중앙정부에 대한 피해의식이 내연(內燃)하고 있었을 것이다.

이를 이용한 사람이 견훤이다. 그는 900년 완산주에서 "백제 의자왕의 묵은 한(恨)을 풀겠다"고 외치며 후백제 건국을 선포했다. 재미있는 것은 견훤이 호남이나 충청 등 옛 백제 지역 사람이 아니라 신라 지역인 상주 사람이었다는 사실이다. 경주 왕경인(王京人)의 눈에는 상주 출신 무장(武將)도 어차피 '촌놈'이었겠지만 말이다.

신라의 경순왕이 나라를 곱게 들어 왕건에게 바친 덕분에 신라의 지배층은 고스란히 고려의 지배층이 되었다. 나라는 망했지만 지배계층은 살아남은 것이다. 반면에 왕건과 경쟁했던 후백제, 즉 호남은 역향(逆鄕)으로 낙인찍혔다. 그 구체적인 표현이 바로 왕건의 『훈요십조』다. 왕건은 죽기 전인 943년 신하 박술희에게 이렇게 유언했다.

차현(車峴) 이남으로서 공주강(公州江, 금강)의 바깥은 산세와 지형이 모두 배역(背逆)으로 뻗어 있어 인심 또한 그러하다. 그곳 아래의 주(州)·군(郡) 사람이 조정에 참여하여 왕후(王侯)나 국척(國戚)과 더불어 혼인하여 나라의 정권을 잡게 되면, 혹은 국가에 변란을 일으키거나, 혹은 통합(統合)한 원한을 품고서 어가(御駕)에 범하여 소란을 일으킬 것이다. (제8조)

「훈요십조」라는 유훈 속에 나타난 이 호남 배제 규정에 대해서는 후대의 위작이라는 주장도 있다. 나주에서 오랫동안 근무했고 나주 출신 정화황후 오씨와의 사이에서 혜종을 낳은 왕건이 호남 차별을 할 이유가 없었고, 이후 고려의 임금들이 호남 차별 정책을 편 증거가 없다는 것이다. '비류백제설'을 주장한 김성호 박사는 "차현 이남 공주강 바깥은 산세와 지형이 모두 배역" 운운하는 것은 신라인의 풍수지리 감각이지 개경인의 관점이 아니라는 점을 들어 「훈요십조」가 호남에 대해 악의적으로 위작되었다고 주장한다. 위작이건 아니건 간에 「훈요십조」는 고려의 지배층(왕실이건 신라 출신 고위층이건 간에) 사이에 호남에 대한 차별의식이 존재했음을 보여 주는 증거가 될 것이다.

정여립, 『정감록』, 전봉준…

존 B. 던컨(John B. Duncan) 등 외국 학자나 그들의 영향을 받은 한국 사학자들의 최근 연구에 의하면, 고려~조선 1천 년 동안 지배계층의 근본적인 변동은 없었다고 한다. 「훈요십조」류의 호남 차별 의식이 조선의 지배층에게도 이어졌을 가능성이 농후하다는 얘기다.

선조 때 일어난 정여립의 난(1589)은 '호남은 역향(逆鄕)'이라는 인식을 심화시켰다. 3년여에 걸쳐 정여립과 그 연루자 1천여 명이 처형된 이 사건을 두고 신복룡 교수는 '호남의 한이 형성된 에포크' 혹은 '조선조의 광주사태'라고 말한다. 이 사건으로 호남 선비들이 중앙으로 진출하는 길이 막혔다.

호남에 대한 부정적 인식은 조선 후기에 들어와 더욱 심해졌다. 『정감록(鄭鑑錄)』에는 "산맥이 북쪽으로 옮겨 차현이 되었는데, 그 남쪽으로는 산의 형상이니 물의 형세가 다 되돌려 달아나니 나라에 반역하고 대명(代命)할 자가 반드시 여기[금강 이남]에서 나오리라"고 하였다. 이중환이 『택리지(擇里志)』에서 "호남은 땅이 멀고 풍속이 더러워 가히 사람 살 만한 곳이 못 되며 […] 사람들 또한 교활하여 도리가 아닌 것을 위해 쉽게 움직인다"고 한 것은 유명하다. 안정복도 「팔도평(八道評)」 중에서 "호남의 풍속은 기교를 부리고, 거짓 성실한 체 하며" 운운했다. 이러한 악담을 들으며 살아야 했던 호남인들에게 한이 쌓이지 않았다면 그게 이상한 일일 것이다. 호남평야의 비옥함도 이들에게 위안이 되지 못했다. 농업이 경제의 모든 것이던 시절, 호남평야가 생산해 낸 부는 오히려 가렴주구로 이어졌다.

한이 쌓이면 터지기 마련이다. 1894년 전봉준이 일으킨 동학란은 바로 쌓이고 쌓인 호남의 한이 폭발한 것이었다. 동학란은 관군과 일본군에 의해 철저하게 진압당했다. 현실에서 한을 풀 길을 찾지 못한 민중들은 메시아를 갈구했다. 불교의 메시아인 미륵신앙이 유행했다. 강증산의 증산교, 박중빈의 원불교는 그런 미륵사상의 표현이었다.

일제시대에도 전 시대부터 이어져 온 수탈과 박해는 계속됐다. 1920~1939년 일어난 소작쟁의 가운데 33퍼센트가 호남지역에서 발생했다. 먹고살기 어려워진 이들은 일찌감치 타지 대처로 흘러들었다. 도시빈민층이 된 것이다. 그들의 모습은 추레했을 것이고, 그들의 걸쭉한 사투리는 귀에 설었을 것이다. 그 모습이 원래부터 그곳에 살던 이들의 눈에 곱게 보였을 리 없다. 살기 팍팍한 사람들이 으레 저지를 수 있는 크고 작은 잘못들은 '호남 사람은 원래 그렇다'는 식의 부정적 인식으로 이어졌다. 방이나 가정교사 자리를 얻으려다가 "전라도 사람은 안 된다"는 말에 눈물을 쏟았다는 이야기는 일제시대에도, 1950~60년대에도 수태 있었다. 어려울수록 그들은 동향 사람들끼리 뭉쳤다. 그게 다른 지역 사람들의 눈에는 유별난 배타성으로 보였고, 그들을 배제하는 또 다른 이유가 됐다.

서북과 영남에 대한 차별

조선시대에 차별받은 것은 호남인뿐이 아니었다. 함경도 사람들도, 평안도 사람들도, 영남 사람들도 차별받았다.

함경도의 경우, 태조 이성계의 고향이면서도 차별을 받은 게 이채롭다. 이 지역 사람들의 억센 기질을 꺼렸던 것일까? 특히 이징옥의 난, 이시애의 난을 겪은 후 세조는 함경도는 물론 평안도 출신까지 등용을 제한하도록 했다. 조선 순조 때 일어난 홍경래의 난(1811~1812)은 이런 지역차별에 대한 서북인들의 항거였다. 홍경래 이후 좌절한 서북인들은 구한말이 되면서 기독교와 서구 문물을 가장 먼저, 가장 적극적으로 받아들였다. 특히 미국 북장로회는 서북인들의 소외 의식을 일찍부터 포착, 평안도 지역에서 집중적인 포교 활동을 벌였다. 덕분에 평양은 '동방의 예루살렘'이라는 소리를 들을 정도로 기독교가 흥했다. 한편 러시아와 접했던 함경도 지역 사람들은 후일 공산주의 사상을 받아들였다. 특히 일제가 이 지역에 중화학공업을 건설한 후에는 적색노동운동이 활발해져서 원산총파업(1929) 등이 일어나기도 했다. 물론 이것은 먼 훗날의 이야기다.

영남 사람과 개성 사람도 차별을 받았다. 영조 때에 편찬된『속대전(續大典)』「제수(除授)」조에는 "영남, 함경, 평안, 송도(개성) 사람들은 망단자(望單子)에 주(注)를 달라"는 규정이 있었다. 인사서류를 올릴 때 이 지역 출신이라는 것을 특별히 표기하라는 것인데, 그 안에 차별과 배제의 뜻이 들어 있음은 물론이다. 영남은 남인들이 많아서였고, 개성은 고려의 왕도였기 때문이다.

이렇게 살펴보면 조선에서 차별받지 않은 지역이 도대체 어디가 있나 싶다. 차별의 대상에서 빠진 것은 결국 인구가 얼마 안 되는 강원도를 제외하면 경기도와 충청도뿐이었다는 얘기다. 실제로 조선 후기에는 이 지역을 기반으로 한 노론들이 정권을 오로지 독차지했다. 그러고도 나라가 망하지 않았다면, 그게 기적일 것이다.

최장집 전 고려대 교수 같은 이는 "지역감정이 마치 신라 대 백제 운운하면서 먼 과거 속으로 소급될 수 있는 긴 역사를 가지는 것으로 보는 것은 지역감정의 본질을 은폐하려는 정치교육의 소산"이라고 주장한다("지역감정의 이데올로기적 기능", 1991). 그러나 모든 일에는 근원이 있는 법이다. 후에서 살펴볼 현대에 발생한 몇몇 정치·경제적 측면들만 가지고 설명하기에는 호남인들의 한이나 호남인에 대한 다른 지역 사람들의 거부감이나 차별의식이 너무나 뿌리 깊다. 이 점에서 "박정희나 김대중이 지역감정에 어떤 형태로든 연루가 되어 있겠지만, 그것은 어디까지나 종속변수일 뿐이며, 중요한 것은 우리들의 역사적 정서"라는 신복룡 교수의 말은 경청할 가치가 있다.

2. 박정희 이전 정치에서는 지역감정이 작용하지 않았나

박정희 시대 이전에도 지역에 기반을 둔 정치적 갈등은 있었다. 상하이 대한민국임시정부에서는 '서북파'와 '기호파' 사이의 알력이 극심했다. 조선시대 내내 차별받던 서북 출신 인사들이, 조선시대의 기득권 세력이었던 경기·충청 출신 인사들에게 강하게 반발하면서 벌어진 일이었다. 이러한 갈등은 해방 후 이승만 정권 시절로 이어진다.

서북파와 기호파

앞에서 보았듯 구한말 기독교와 서구 문물의 세례를 받은 서북의 진보적 지식인들은 구한말 독립협회 운동 시기 이후 애국계몽운동과 독립운동의 선봉에 섰다. 대표적인 인물이 안창호였다. 안창호를 정점으로 손정도, 김인전, 이유필, 정재관, 이강 등 평안·황해도 출신 인사들은 후일 대한민국임시정부에서 한 세력을 이루었는데,

이들을 일컬어 '서북파'라고 한다. 문인 이광수, 주요한은 안창호의 측근이었다. 여기에 더해 함경도(관북) 출신들까지 포함해서 서북파라고 부르기도 한다. 말하자면 '이북파'인 셈이다.

이동녕, 이시영, 신규식, 신익희, 조성환, 조완구, 박찬익 등 이남 출신 인사들이 이들에게 맞섰는데 이들을 일러 '기호파'라 한다. 이들 가운데는 구한말 명문가의 후예나 고위직 출신도 있었다. 이승만도 기호파에 속했다. 김구는 황해도 출신이지만, 임정 활동 기간 내내 기호파와 가까웠다.

이들은 임시정부 운영을 두고 극심하게 대립했다. 임시정부를 개조하거나 다시 설립하자는 1923년의 논란, 1925년 이승만 임시대통령 탄핵 등은 서북파와 기호파의 알력의 소산이었다. 윤치호는 자신의 일기에 서북파와 기호파의 갈등에 대한 생생한 기록을 남기고 있다(김상태 편역, 『물 수 없다면 짖지도 마라』, 산처럼, 2002).

안창호 씨가 지역감정의 소유자여서, 기호인들의 노력으로 독립을 얻을 것 같으면 차라리 독립되지 않는 게 낫다고 생각하고 있다는 얘기를 여러 차례 들었다. 서북인들은 기호인들에 대해 커다란 적대감을 가지고 있다. (1920년 8월 30일)

하와이, 미국, 시베리아, 만주, 상하이 등 사실상 조선인이 살고 있는 모든 곳에서 조선인을 두 개의 적대적인 진영으로 갈라놓은 두 파벌—서북파와 기호파—이 이제는 서울에서 더욱더 적대적인 양상을 연출해 가고 있다. 서북파의 지도자인 안창호 씨가 이런 말을 했단다. "먼저 기호 사람들을 제거하고 난 후에 독립해야 합니다." 도저히 믿을 수 없는 얘기다.

(1931년 1월 8일)

도산 선생의 인격을 생각할 때, 정말이지 도저히 믿을 수 없는 얘기다. 사실 여부를 떠나 이런 얘기가 돌았다는 것 자체가 당시 서북파와 기호파의 대립이 얼마나 극심했는지를 보여 준다. 서북파 사이에서 "일본놈은 30년 원수요, 양반은 500년 원수"라는 살벌한 말이 돌았던 것을 상기하면, '해방 후 미국과 소련이 한반도를 분할 점령하지 않았더라도 남북은 분단되었을 지도 모른다'는 우울한 생각마저 든다.

서북파와 기호파의 대립은 해방 후에도 이어졌다. 김인서 목사는 1963년 출간한 『망명노인 이승만 박사를 변호함』에서 이승만과 대립했던 민주당을 도산계(안창호의 홍사단계)와 인촌(김성수)계의 연합체로 보고 있다. 호남 세력이 도산계와 손잡기는 했지만, 서북파와 기호파 간 대립의 연장선상이라는 관점에서 이승만 시대의 정치를 분석하고 있는 셈이다. 김인서 목사는 조선시대의 당파싸움까지 아울러 상고하면서 이렇게 말했다.

우리나라 당파싸움의 특징은 지방 싸움이다. 율곡의 파주 대 퇴계의 안동, 송우암(송시열)의 충청도 대 유서애(유성룡)의 경상도 싸움이다. 그래서 다른 나라에는 학벌, 군벌, 재벌이 있지만, 우리나라에서는 '지벌(地閥)'이란 것이 있다. […] 그 피를 이은 오늘 우리의 당쟁도 꼭 옛날 당쟁의 '텔레비전'이다. 아니 그보다 더한 점도 많다. (『망명노인 이승만 박사를 변호함』, 비봉출판사, 2016)

3. 지역 편중 인사는 박정희 때부터 시작되었고, 박정희 시대에 가장 극심했나

지역차별을 가장 실감나게 체감하게 하는 분야가 인사다. 새로 정부가 들어서거나 개각을 할 때, 혹은 군이나 검찰, 경찰 인사 등이 있을 때, 언론은 어느 지역 출신이 약진하고 어느 지역 출신이 퇴조했는지를 열심히 보도한다. 꼭 정부나 공공부문이 아니더라도, 특정 지역(특히 호남) 출신이어서 인사에서 차별을 받았다는 이야기는 심심찮게 들린다. 우리 사회의 어두운 부분이다.

많은 사람들이 인사에서의 지역 편중이 박정희 시대에 시작되었다고 이야기한다. 정말 그럴까?

박정희 시대에 고위직 내지 핵심 요직에서 영남 출신이 차지하는 비율이 높았고, 호남 출신이 차지하는 비율이 낮았던 것은 사실이다. 하지만 이러한 현상이 박정희 정권 시절에 시작된 것은 아니었다. 이후의 정권과 비교해도 박정희 정권의 지역 편중도가 특별히 높았던 것은 아니었다. 박정희 정권의 인사 편중을 비판했던 김대중 정권 시기에도 호남 편중은 존재했다.

이승만 정권 때부터 영남>호남

역대 정권의 인사 편중에 대한 연구들은 많다. 분석 대상을 어떻게 잡느냐에 따라 구체적인 수치는 다르게 나타나지만, 역대 정권에서 영남 출신 인사들이 호남 출신 인사들에 비해 월등히 많이 등

표 1 우리나라 역대 정부의 장관 출생지

구분	이승만 정부	장면 정부	과도 정부	박정희정부 유신전	박정희정부 유신후	최규하 정부	전두환 정부	노태우 정부	김영삼 정부	김대중 정부	합계
서울	41(37.3)	7(15.6)	6(11.8)	20(22.0)	5(9.8)	7(24.1)	25(24.2)	26(26.3)	21(21.0)	14(15.7)	172(22.4)
충청	17(15.5)	6(13.3)	10(19.6)	11(12.1)	5(9.8)	5(17.2)	15(14.6)	12(12.1)	17(17.0)	16(18.0)	114(14.8)
호남	7(6.4)	8(17.8)	5(9.8)	12(13.2)	6(11.8)	5(17.2)	11(10.7)	17(17.2)	18(18.0)	23(25.8)	112(14.6)
영남	23(20.9)	15(33.3)	6(11.8)	29(31.9)	19(37.3)	6(20.7)	41(39.8)	30(30.3)	37(37.0)	23(25.8)	229(29.8)
제주	–	–	1(2.0)	2(2.2)	1(2.0)	–	–	2(2.0)	–	–	6(0.8)
이북5도	14(12.7)	9(20.0)	21(41.2)	16(17.6)	10(19.6)	5(17.2)	9(8.7)	7(7.1)	5(5.0)	5(5.6)	101(13.2)
강원	8(7.3)	–	1(2.0)	1(1.1)	5(9.8)	1(3.4)	2(1.9)	5(5.1)	2(2.0)	5(5.6)	30(3.9)
해외	–	–	1(2.0)	–	–	–	–	–	–	3(3.4)	4(5)
전체	110 (110.0)	45 (100.0)	51 (100.0)	91 (100.0)	51 (100.0)	29 (100.0)	103 (100.0)	99 (100.0)	100 (100.0)	89 (100.0)	768 (100.0)

이시원·민병익, "우리나라 역대 정부 장관의 재임기간 및 배경 분석", 『한국행정연구』제11권 3호(2002)

용된 것은 사실이다.

역대 장관들만을 대상으로 한 연구 결과를 보자(표 1). 이미 이승만 정권 시절에 영남 출신은 23명으로 20.9퍼센트를 차지했던 반면, 호남 출신은 7명으로 6.4퍼센트에 불과했다. 이 시기 가장 많은 비율을 차지한 것은 서울 출신 44명(37.3%)이었다. 황해도 출신으로 서울에서 자랐고 오랜 기간 동안 해외에서 망명생활을 한 이승만 대통령이 특별히 영·호남에 대한 지역감정이 있었을 것 같지는 않다. 다만, 한국민주당에 뿌리를 둔 야당 민주당이 '호남 지주 정당'이었다는 것이 어느 정도 영향을 주었을 수는 있다.

단명했던 장면 정권에서도 영남 출신의 비율이 호남 출신보다 두 배가 높았다. 영남 출신은 15명으로 33.3퍼센트를 점한 반면, 호남 출신은 6명으로 13.3퍼센트에 그쳤던 것이다.

박정희 정권 시절로 접어들면, 18년 내내 영남 출신이 다수를 차지한다. 영남 출신은 48명으로 33.8퍼센트, 호남 출신은 18명으로 18.3퍼센트를 차지했다. 흥미로운 것은 유신 전(제3공화국)과 후(제4공화국)의 비율인데, 유신 전에는 영남 출신 비율이 31.9퍼센트(29명)였던 것이 유신 후에는 37.3퍼센트(19명)으로 올라간 반면, 호남 출신 비율은 13.2퍼센트(12명)에서 11.8퍼센트(6명)로 내려갔다. 유신 이후 친정체제의 강화, 호남 출신 김대중의 도전 등이 영향을 끼쳤을 수도 있다.

전두환, 노태우 정권 시절의 영남 출신 비율은 더욱 급속히 올라간다. 전두환 정권 시절에는 영남 출신 비율이 39.8퍼센트(41명), 노태우 정권 시절에는 30.3퍼센트(30명)를 차지했다. 호남 출신 비율은 각각 10.7퍼센트(17명)와 17.2퍼센트(17명)였다. 많은 학자들은 전두환 정권 시절 이후 영남 출신 비율이 급속히 올라간 이유에 대해 정통성이 부족했던 '군사정권'이 그 지지기반을 출신지역에서 구했기 때문이라고 주장한다. 하지만 '문민정권'이라는 정통성을 자랑하던 김영삼 정권 시절에도 영남 출신의 비율은 여전히 높았다. 영남 출신은 37퍼센트(37명)로 가장 높은 비율을 점했다. 호남 출신 비율은 18퍼센트(18명)였다.

호남 출신인 김대중 정권이 들어서면서 이런 상황은 극적으로 변화한다. 호남 출신과 영남 출신이 각각 23명(25.8%)으로 동률을 점하게 된 것이다.

이상을 통해, 장관 인사만 놓고 보면 박정희 정권 시절에 영남 출신 비율이 높기는 했지만, 이런 현상은 박정희 정권 이전부터 시작된 것이며, 이후 정권과 비교해서 박정희 정권 시절이 특별히 높았다고 말하기는 어렵다는 것을 알 수 있다.

김대중 이후에는 지역 편중 인사 없었나

인사에서의 지역 편중도를 좀더 면밀하게 분석하기 위해 김대중·노무현 정권 시절 중앙인사위원회는 기준년도(이승만~박정희 1925년, 최규하~전두환 1930년, 노태우 1935년, 김영삼~김대중 1940년)의 지역별 인구 비율과 재임 기간 등을 반영한 '지역편중도(=지역별 인구-누적 재임기간의 비율 절대값)'라는 개념을 만들어 냈다. 노무현 정권 시절인 2003년 서원석 한국행정연구원 인적자원센터 소장이 분석한 바에 의하면 역대 정부 정무직의 출신지별 지역편중지수는 이승만 정권 시절에 가장 높았고, 김대중 정권 시절에 가장 낮았던 것으로 되어 있다(표 2). 표를 보면

표 2 역대 정부 정무직 출신지역별 인구 대비 과다/과소 대표율 비교

정부	경인	강원	충청	호남	영남	편중지수
이승만	+28	-3	+4	-19	-10	64
장 면	+8	-11	+5	-8	+6	38
박정희(3공)	+7	-3	+2	-12	+6	30
박정희(4공)	+3	+5	+2	-12	+2	24
전두환	+	-7	0	-14	+17	42
노태우	+2	-6	-3	-13	+20	44
김영삼	+5	-9	0	-11	+16	41
김대중	+3	-3	+3	+12	-14	15

『한겨레』 2003년 3월 8일자

인구 비례 등을 감안하더라도 영남 출신 비율이 높았고, 호남 출신 비율은 지나치게 낮았던 것을 부정할 수는 없다. 이런 문제들이 축적되어 지역감정이 생겨난 것도 부정할 수 없다. 그런데 여기서 눈길을 끄는 것은 박정희 정권 시절 영남 출신이 과다 대표된 정도가 상대적으로 높지 않다는 사실이다. 영남이 과다 대표된 비율은 3공 시절 +6, 4공 시절 +2로 전두환·노태우·김영삼 정권 시절에 비해 훨씬 낮았다. 또 하나, 김대중 정권 시절에 호남이 과다 대표된 비율이 +12에 달했는데, 이는 박정희 정권 시절 영남이 과다 대표된 비율보다 훨씬 높다. 김대중 정권이 들어선 후 호남 출신 인사들이 인사에서 우대를 받은 현상에 대해 김대중 정권은 "과거 호남 차별을 시정하는 것"이라고 주장했다. 하지만 표 2는 김대중 정권 시절의 '호남 우대, 영남 홀대'가 박정희 정권 시절의 '영남 우대, 호남 홀대'보다 심했음을 보여 준다.

1급 이상 지역편중도, 김대중 정권이 박정희 정권보다 높아

1급 이상 고위직 공무원들을 대상으로 한 편중도 연구결과도 있다(유의영, "한의 지역주의: 사회 각 분야 지도급 인사 구성에 나타난 지역편중도", 2003). 지도급 인사 중 특정 지역 출신이 차지하는 비율이 1970년의 그 지역 출생인구 비율과 같으면 '1'이고, 그보다 높게 나타나면 '과다' 편중도를, 낮게 나타나면 '과소' 편중도를 나타낸다. 이 연구를 보면, 역대 정권에서 영남의 점유율과 편중도가 높았던 것은 사실이지만, 박정희 시대에는 인구 비율을 넘어서는 수준으로 편중도가 높지는 않았던 것으로 나타난다.

이 연구에 의하면, 이승만 정권 시절 영남 출신 고위 행정관료의 점유율은 20퍼센트 미만으로 편중도는 0.61이었다. 그러던 것이 박정희 정권 시절이 되면 영남 출신 점유율이 31퍼센트로 올라간다. 하지만 편중도로는 0.96으로 영남지역 출생인구 비율과 비슷한 수준이었다. 이 비율은 전두환, 노태우 정권을 거치면서 계속 상승한다. 노태우 정권 초기에는 영남 출신 점유율은 40퍼센트, 편중도는 1.25로, 노태우 정권 말기 점유율은 51퍼센트, 편중도는 1.58로 올라간다. 김영삼 정권 시기에는 점유율은 40퍼센트, 편중도는 1.24로 떨어지지만, 영남의 우위는 계속되었다.

반면에 호남 출신은 부진을 면치 못했다. 이승만 정권 시절 호남 출신 점유율은 5.6퍼센트로 편중도는 0.24였다. 박정희~노태우 정권 시기를 통틀어 호남 출신의 비율은 13퍼센트, 편중도는 0.26에 불과했다. 김영삼 정권 시절에는 그 비율이 17퍼센트, 편중도는 0.71로 올라갔다. 김대중 정권이 들어선 후에는 호남 출신의 약진이 두드러지면서 그 편중도가 1.27로 올라갔다. 이 비율은 박정희 정권 시기의 영남 편중도 0.96은 물론 노태우 정권 초기의 1.25, 김영삼 정권 시기의 1.24보다 높은 것이었다. 호남 지역의 편중도가 1을 웃돈 것은 이때가 유일했다. 호남 출신자의 입장에서 보면 오랜 차별 끝에 잠깐 볕이 든 것이겠지만, 다른 지역 출신자들은 이러한 현상을 또 다른 차별로 받아들였을 것이다.

핵심 요직의 편중도

'자리'라고 다 같은 자리가 아니다. 이른바 '힘 있는 자리', '권력 핵심'은 따로 있다. 유의영의 연구에 의하면 권력 핵심, 즉 청와대 비서실장, 특별보좌관, 수석비서관, 당 최고위원, 안보 담당 부서(중앙정보부, 국가안전기획부, 국가정보원)의 장들을 대상으로 분석하면, 모든 정권에서 특정 지역 출신 인사들의 점유율과 편중도가 뚜렷하게 높아지는 것으로 드러난다.

박정희 정권 시절에는 권력구조 핵심 인사의 50퍼센트를 영남 출신 인사들이 차지했다. 편중도는 1.56에 달했다. 전두환, 노태우 정권에서는 이런 현상이 더욱 심화되어 점유율은 65퍼센트, 편중도는 2.02까지 올라갔다. 반면에 호남 출신의 점유율은 5퍼센트, 편중도는 0.22에 그쳤다. 박정희 시대에 권력구조 핵심에서의 편중도가 가장 높았던 것은 영남 출신이 아니라 서울 출신으로 그 수치는 1.62였다. 권력 핵심의 영남 편중은 김영삼 정권 시대에도 이어져 1995년의 경우 권력 핵심 인사의 45퍼센트가 영남 출신으로 편중도는 1.24에 이르렀다. 권력 핵심의 편중도가 심하기는 김대중 정권도 마찬가지였다. 2002년 기준으로 호남 출신이 권력 핵심 인사의 58퍼센트를 차지해, 편중도는 2.47에 달했다.

국가경제를 운영하는 경제부처의 경우도 영남 편중이 심했다. 박정희 시대의 영남 편중도는 1.19, 전두환·노태우 시대의 편중도는 1.65, 김영삼 정권 때에는 1.23을 기록했다. 그러던 것이 김대중 정권 시기가 되면 호남의 편중도가 1.74로 올라갔다.

권력을 유지하는 데는 '무력'도 중요하다. 특히 쿠데타로 정권을 잡은 박정희 정권부터 노태우 정권 때까지는 군부 인사에 큰 신경을 썼다. 이승만 정권 시절에는 3군 참모총장을 지낸 19명 가운데 북한 출신이 8명(42%)이나 됐지만, 영남이나 호남 출신은 한 사람도 없었다. 하지만 박정희 통치 기간에는 영남 출신이 3군 참모총장의 43퍼센트를 차지하여 1.36이라는 편중도를 기록했다. 전두환·노태우 정권 때에는 3군 참모총장 중 15명(94%)이 영남 출신으로 편중도는 2.93이나 되었다. 김영삼 정부 때에도 영남 출신 편중도는 1.46이나 됐다. 그러던 것이 김대중 정권이 되면 호남 출신 편중도가 처음으로 1.63으로 올라갔다.

법무부장관, 내무부(행정자치부)장관, 검찰총장, 경찰청장, 검사장, 감사원장 등 법 집행 분야에서도 비슷한 현상을 볼 수 있다. 이승만 정권에서 김영삼 정권에 이르기까지 이 분야에서 호남 출신 비중은 10퍼센트를 넘은 적이 없다. 이 분야 호남지역 출신의 편중도는 이승만 정권 때 0.21, 박정희 정권 때 0.33, 전두환·노태우 정권 때 0.33, 김영삼 정권 때 0.30에 불과했다. 반면에 영남 출신 편중도는 이승만 정권 때 0.86이던 것이, 박정희 정권 때에는 1.20, 전두환·노태우 정권 전반 때는 1.56으로 올라갔다. 노태우 정권 후반에는 영남 출신이 63.6퍼센트(편중도 1.99)에 달했고, 김영삼 정권 때는 78.6퍼센트(편중도 2.45)를 차지했다. 김대중 정권이 들어서면서 이 분야에서도 상황은 극적으로 역전됐다. 호남 출신 점유율이 52.9퍼센트로 뛰었고 편중도는 2.24가 되었다. 반대로 영남 출신 인사의 점유율은 17.6퍼센트, 편중도는 0.55로 확 떨어졌다.

'영남 특권'의 뿌리

장관, 정무직, 1급 이상 고위직, 권력 핵심, 군부, 법 집행기관 등의 인사편중도를 보면, 역대 정권에서 영남지역이 인구에 비해 과다하게 대접받은 반면 호남지역이 소외되어 왔음이 확연하게 드러난다. 김대중 정권 시기에 일시 호남세가 우세해졌지만, 노무현 정권 이후에는 다시 역전되었다.

흥미로운 것은, 인사 편중의 정도가 흔히 '군사정권', '영남정권'이라고 하는 박정희 정권과 전두환, 노태우 정권 사이에도 차이가 난다는 점이다. 앞에서 살펴본 여러 연구 결과들을 보면, 박정희 정권에 비해 전두환, 노태우 정권 때 인사 편중이 많이 심해졌음을 알 수 있다. 그 이유에 대해 노병만은 박정희 시대 권력 엘리트의 지역·경력 배경 특성을 분석한 논문에서 "박정희 정권의 지역성과 전두환 정권의 지역성은 본질적으로 구분되는 것"이라고 주장한다. 그는 "박정희는 영남이라는 '지역성'보다는 군부라는 '경력'을 바탕으로 엘리트를 충원했다"면서 "박정희는 군부의 폭넓은 지지를 받고 있었기 때문에 군이 의도적으로 지역성에 기초한 충원을 할 필요가 없었다"고 분석한다. 반면에 대구·경북 출신 신군부가 중심이 된 12·12사태와 광주사태 유혈진압을 통해 집권한 전두환은 박정희에 비해 권력기반이 취약했고, 이를 대구·경북이라는 지역성, 특히 이 지역 출신 관료들에게 의존해 메우려 했다는 것이다("지역할거주의 정치 구조의 형성과 그 원인 분석", 1997).

'영남에 대한 특권'의 원인을 6·25전쟁에서 찾는 분석도 있다. 낙

동강 교두보를 제외하고 전 국토가 공산군의 점령 아래 들어간 상황에서 영남 지역 출신들이 다른 지역보다 군에 많이 입대했다거나, 1951년 정규 육군사관학교가 문을 연 이래 영남 출신들이 많이 입교했다든가 하는 주장들이 그것이다. 류석춘 교수는 "6·25 당시 참전율을 보면, 전국 평균(35%)보다 영남지역(41%)이 높고 호남지역(27%)이 낮다"면서 "전쟁이 끝난 후 남한의 정권이 전쟁에 참여한 집단을 선택적으로 보상하는 과정에서 영남 출신이 상대적으로 유리하였음을 추론해 볼 수 있다"고 주장한 바 있다(류석춘·이우영·장덕진, "한국전쟁과 남한사회의 구조화", 경남대 극동문제연구소, 1991).

이상에서 살펴본 바에 의하면, 각종 인사에서 영남은 박정희 정권이 들어서기 전부터 호남에 비해 우위에 있었다. 박정희 정권 시절에 이런 현상이 더욱 심화된 것은 분명한 사실이다. 전두환, 노태우 정권에서도 이런 현상은 더욱 심해졌다. 이른바 '군사정권'이 막을 내리고 정통성 있다는 '문민정권'이 들어선 후에도 이런 현상은 사라지지 않았다.

오랫동안 박정희를 지역감정 조장의 원흉으로 매도하고 영남의 '지역 패권'을 비난해 온 김대중이 대통령이 된 후, '영남 패권'은 일단 막을 내렸다. 하지만 지역 간 인사 편중이 사라진 것은 아니었다. 영남 출신들이 밀려난 자리를 차지한 것은 호남 출신들이었다. 그리고 그 편중의 정도는 박정희 정권보다 더하면 더했지 결코 덜하지 않았다.

4. 지역불균형 성장정책은 박정희의 지역차별정책의 소산인가

정치적 자원의 배분 못지않게 중요한 것이 경제적 자원의 배분이다. 공직 임용 등 정치적 자원의 배분이 지역 출신 엘리트의 문제라는 측면이 강하다면, 경제적 자원의 배분은 지역민 대다수가 체감하는 문제다. 박정희의 비판자들은 박정희 정권 시절에 호남에 대한 차별정책을 편 결과 호남지역이 경제적으로 낙후되었다고 주장한다. 당시의 경제 관련 통계들을 보면 여러 가지 측면에서 영·호남 간의 경제적 격차가 커진 것은 사실이다. 하지만 그것이 의도적인 지역차별정책의 소산이라고 할 수 있는지는 따져보아야 할 문제다.

개발연대에 영·호남 격차 벌어져

박정희 정권 시절 경제개발에 본격적으로 착수하기 이전만 해도 지역 간 경제 격차는 그다지 크지 않았다. 지역 간 격차가 있다 해도 그것은 수도권과 지방의 문제였지, 영·호남의 문제는 아니었다. 그런데 박정희 정권이 들어선 이후, 잘사는 지역과 그렇지 못한 지역이 확연하게 나타나기 시작했다. 영·호남의 격차도 크게 벌어졌다.

산업화의 동력은 제조업(공업)이다. 경제개발 초기 단계인 1963년 영남지역은 전체 제조업 종사자의 37퍼센트, 부가가치의 32퍼센트를, 호남지역은 제조업 종사자의 12.2퍼센트, 부가가치의 11퍼센트를 차지하고 있었다. 그러던 것이 1983년에 이르면 영남지역의 제

조업 종사자 비율은 41.1퍼센트, 부가가치는 40.3퍼센트로 상승한
반면, 호남지역은 각각 5.5퍼센트와 8퍼센트로 떨어졌다(문석남, "지역
감정의 원인과 해소 방안: 영호남 두 지역을 중심으로", 1991).

이는 물론 산업구조의 변화와 밀접한 관계가 있다. 경제개발이
본 궤도에 오르기 시작하던 1965년 영남은 1차산업(농림어업) 40.2퍼
센트, 2차산업(광공업) 23.7퍼센트였고, 호남은 1차산업 61.8퍼센트,
2차산업 11.8퍼센트였다. 그러던 것이 1978년이면 영남은 1차산업
비중이 21.3퍼센트로 떨어진 반면, 2차산업은 36퍼센트로 뛰어오
른다. 반면에 호남은 여전히 1차산업 비중이 43.2퍼센트를 차지하
고 있었다.

이에 따라 영·호남 간의 소득 격차도 벌어지기 시작했다. 경제개
발이 시작되기 전인 1960년 경상가격 기준으로 주민들의 연간 소득
은 영남 8,400원, 호남 7,500원으로 두 지역 모두 전국 평균 9,500원
보다 낮았다. 그러던 것이 제7대 대선이 있기 전년도인 1970년에 영
남 주민의 연간 소득은 8만 4,634원, 호남 주민의 연간 소득은 5만
8,919원으로 벌어졌다. 전국 평균은 8만 3,200원이었다. 1960년에
는 영·호남 할 것 없이 전국 평균을 밑돌았지만, 10년 후에는 영남
은 전국 평균을 웃도는 반면 호남은 오히려 더 전국 평균보다 못하
게 된 것이다. 박정희가 서거한 이듬해인 1980년의 주민 소득을 보
면, 영남은 96만 4,216원, 호남은 73만 2,283원, 전국 평균은 90만
301원이었다. 물론 호남인들의 소득도 꾸준히 오르기는 했지만, 호
남인들이 영남인들과 자신들을 비교하면서 상대적 박탈감을 느끼
게 되는 것은 피할 수 없는 일이었다. 그래서 1963년 제5대 대통령

선거에서 박정희를 지지했던 호남의 표심은 이미 1967년 제6대 대선에서는 윤보선을 지지하는 쪽으로 돌아선다.

허시먼과 경부선

이를 두고 "경제발전 과정에서 특정 지역에 국가 지원을 집중 투자하여 지역 간의 격차를 심화시킨 것은 최고정책결정자의 지역연고성이 크게 영향을 미쳤음이 시사될 수 있다"고 말하는 사람도 있다(문석남, 위의 글). 전체 응답자의 78.8퍼센트가 정치권력의 지역 연고가 지역 발전에 영향을 미칠 것으로 믿고 있다는 여론조사 결과도 있다(김만흠, "한국사회 지역갈등 연구", 1987). 하지만 '경제발전 과정에서 특정 지역에 국가 지원을 집중 투자하여 지역 간의 격차가 심화된' 것이 '최고정책결정자의 지역연고성'에 기인한 것일까? 정말 박정희는 지역 차별의 고의를 가지고 경제발전 정책을 폈을까?

주지하다시피 박정희 정권의 경제발전 전략은 앨버트 허시먼 (Albert Hirschman)의 '불균형성장이론'을 바탕으로 한 것이었다. 이 이론은 "제한된 자원을, 총량적 확대를 꾀하기 위해 가장 효율적인 방법으로 분배하고, 입지가 유리한 지역에 집중투자하여 개발효과를 극대화한 후, 다른 지역에 파급한다"는 논리에 바탕을 두고 있다. 이것은 지지리도 가난했던 경제개발 초기의 대한민국에 딱 맞는 이론이었다. 균형개발을 하고 싶어도 거기에 투자할 돈이 없었다. 결국은 기존에 있던 알량한 공업시설과 철도, 도로, 항만 등을 최대한 활용하면서 산업을 일으킬 수밖에 없었다.

당시 상황에서 '입지가 유리한 지역'은 서울·인천과 부산, 그리고 대구 정도였다. 이 지역에는 일제시대부터 미약하나마 경공업 공장들이 들어서 있었고, 경부선 철도, 부산과 인천의 항만시설이 있었기 때문이다. 경제개발이 시작되던 1963년에 이미 서울, 경기, 영남 지역은 우리나라 공업 부문 종사자의 77퍼센트, 부가가치의 77.3퍼센트를 점유하고 있었다.

　이렇게 된 것은 경부선 철도 때문이다. 일제는 조선의 철도를 철저하게 만주 경영과 연결해 운영했다. 1901년 군사적 목적으로 경부선 건설에 착수한 일제는 서울~부산을 가능한 한 짧은 노선으로 연결하려 했다. 호남 쪽은 대한제국 정부가 구상했던 경목선(서울~목포) 구상을 폐기하고, 지선 개념의 호남선(대전~목포)으로 대신했다(1914). 대구, 대전과 같은 신흥 도시들이 출현한 것은 경부선 철도 덕분이었다. 이 도시들은 지역의 거점도시로 훗날 상공업 발전의 일익을 담당하게 된다(이영훈, 『한국경제사 2』, 2016).

　1945년 8월까지는 경부선과 경의선 대부분의 구간이 복선화됐다. 반면에 호남선은 단선으로 방치해 놓았다. 그 결과 간선철도 노선에서 제외된 호남지역은 이미 일제시대부터 미곡의 집하지인 목포나 군산 정도를 제외하고는 발전에서 소외되기 시작했다. 대구나 대전과 같은 거점도시가 발달하지 못한 것은 훗날 개발연대에 공업화에 뒤처지게 되는 한 요인이 되었다. 경부선 철도라는 '역사적 우연' 때문에 이후 20세기 후반 호남과 영남이 경제적으로 전혀 다른 길을 걷게 된 셈이다. 일제시대인 1925년에는 호남 인구가 영남보다 많았지만, 1940년부터는 영남 인구가 호남을 앞지르게 된 것도 일제하 공업화의 진행과 관련이 있다. 신복룡 교수는 "이런 점에서 볼 때 일제 치하의 호남 낙후는 일본이 의도하지는 않았지만 결과적으로는 철도 부설의 차별화가 빚은 것이었다"면서 "영·호남 개발 격차로 인해 호남 포비아가 형성되었다는 논리가 가능하다면, 먼저 일본의 정책에서 뿌리를 찾아야지 후발적인 박정희의 차별정책을 강조하는 것은 선후가 바뀐 논리"라고 말한다.

박정희 정권이 울산, 포항 등에 대규모 임해공업단지를 조성한 것도 외국으로부터 원자재를 들여오고 수출하는 데 유리한 조건을 갖추고 있었기 때문이다. 울산의 경우, 이미 일제시대에 공업단지 조성계획을 마련해 놓았을 정도로 조건이 좋은 곳이었다(조갑제, 『박정희 5』, 2006).

박정희·오원철의 서부공업벨트 구상

만일 박정희 정권이 일부에서 생각하는 것처럼 '최고정책결정자의 지역연고성'에 따라 경제개발 정책을 폈다면, 영남을 경북과 경남으로 나누어 보았을 때 경북이 더 혜택을 입었어야 한다. 아마 혹자는 구미전자공단이나 포항종합제철(포스코) 등을 떠올리며 박정희가 고향 경북에 대단한 시혜를 베푼 것으로 생각할지 모른다. 하지만 경남에는 경북보다 더 많은 공단이 들어섰으니, 울산, 창원, 거제 등의 공업단지가 그것이다. 경남이 경북보다 공업화의 혜택을 더 입었다는 것은 수치가 보여 준다. 1963년 경북은 전국 제조업 종사자 수의 14.5퍼센트, 부가가치의 12.9퍼센트를, 경남은 제조업 종사자

수의 22.5퍼센트, 부가가치의 19.1퍼센트를 차지했다. 그러나 1983년에 경북의 제조업 종사자 수는 12.6퍼센트, 부가가치는 13.1퍼센트로 줄어든다. 반면에 경남은 제조업 종사자 수 28.5퍼센트, 부가가치 27.2퍼센트로 올라간다. 영남지역에 비할 바는 아니라고 하는 사람도 있겠지만, 박정희 정권 시절 수립, 건설된 제2석유화학공업기지는 전남 여천(여수)에, 1980년대에 건설된 포철 제2제철소는 전남 광양에 들어섰다. 광양은 박정희 정권 시절 여천석유화학공업기지의 확장 예정지로 잡아 놓았던 땅이었다.

1978년 오원철 경제제2수석비서관은 충남 서산과 태안 사이에 있는 가로림만 일대를 싱가포르 2배가량의 항만·공업단지로 개발하겠다는 구상을 박정희에게 보고했다. 가로림만 항만을 중심으로 하는 중부공업기지를 건설해 북쪽은 수도권, 남쪽은 호남지방으로 연결되는 서부공업벨트를 건설하겠다는 것이었다. 오원철은 "장차 우리나라의 공업지구는 서부공업벨트와 동남공업벨트로 양분될 것이며, 이로써 호남이나 충청도의 소외감도 완전히 소멸될 것"이라고 보고했다. 박정희와 오원철은 중부공업단지에 현대가 추진하던 제2기 제철소를 입주시키려 했다. 박정희의 마지막 행사가 된 삽교호방조제 공사는 장차 건설될 중부공업단지에 공업용수를 공급하기 위한 것이기도 했다(조갑제,『박정희 10』, 2006).

이로 미루어 볼 때, 경제개발 과정에서 박정희에게 영남이니 호남이니, 경북이니 경남이니 하는 것은 안중에도 없었다는 것을 알 수 있다. 그의 유일한 관심사는 주어진 자원을 최대한 효율적으로 활용해서 조속한 경제발전을 이룩하는 것이었다. 그러기 위해 그는 공장과 철도, 도로, 항만 등이 어느 정도 갖추어져 있는 수도권과 동남권을 중심으로 경제발전을 시작했다. 1970년대 후반 그러한 목표를 일단 달성하게 되자, 박정희는 그 과실을 호남과 충청 지역으로 확산시키려는 계획을 세웠다. 그 계획을 막 실천에 옮기기 시작하려 했을 때, 박정희는 불의의 총탄에 세상을 떠나고 말았다. 만일 박정희·오원철 콤비가 그려 놓은 가로림만과 서부공업벨트의 큰 꿈이 실현되었다면, 적어도 경제개발과 관련해 지역차별 운운하는 소리는 없었을지도 모른다.

박정희의 경제발전 정책의 결과, 지역 간 격차가 확대된 것은 사실이다. 만일 박정희가 기를 쓰고 경제발전 정책을 펴지 않았다면, 그래서 대한민국이 아직도 농업국가 수준에 머물러 있었다면 어땠을까? 비옥한 토지를 갖고 있는 곡창 호남이 여전히 우리나라에서 가장 잘살고, 그에 따르는 정치·경제적 영향력을 행사하는 지역으로 남았을지도 모른다. 그게 호남인들에게, 대한민국에게 행복이었을까? 울산, 포항, 창원, 구미, 거제의 공업단지에서는 대대로 그 동네에서 땅 파먹고 살던 사람들의 후손들만 일하는 게 아니다. 충청에서, 호남에서, 강원에서 나고 자란 사람들, 그들의 후손들도 거기에 가서 일하고 있다. 현대자동차에서 일하건 포스코에서 일하건, 거기에서 출신 지역에 따른 차별은 없다.

5. 박정희가 지역감정을 정치적으로 악용한 시초인가

— 정치에서 지역감정의 표출

역사적, 사회적으로 특정 지역에 대한 차별 감정이 존재하거나, 인사나 경제개발 과정에서 특정 지역이 혜택을 입고 다른 지역이 소외된다고 해서 그것이 바로 지역감정으로 번지는 것은 아니다. 특정 지역의 우월의식 혹은 차별의식을 정치적으로 이용하는 사람, 혹은 그러한 의식을 '상징'하는 사람이 등장했을 때, 지역감정은 '정치문제'가 된다. 우리나라의 지역감정 역시 마찬가지다.

흥미로운 것은 지역감정의 원인에 대해 영·호남의 인식이 상당히 다르다는 점이다. 1989년에 나온 "지역감정에 대한 이론적 접근과 태도 조사"(강대기·홍동식·김홍석·고승한)라는 논문에 의하면, 영남 지도층 인사들은 지역감정의 원인으로 △대통령 및 국회의원 선거시 정치인의 지역감정 조장(70%), △지역민의 기질과 태도(50%)를 꼽은 반면, 호남 지도층 인사들은 △제3공화국 이후의 지역불균등 발전정책(85%), △정부 고위직 인사정책에서의 지역적 차별(78%)을 꼽고 있다(복수응답). 여기서 영·호남 지도층 인사들이 내심 지목하는 사람은 분명해 보인다. 호남 지도층 인사들은 박정희, 영남 지도층 인사들은 김대중을 겨냥하고 있는 것이다.

의도했건 의도하지 않았건 간에 박정희 시대에 인사정책이나 경제정책 면에서 영·호남 간의 격차가 벌어진 것은 사실이다. 김대중은 "박정희 씨의 지역차별 정책이 오늘날 한국 사회의 최대의 걸림돌인 지역 대립과 분열의 원인"(『김대중자서전 1』, 일본 NHK 취재반 구성, 김용운 편역, 인동, 1999)이라고 단언하면서 "둘을 갈라서 하나는 우월감을 조장하고 하나는 열등감으로 내리누르고 해서 전라도와 경상도 사람끼리 싸움을 시킨 것"이라고 단언했다. 박정희가 지역감정을 정치적으로 악용한 주범이라는 주장이다. 과연 그럴까? 만일 그렇다면 박정희 시절에 인사나 경제개발에서 소외된 것이 호남만이 아니었는데, 유독 호남이 우리나라 지역감정 문제의 한 축이 된 이유는 무엇인가?

선거에 등장한 지역감정

정치적으로 지역감정을 악용하기 시작한 원조가 박정희라고 주장하는 사람들은 1963년 제5대 대통령선거로까지 거슬러 올라간다. 당시 영남 출신 공화당 찬조연사들은 이렇게 주장했다.

> 이 고장은 신라 천 년의 탄탄한 문화를 자랑하는 고장이건만, 그 긍지를 잇는 이 고장의 임금은 여태껏 한 사람도 없었다. 박정희 후보는 신라 임금님의 자랑스러운 후손이며, 이제 그를 대통령으로 뽑아 이 고장 사람으로 천 년 만의 임금님을 모시자.

저널리스트 이상우 씨는 "인신공격적인 선거전략보다 공화당 측이 구사한 지역감정 호소 작전이 큰 효과를 낸 것으로 분석됐다"고 말한다(월간조선 엮음, 『비록 한국의 대통령』, 1993).

정치인들이 지역감정을 조장한 것은 분명 바람직하지 못한 일이다. 하지만 선거에서 크건 작건 지역감정을 조장하는 발언이 나오는 것은 드문 일은 아니다. 다음의 발언을 보자.

> 유달산이여! 너에게 넋 있으면, 삼학도여! 너에게 정신이 있으면, 영산강이여! 네게 뜻이 있으면, 목포에서 자라고 목포에서 커 가지고, 그리고 이 나라를 위해서 무엇인가 해 보겠다는 이 김대중이를 지금 한 나라 정부가 외지의 사람, 목포 사람도 아닌 외지의 사람을 보내 가지고 나를 죽이고 나를 잡으려고 하니, 유달산과 영산강과 삼학도가 넋이 있고 뜻이 있으면 나를 보호해 달라는 것을 목포시민 여러분과 같이 호소하고 싶습니다.

이것은 1967년 6월 8일 제7대 국회의원총선 당시 목포에서 출마한 김대중의 연설이다. 김대중이 평생 자랑스럽게 생각한 연설이다. 당시 그와 맞섰던 공화당 후보는 전남 진도 출신인 김병삼이었다. 그를 김대중은 '목포 사람도 아닌 외지 사람'이라며 유달산과 삼학도와 영산강을 부르면서 목포 사람들의 감정에 호소했다. 대선이냐 총선이냐, 영남지역을 대상으로 한 것이냐 목포라는 지역을 대상으로 한 것이냐 하는 차이는 있지만, 이건 '지역감정'이 아닌가? 더욱이 제5대 대선에서의 '신라 임금님' 운운하는 발언은 찬조연사들이 한 얘기지만, 위의 연설은 김대중 본인이 한 것이다.

제7대 총선에 앞서 실시된 그해 제6대 대선에서는 '호남 푸대접론'이 나왔다. 그해 4월 26일 전남 영광·나주·목포 유세에서 윤보선 신민당 후보는 "호남 푸대접 문제를 철저히 시정하겠다"면서 목포를 대(大) 어업기지, 무역항, 공업중심지로 발전시키겠다고 약속

했다(『조선일보』, 1967년 4월 27일자). 박정희는 다음날 광주 유세에서 "호남 지방이 푸대접 지역이라는 것은 말도 안 된다"면서 "분배식으로 공장을 건설하는 것은 있을 수 없기 때문이다"라고 반박했다(『조선일보』 1967년 4월 28일자). 제6대 대선에서 언론이나 공화당은 호남을 박정희의 열세 지역으로 분류했다. 실제로 박정희는 4년 전 54 대 46으로 승리했던 전북에서는 46대 54로, 62 대 38로 승리했던 전남에서는 49 대 51로 패배했다. 당시 김대중은 목포 출신 국회의원으로 신민당 대변인이었다.

1971년 대선

이렇게 내연(內燃)하던 지역감정이 겉으로 드러나게 되는 것은 1971년 4월 27일 실시된 제7대 대선 때였다. 영남 출신의 박정희에 맞서 호남을 기반으로 하는 후보 김대중이 등장했기 때문이다. 호남인들이 느껴 오던 차별의식을 정치적 에너지로 만들어 낼 수 있는 사람이 등장한 것이다. 1971년 김대중의 등장을 두고 "베버가 언급한 '카리스마적 구세주'의 한국적 변현(變現)"이라고 말하는 사람도 있다.

박정희의 비판자들은 1971년 대선에서 박정희 정권이 노골적으로 지역감정을 부추겼다고 주장한다.

'신라 임금'을 뽑자는 선동이 있었고, 심지어 "김대중 후보가 정권을 잡으면 경상도 전역에 피의 보복이 있을 것이다"라며 공포심을 조장했다. 경상도 지역의 공무원들에게는 "김대중이 만약 정권을 잡게 되면 모조리 모가지가 날아갈 것"이라며 엄포를 놓기도 했다. 중앙정보부는 역 유언비어 전략을 쓰기도 했는데, 예컨대 대구에서 '호남인이여 단결하라'라는 호남 향우회 명의의 전단지를 돌렸던 것이다.

(조희연, 『박정희와 개발독재 시대』, 역사비평사, 2007)

하지만 지역감정을 조장하는 언사를 사용한 것은 공화당이나 신민당이나 도긴개긴이었다.

쌀밥에 뉘가 섞이듯 경상도에서 반대표가 나오면 안 된다. 경상도 사람 쳐 놓고 박 대통령 안 찍는 자는 미친놈이다. (『조선일보』 1971년 4월 18일자)

호남 사람이 받는 푸대접은 1,200년 전부터이다. 서울 가면 구두닦이나 식모는 모두 전라도 사람이며, 남산에서 돌을 던져 차가 맞으면 경상도요, 사람이 맞으면 전라도다. (『조선일보』 1971년 4월 21일자)

야당 후보가 이번 선거를 백제와 신라의 싸움이라고 해서 전라도 사람들이 똘똘 뭉쳤으니 우리도 똘똘 뭉치자. 그러면 124만 표 이긴다.

(『동아일보』 1971년 4월 30일자)

이런 사람이 전라도 대통령은 할 수 있지만 어떻게 대한민국 대통령이 될 수 있느냐? (『동아일보』 1971년 4월 30일자)

경상도 정권 하에서 전라도는 푸대접을 받을 수밖에 없다.

(『동아일보』 1971년 4월 30일자)

제7대 대선에서 박정희는 김대중에게 94만 7천여 표 차이로 승리했다. 영남에서 박정희는 261만 169표, 김대중은 102만 4,163표를 얻었다. 호남에서 김대중은 141만 493표를, 박정희는 78만 8,587표를 얻었다. 박정희는 영남에서 2.6 대 1의 비율로 김대중을 앞섰고, 김대중은 호남에서 1.8 대 1의 비율로 박정희에게 이겼다. 선거가 끝난 후인 1971년 4월 30일자 『동아일보』는 "이게 어디 투표야? 경상도 전라도 싸움이지", "이러다가 동한(東韓) 서한(西韓)으로 갈라지는 것 아니야?"라는 유권자들의 우려를 전했다. 하지만 이후의 선거 결과들과 비교해 보면, 그래도 특정인이 자신의 연고지에서 '싹쓸이'를 하는 현상은 아직 일어나지 않았다.

지역할거주의의 등장

1971년 대선이 있은 지 1년 후 유신이 선포되었다. 이제 대통령은 통일주체국민회의에서 단독출마한 후보 한 사람에게 토론 없이 찬반투표를 하는 식으로 실시됐다. 지역감정을 조장하고 말고 할 것도 없었다. 김대중은 망명객으로 미국, 일본 등을 떠돌다가 '납치'되어 강제귀국한 후에는 '재야인사'로 활동했다. 긴급조치 위반으로 감옥에도 드나들었다. 그러는 동안 그는 점점 더 '민주화운동의 상징'이 되어 갔다.

1979년 10·26사태로 유신체제가 막을 내렸다. 1980년으로 접어들면서 '서울의 봄'이 왔다. '재야인사' 김대중은 신민당 입당 문제를 놓고 신민당 총재 김영삼과 실랑이를 벌이다가 입당을 포기했다. 그는 재야의 지지세력 결집에 나섰다. 호남지역을 유세하기도 했다.

그해 5월 17일 신군부는 '계엄 확대 조치'라는 야릇한 이름으로 사실상의 쿠데타를 일으켰다. 계엄사령부는 김대중과 그의 지지자들을 체포했다. 광주에서 이에 항의하는 민주화 요구 시위가 발생했다. '김대중 선생 석방하라!'라는 구호와 함께 "경상도 군인들이 전라도 사람들 씨를 말리러 왔다"는 유언비어가 돌았다. 당시 진압작전에 투입된 부대 중 제7공수특전여단, 전투교육사령부, 제31사단 소속 장병들 가운데는 전라도 출신들이 다수 있었음에도 말이다. 광주는 유혈진압됐다. 김대중은 내란음모죄로 사형을 선고받고 감형된 후 감옥살이를 하다가 미국으로 망명을 떠났다.

'1980년 광주'나 김대중은 입에 올리면 안 되는 금기(禁忌)였지만, 민주화운동이 진전됨에 따라 '신화'가 되었다. 김대중은 호남지역에서는 '선생님'이라는 경칭 없이는 함부로 부를 수 없는 존재가 됐다. 신복룡 교수는 "금산사 – 견훤 – 정여립 – 전봉준 – 강일순 – 박중빈으로 이어지는 미륵 신앙은 호남의 원(冤. 응어리)의 돌파구였으며 따라서 그들의 공통된 관심사는 원통함을 풀어주는 것(해원解冤)이었다. 그리고 해원은 항상 메시아 또는 세속적 의미로서의 영웅의 출현을 갈망하게 되었다"면서 "김대중의 존재 의미도 그런 맥락에서 이해할 수 있다"고 말한다. 부산·경남 지역에서는 김영삼이 '상징'이 됐지만, 그에 대한 지역적 충성심은 김대중에게 비할 바가 아니었다.

그래도 이때까지는 '지역할거주의'라는 것이 가시화되지는 않았다. 그 이유는 유신 시절 이후 채택된 중선거구제 때문일 수도 있고, 김대중이 유신 이후 정치활동을 제약당해 왔기 때문일 수도 있다. 정권별, 국회 대수별로 국회의원들의 소속 정당과 출신지역을 분석한 노병만의 연구는 이를 잘 보여 준다(노병만, 앞의 글). 그의 연구에 의하면 이승만의 자유당이 등장한 제3대 국회 때부터 전두환 정권 시절이던 1985년 제12대 국회까지는 국회의원의 출신 지역과 소속 정당 간의 관련성이 거의 없었던 반면, 1988년 제13대 국회부터는 양자의 관련성이 눈에 띄게 높아진 것으로 나타난다.

직선제 개헌 이후 실시된 1987년 12월 제13대 대선은 그동안 잠복해 있던 지역주의가 분출하는 계기였다. 김대중은 대선에서는 패배했지만 호남 표에 힘입어 이듬해 제13대 총선에서 제1야당 총재로 정치적 입지를 굳힐 수 있었다. 김대중은 제13대 대선 이후 호남 지역에서 치러진 대선, 총선에서 90퍼센트 이상의 지지율를 보여 주었다. 김영삼은 부산·경남에, 김종필은 충청에 자신들의 깃발을 꽂았다. 1990년 1월 3당 합당이라는 '정변(政變)'이 있었지만, 이후에도 지역구도는 변하지 않았다. 그리고 1997년 제15대 대선에서 김대중은 충청을 기반으로 한 김종필과 DJP연대를 결성, 영남을 역포위하는 데 성공하면서 대통령으로 당선되었다.

노병만은 역대 정권의 엘리트 충원 구조, 총선에서 국회의원의 출신 지역과 소속 정당 간의 관련성 등을 분석, "지역할거주의 정치구조는 구조화된 틀에서 나타나는 것으로 보았을 때, 그 생성, 형성 시기를 박정희 정권에서 찾을 수는 없으며, 그것은 당연히 전두환 정권 시기에 발견된다"고 주장한다.

나오면서

'망국적 지역감정'이라는 말들을 많이 한다. 그러나 지역감정은 사실 세계 어느 나라에나 있다.

국민국가의 틀을 넘어 유럽연합(EU), 궁극적으로는 유럽합중국 (USE)을 추구하는 유럽에서는 지난 몇 년 동안 지역주의의 목소리가 크게 높아졌다. 대표적인 사례가 2014년 9월 스코틀랜드의 독립 국민투표 실시다. 비록 가까스로 부결되기는 했지만, 이 일은 1801년 성립된 이른바 연합왕국(UK) 내에서 잉글랜드와 스코틀랜드 간 지역감정의 골이 얼마나 깊은지를 상기시켜 주었다.

스페인의 지역감정도 만만치 않다. 2002년 한·일월드컵 당시 한국 팀이 스페인 팀을 격파하자, 카탈루냐 사람들이 그 지역을 여행하는 한국인들을 환대했다는 얘기가 있을 정도다. 카탈루냐 주정부와 다수당은 지금도 분리독립을 위한 국민투표를 계속 요구하고 있다.

이탈리아 역시 지역감정 때문에 홍역을 앓고 있다. 경제적으로 부유한 북부 일각 주(州)에서는 자기들이 낸 세금으로 가난한 남부를 먹여 살리는 게 부당하다며 분리독립을 요구하고 있다. 한편 남부 사람들은 통일 이후에도 오랫동안 1860년의 통일은 북부 피아몬테 지방을 근거로 한 사르데냐왕국이 자신들을 강제로 병합한 것이며, 이후 북부 출신이 중심이 된 중앙정부는 자신들을 차별하고 핍박해 왔다고 불만스러워 해 왔다.

　독일은 남부 바이에른 주민들이 유별난 지역감정을 간직하고 있다. 1871년 독일 통일 직전까지도 남부 독일의 맹주였던 이들은 프로이센이 중심이 된 통일독일 내에서 늘 자기들의 목소리를 고집해 왔다. 만일 제2차 세계대전 이후 독일을 동서가 아니라 남북으로 분단했다면, 독일 분단은 영구화됐을 것이라고 보는 사람도 있다. 제2차 세계대전 이후 바이에른 주에서는 지역정당인 기독교사회당이 집권당 자리를 독점하다시피 해 왔다.

　우리나라 경상남북도를 합한 정도에 불과한 벨기에는 네덜란드어권(플랑드르)과 프랑스어권(왈롱) 지역 간의 지역감정이 극심하다. 정당은 물론이고 대학까지도 지역에 따라 나누어졌다. 2010년에는 총선 후 지역주의 정당들 간에 합의가 이루어지지 않아 541일 동안 정부가 구성되지 못하는 일도 있었다.

　캐나다에서는 프랑스계 퀘벡 주가 심심찮게 분리독립을 요구하고 있다. 미국 역시 남북전쟁 이후 150여 년이 지났지만, 남부인들은 여전히 자기들만의 정신세계와 지역감정을 간직하고 있다. 남부연맹의 중심지였던 사우스캐롤라이나주에서 남부연맹기(旗)를 내린 것은 불과 2년 전(2015)이었다.

　지역감정 때문에 결국 나라가 찢어진 경우도 있었다. 1918년 오스트리아헝가리제국으로부터 독립한 체코슬로바키아는 체코인과 슬로바키아인 간의 갈등이 끊이지 않다가 1993년 결국 체코와 슬로바키아 두 나라로 갈라섰다. 평화적으로 분리된 체코슬로바키아는 그나마 행복한 경우였다. 1929년 성립된 유고슬라비아는 5개 나라

(세르비아, 크로아티아, 슬로베니아, 보스니아헤르체고비나, 몬테네그로)가 연방을 이루고 있었는데, 세르비아와 크로아티아 간의 갈등이 특히 심했다. 제2차 세계대전 당시 나치의 점령 아래서도 세르비아와 크로아티아는 상대방에 대한 무력공격과 학살을 일삼았다. 종전 후 티토의 영도 아래 지역갈등이 봉합되는 듯했지만, 1991년 이후 유고슬라비아를 구성하고 있던 공화국들은 차례로 독립을 선언했다. 그 과정에서 피비린내 나는 유혈 내전과 인종학살이 이어져 세계를 경악케 했다.

1991년 소련 해체 후 친러시아적인 동부지역과 친서방적인 서부지역 간의 갈등이 계속되어 오던 우크라이나에서는 2014년 내전이 발생했다. 그 결과 우크라이나 땅이던 크림 반도는 러시아에 병합되었고, 동부지역도 러시아의 지원을 받는 반군 세력의 점령 아래 놓이게 되었다.

북한에서는 평안도와 함경도 간의 지역감정이 만만치 않다. 평양에서는 사건 피의자가 함경도 말씨를 쓰면 인민보안원(경찰)들이 무조건 두들겨 패서 기선을 제압하고 본다. 함경도 사람에 대한 편견과 차별의식 때문이다. 반면에 함흥 역전에서 평안도 말씨를 쓰다가는 그 이유만으로 매를 맞거나 옷 등 소지품을 털린다고 한다. 큰 국책공사를 위해 각 지역에서 동원된 청년돌격대 안에서도 평안도 출신과 함경도 출신 간의 주먹다짐이 심심찮게 발생한다. 지금은 '유일사상체계'를 강조하기 때문에 지역감정이 잠복해 있지만, 김씨 왕조 체제가 무너지거나 통일이 되고 나면 영·호남 갈등 못지않게 격렬한 지역감정이 분출할 것이라는 관측도 있다.

하지만 지역감정이 있다고 해서 그것이 곧 '망국적' 갈등으로 이어지는 것은 아니다. 지역감정이 정치적 문제로 비화하고 그로 인해 나라가 휘청거리게 되는 것은 대개 지역감정을 조장하는 정치인들이 있기 때문이었다.

그동안 많은 이들이 지역감정이 정치적 갈등으로 번진 원인을 박정희에게서 찾는 것을 너무나도 당연하게 여겨 왔다. 박정희 정권 당시 인사나 지역개발에서 어느 정도 편중이 있었던 것은 사실이다. 이 부분을 부인할 생각은 없다. 하지만 앞에서 살펴본 것처럼 '호남 포비아'를 비롯한 지역감정은 박정희보다 훨씬 이전부터 존재해 왔다. 지역감정이 정치 현장에서 작용하기 시작한 것도 박정희 이전 상하이 대한민국임시정부 시절부터였다. 인사에서 영남 출신이 우위를 점하고 호남 출신이 열세에 처하기 시작한 것도 박정희 이전인 이승만 정권 시절부터였다. 박정희 시대에 인사 편중이 있었다고는 하지만, 그 이전이나 이후 정권보다 그 정도가 심한 것도 아니었다. 박정희가 경제개발 과정에서 동남지역에 먼저 투자한 것은 사실이지만, 이는 지역차별의 고의가 있어서가 아니었다. 가난한 나라에서 한정된 자원을 효율적으로 배분하기 위해서는 기왕에 인프라가 있는 지역, 원자재의 수입과 제품 수출에 유리한 지역에 우선적으로 투자할 수밖에 없었기 때문이다. 정치에서 지역감정을 악용하기 시작한 것도 꼭 박정희가 시초라고는 말할 수 없으며, 당대의 다른 정치인들도 크건 작건 지역감정을 조장하기는 마찬가지였다.

그럼에도 불구하고, 제3공화국 시절 대선에서 경상도 출신 찬조 연사들의 지역감정 조장 발언, 인사나 지역개발에서의 호남 편중 등을 이유로 박정희에게 지역감정에 대한 책임을 묻겠다면 할 수 없다. 하지만 박정희가 져야 할 몫만큼만 책임을 물어야 한다. 그가 실제로 했던 일 이상으로 그에게 책임을 묻거나, 지역감정을 끊임없이 확대재생산하면서 자신의 정치적 자산으로 삼았던 사람이 져야 할 책임까지 박정희에게 묻는 것은 부당하다.

김대중의 초기 측근 중 하나였던 어느 정계 원로는 필자가 지역감정의 원인을 묻자 "김대중 씨 말고는 달리 생각할 수 없다"고 대답한 적이 있다. 신복룡 교수는 이렇게 말한다.

"호남 소외가 호남에는 책임이 없다는 논리에 대해서는 깊이 생각해 보아야 한다. 호남에 대한 포비아가 일차적으로 호남에 대한 비호남인의 지역적 편견에서 비롯되었고 따라서 그 원초적 책임이 호남에 있는 것은 아니라는 논리는 타당하다. 그러나 그러한 지역적 편견에 대한 호남인의 대응이 사태를 악화시킨 측면을 간과한다면, 이는 사태의 핵심을 비켜가는 것이다."

'희생자의식 민족주의'라는 말이 있다. 자기 민족을 희생자, 피해자의 위치에 놓고, 거기서 도출되는 자기 민족의 행위는 모두가 도덕적이고 선이라고 생각하는 것을 말한다. 나치의 희생자였던 폴란드나 이스라엘, 일제의 식민지였던 한국이 보여 주는 여러 행태들을 연상하면 된다.

어쩌면 '희생자의식 지역주의'라는 말도 가능할 것 같다. 자신들을 다른 지역이 저질러 온 패권주의의 희생자로 규정하고, 다른 지역민들의 지역주의적 행태는 부당하지만 자신들의 행태는 그에 저항하는 정당한 것이라고 주장하는 행태 말이다. 이들은 자기 지역 출신 정치인이 정권을 잡으면 그동안 그를 지지해 온 데 대한 반대급부를 요구한다. 그것은 관직이 될 수도 있고, 크고 작은 이권이 될 수도 있다. 지역주의의 희생자가 패권주의적 행태를 보이는 것이다. 그러면 그에 의해 피해를 입었다고 생각하는 지역도 자기들끼리 똘똘 뭉쳐 지역주의적 행태를 보인다. 역(逆) 희생자의식 지역주의라고 할까.

1987년 이후 우리는 이런 모습을 번갈아 가면서 보아 왔다. 이제는 그런 악순환에서 벗어날 때도 되지 않았나? 그런 폐습에서 벗어나려면 지역감정의 근원부터 바로 보아야 한다. 박정희에게만, '군사정권'에게만 그 책임을 돌리는 한, 지역감정 문제를 해결할 답은 나오지 않을 것이다.

09
한·일 국교정상화가 매국賣國이라고?[*]

뭘 모르고 하는 그런 비판이 친일매국

왕 혜 숙[**]

1. 우리는 한·일 국교정상화를 어떻게 이해하고 있는가

2017년은 한국과 일본이 국교정상화를 한 지 52주년이 되는 해이다. 지난 2015년 한국과 일본의 수교 50주년을 기념하는 다양한 행사가 한국과 일본 양 사회에서 개최되었지만 시민사회나 여론의 반응은 싸늘했다. 이는 단지 2015년 한·일 간 위안부 합의를 둘러싼 양 사회의 불협화음 때문만은 아닐 것이다. 지난 50여 년간 한국과 일본의 국교정상화는 한 번도 환영받거나 긍정적으로 평가된 적이

---

* 이 글은 2015년에 출판된 졸고, "한국의 발전국가와 정체성의 정치: 박정희 시기 재일교포 기업인들의 민족주의 담론과 인정 투쟁", 『경제와 사회』 107: 244-86의 일부 내용을 발췌하여 본 출판물의 성격에 맞게 재서술한 것이다.
** 연세대학교 사회발전연구소

없었다. 이는 1965년 한국과 일본의 국교정상화에 대한 한국 사회 전반의 회의적 태도를 배경으로 한다.

특히 1965년 한·일 양국이 합의한 여러 협정 가운데 청구권협정은 이러한 비판적 시각들이 가장 매섭게 공격하는 부분이다. 이 협정을 통해 식민지 지배에 대한 배상이 적절히 이루어지지 못하였음은 물론이고 개인의 피해보상을 위한 청구권마저 국가 차원의 경제협력 해결 방식에 매몰됨으로써 오늘날 일본군 위안부 문제나 강제동원과 징용 그리고 피해보상 문제가 난항을 겪고 있는 불씨를 낳았다고 생각하기 때문이다.[1]

한·일 국교정상화에 대한 회의적 시각에는 일본에 대한 반감뿐만 아니라 박정희 정부에 대한 비판적 평가가 중첩되어 있다. 이들의 시각에서 보면, 박정희는 오직 경제개발을 위하여 "일본의 불법 침략과 식민지배에 면죄부를 주고, 식민지배의 불법적이고 반인도적인 범죄에 배상 책임을 묻지 않은 굴욕적인 한·일협정"을 맺은 장본인이기 때문이다. 이들에게 한·일 국교정상화는 박정희 정부가 차관을 대가로, 36년간의 일본의 식민지배의 민족적 수모에 합당하지 않은 헐값에 받아들인 굴욕적인 협상일 뿐이다.

한편 일본으로부터 유입된 자금들을 통해 경제개발이 이루어졌다는 사실은 민족적 자부심에 생채기를 내기에 충분하다. 외세, 그것도 하필이면 일본의 자본에 의존적이고 종속적인 경제발전을 추구했다는 비난이다. 이런 시각에서 보면 한·일 국교정상화는 한국이 세계경제와 연계되는 기회가 아닌, 일본 또는 세계 경제의 주변부로 전락하는 결과를 가져온 것으로 평가된다.

더불어 이들의 시각에서 한·일 국교정상화는 일본의 경제적 이해에 의해 일방적으로 이루어진 정치적 타결로 이해된다. 일본은 당시 자신들의 산업구조의 선진화를 해야 하는 단계에 있었다. 즉, 전후복구를 마치고 기술과 자본을 중심으로 한 고부가가치 산업으로의 전환을 모색하는 단계였고, 이를 위해서는 자신들의 산업구조를 지탱해 줄 저부가가치 산업, 예를 들어 단순제조업과 같은 노동집약적인 산업을 근거리에서 공급해 줄 신식민지가 필요했다. 바로 이러한 이유에서, 일본은 막대한 차관을 제공하고서라도 장기적인 이익을 위해 한국과 국교를 정상화하고 자신들의 산업기반 일부를 한국으로 이전하고자 했다는 주장이다. 이러한 일본의 속내도 모르고 박정희 정부는 당장의 몇 푼의 차관에 눈이 멀어 한민족의 역사와 자긍심을 돈과 맞바꾸면서 국제분업 체계의 새로운 식민지로 전락하는 길을 택한 것이라는 비난이 1965년 국교정상화를 둘러싼 비판적 시각의 요체이다.

정말 그럴까? 몇 가지 의문 제기를 통해 국교정상화에 대한 오해와 진실을 조명해 보자.

첫째, 박정희 정부만이 국교정상화를 추진했는가?

둘째, 과연 1965년 한·일 국교정상화는 일본의 이익에 의해 일방적으로 주도된, 그래서 한국에게 불리하게 합의된 결과물인가?

셋째, 국교정상화는 오직 경제적 목적을 위한 것이었나?

첫 번째 질문은 박정희 정부만이 경제개발을 위해 민족정서를 거스르면서까지 한·일 국교정상화를 추진했다는 비판에 대한 문제 제기다. 이를 위해 이승만 정부에서부터 장면 정부까지 15년간 진행된 기나긴 한·일 외교사의 연속선 상에서 1965년 한·일 국교정상화를 더듬어 볼 것이다.

　두 번째 질문은 1965년 한·일 국교정상화가 일본의 이익을 위해 일방적으로 조정되었으며, 그래서 한국에게 불리하게 졸속으로 처리된 결과물이라 해석하는 시각에 대한 문제 제기다. 이러한 시각에서는, 박정희가 친일 경력을 갖고 있었기 때문에 일본에게 일방적으로 유리한 한·일 국교정상화에 합의한 것이라는 억지 해석까지 제기되기도 한다. 이를 위해 필자는 일본 정부가 이승만 시기부터 일관되게 보여 온 한·일회담에 대한 비협조적인 태도를 짚어 보고, 20년간 별다른 진전이 없던 한·일회담을 마무리 지은 박정희 정부의 외교력 및 미국의 역할을 살펴볼 것이다. 또한 다른 해외 사례와 비교를 통해, 국교정상화 및 청구권 합의가 한국의 외교사에서 어느 정도의 중요한 의미와 결실을 가져왔는지도 되짚어 볼 예정이다.

　세 번째 문제는 당시의 한·일 국교정상화를 경제적 관점에서 주로 해석하는 시각에 대한 문제 제기다. 이러한 해석은 현재 세대가 당시 국교정상화를 차관 도입을 위해 역사를 팔아먹은 굴욕정책으로만 협소하게 이해하도록 만든다. 당연히, 이러한 시각은 한·일 국교정상화가 목표로 했던, 또는 결과로 가져온 경제외적인 효과들을 보지 못하게 만든다. 지면의 한계상 한·일 국교정상화가 가져온 여러 효과들을 모두 기술하는 것은 무리일 것이다. 따라서 이 글에서는 그중 재일교포[2]들의 법적 보호에 주목하여 한·일 국교정상화의 의의를 다시 살펴보고자 한다.

2. 박정희만 한·일 국교정상화 추진했나

당시의 경제적 상황, 외자 도입의 절실함

1961년부터 집권한 박정희 정부는 과거 이승만 시기 미국의 원조에 의존적인 수입대체 산업화 정책에서 수출주도 산업화로의 정책 전환을 시도한다. 이러한 목적을 위해 국가는 산업전략을 수립하고 시장을 지도하는 동시에 사회 영역을 동원한 결과, 한국의 발전국가는 성공적 이행을 이뤄 왔다.

하지만 한국의 발전국가가 처음부터 뚜렷한 정책적 지향과 산업 전략을 갖추고 있었던 것은 아니다. 적산 불하와 원조경제에 주로 의존했던 이승만 정부 이후, 박정희 정부는 1960년대 초반 수입대체 산업화와 농업기반 산업화(의 실패)를 거쳐 경공업 위주의 수출주도 산업화로 빠르게 전략을 전환한다. 즉, 수출주도 산업화는 그 방점이 1960년대 단순제조업과 경공업에서 1970년대 기술과 자본 집약적인 중화학공업으로 옮겨가면서 한국의 발전국가의 성공을 가능하게 한 핵심적 전략으로 자리매김한다.

수출주도 산업화를 위해 국가 차원에서 대규모 자본의 효과적인 동원을 위한 정책적 움직임들이 있었다. 가령 1960년대 은행 국유화를 시작으로 한 금융자본에 대한 국가의 지배, 수출 최우선 전략의 수립, 경제기획원의 경제 컨트롤타워화 등의 전략이 그것이다. 이는 수출을 중심으로 한 일련의 무역정책, 투자정책, 산업정책으로 구성된 정책 패키지를 통한 국가의 강한 시장 개입을 특성으로 한다.

그럼에도 불구하고, 당시 한국이 가진 자본의 규모란 대규모 공단을 전국에 걸쳐 설립하고 인프라를 설치할 역량이 되지 못했다. 박정희 정부는 내자 동원을 목적으로 부정축재자들로부터의 재산 환수와 화폐개혁(1962년), 은행의 실질적 국유화와 개발금융기관화, 금리 현실화(1965년) 등의 조치를 취했으나 대부분 소기의 자금 동원에 실패하였고, 여전히 국내 재원은 부족했다.

이러한 상황에서 수출주도 산업화를 위한 '시드머니'로서 해외 차관 도입만이 유일한 해결책으로 제시됐다. 하지만 당시 한국이 처한 상황, 즉 낮은 산업 인프라, 낮은 기술 수준, 수출 경험 부족, 자본 부족, 낮은 가격경쟁력 등의 상황에서 박정희 정부가 내세운 수출전략의 실행은 불가능에 가까웠다. '무모한 산업 육성'이라는 비판적 전망을 보이던 세계은행을 비롯한 해외기관으로부터 투자를 유치하는 것 역시 요원한 과제였다. 이승만 시기 그나마 유일한 해외 자본 유입 경로였던 미국으로부터의 원조마저 1958년부터 양적으로 감소하고 있었다. 게다가 1961년 취임한 케네디 행정부는 민정 이양이 이루어질 때까지 군사정부에 원조를 제공하지 않는다는 방침을 고수했다. 따라서 박정희 정부는 1962년부터 예정되어 있던 제1차 경제개발 5개년계획을 추진함에 있어서 심각한 자본 부족에 직면하게 되었다.

이러한 상황에서, 박정희 정부는 다양한 루트로 수출주도 산업화를 위한 시드머니를 구하고자 하였다. 서독으로의 간호사 및 광부 파견, 브라질 이민선 출발, 선원 수출과 원양어업 개척, 울산정유공장에 대한 걸프의 투자와 같은 외자 유치, 환율 현실화와 외자도입법 제정, GATT 가입, 베트남 파병 검토 등을 통해 외화수입을 극대화하고자 하였다.[3] 이렇듯 다양한 방식을 통해 박정희 정부는 제1차 경제개발계획에 소요되는 약 7억 달러 중 외자로 약 62퍼센트인 4억 2,600만 달러를 충당할 생각이었다. 그러나 계획에 착수한 지 2년이 지난 1964년 말까지 도입된 외자는 목표액의 30퍼센트에 불과했다. 결국 1965년 체결된 한·일 국교정상화로 인해 도입된 차관은 부족한 산업화를 위한 자본을 충당하는 주요 자금원이 된다.

한·일 국교정상화는 이승만·장면도 추진

박정희 정부가 추진한 수출주도 산업화에 한·일 국교정상화를 통해 도입된 차관이 중요한 역할을 한 것은 사실이지만, 일본과의 국교정상화를 시도한 것이 박정희만의 생각은 아니었다.

한·일 간의 공식 외교관계가 필요하다는 판단은 이승만 대통령 시기부터 이미 존재해 온 정책기초였다. 이승만 대통령 재임기 최초 한·일회담은 1951년 10월 20일 6·25전쟁의 혼란기 속에서 개최된다. 이 회담은 일본으로부터 일제강점기에 대한 사과와 배상을 받고 궁극적으로 양국 국교정상화를 위한 사전 준비의 성격을 지닌 예비회담으로서 10월 20일부터 12월 4일까지 총 10차례에 걸쳐 진행되었다. 이후 본격적인 한·일회담은 이승만 재임기 동안 제1차(1952. 2. 15~4. 25), 2차(1953. 4. 15~7. 23), 3차(1953. 10. 6~10. 21), 4차(1958. 4. 15~1960. 4. 15)까지, 그리고 장면 정부에서도 제5차 회담이 속개되었다. 이승만 재임기 1952년 2월부터 1960년 4월까지 8년에 걸쳐 진행된 4차례의 한·일회담은, '국교정상화'가 목적이 아니라 일본의 식민지배 행위에 대한 각성을 촉구하는 가운데 '배상' 문제에 초점이 맞추어져 있었다. 따라서 당시 회담이 소기의 목적대로 배상 문제에 대한 합의에 이르렀다 하더라도, 이것이 한국과 일본 사이의 국교 수립으로 자동적으로 귀결되지는 않았을 것이다. 다음은 이승만 대통령의 발언이다.

> 내가 김유택 총재를 주일대사로 임명했는데 김 총재더러 국교정상화 하라고 보내는 것이 아니야. 지금은 국교정상화 할 때가 아니야. 적어도 40세 이상 된 한국 사람들이 모두 죽은 뒤라야 국교정상화가 제대로 되는 거야.[4]

여기서 알 수 있듯이, 사실상 이승만은 국교정상화에 대해서는 가능성이 없다고 판단하고 있었음을 말해 준다.

배상 문제에 대한 합의 과정도 순탄치는 않았다. 이승만의 강경 입장과 반일감정은 한·일회담이 쉽게 합의에 이르지 못하는 장애물로 작용한다. 이승만은 1951년 1월 일본이 한국전에 참전한다면 한국은 공산중국군보다 먼저 일본군을 상대로 싸울 것이라는 성명을 발표할 정도로 일본에 대한 반감을 노골적으로 드러냈다. 이러한 이승만의 강경한 반일 노선은 회담 과정에서도 이어졌다. 이승만 대통령은 청구권 액수로 일본이 필리핀에 지불하기로 했던 전쟁배상금의 10배, 즉 80억 달러를 요구하는 등 무리한 합의 조건을 제시하기도 하였다.[5]

물론 이승만의 이러한 반일감정은 당시 국내 여론을 감안, 일본에 대한 강경한 모습을 보여 줌으로써 국민의 지지를 획득하고자 했던 의도로 해석되기도 한다. 더불어 이승만이 한·일회담을 개최한 의도나 그 과정에서 보여 준 강경한 태도들은, 회담이 실질적으로 일본에 대한 것이 아닌 미국에 대한 외교적 전술로 해석될 여지를 남긴다. 미국은 전후 일본의 부흥을 위해 한국보다 많은 지원을 해 오고 있었을 뿐만 아니라, 회담 과정에서도 일본의 배상 규모를 축소하기 위해 여러 차례 개입하기도 하였다. 미국이나 국제사회가 일본보다도 공산세력과의 전쟁에서 피를 흘리고 있는 한국에 더 많은 지원을 해야 한다고 생각했던 이승만으로서는 불만을 가질 수밖에 없었다. 즉, 한·일회담에서 보여 준 이승만 대통령의 강경한 반일 태도는 환태평양 안보동맹에서 일본을 중시하는 미국을 견제하고, 미국의 한국에 대한 관심과 지원을 유지하고자 하는 전략을 배경으로 한다.

이렇게 본다면, 사실상 이승만 정부 시기 한·일회담은 국교정상화도 실질적인 식민지 배상을 위한 것도 아니었다. 이는 이른바 전후 국제질서 재편 과정에서 동아시아 지역 내 우월한 지위를 확보하기 위한 외교적 접근이었던 셈이다.

장면 정부에서 한·일회담에 대해 외교적 접근이 아닌 실질적인 접근, 특히 경제적 이익과 연계시키려는 시도가 등장한다. 1960년 장면 정부에서 진행된 제5차 회담 준비 과정(1960. 10. 25~1961. 5. 18)에서, 청구권 문제와 관련한 경제협력 방식의 해결 방안이 대두되기 시작한 것이다. 1960년 제5차 회담 당시 민주당 정부는 "경제적 안정을 이룩하고 경제개발 정책을 조기에 실시하기 위하여 일본의 자금과 기술을 끌어들인다"는 실리적인 접근을 처음으로 보인다.[6] 이러한 정책 기조는 1961년 정권을 잡은 박정희 정부에 큰 지침이 된다. 그리고 박정희 정부는 특유의 추진력으로 이를 실행에 옮기는 역할을 한다. 즉, 박정희 정부는 이승만과 장면 모두 구상만 하고 15년간 이러저러한 이유로 별 소득 없이 난항을 계속하던 한·일회담에 종지부를 찍은 역할을 한 셈이다.

물론 양국 간 지난하게 전개되어 온 회담의 종지부를 너무 조속하게 졸속으로 찍었다는 비판도 존재한다. 그러나 다른 한편에서, 당시 한국이라는 신생독립국이 가지고 있던 외교 인프라를 고려한다면, 그나마 외교협상력을 가지고 있던 이승만 정부에서마저도 타결되지 못했던 것을 박정희 정부는 더욱 치밀한 외교력을 동원하여 합의에 성공시킨 결과물로 평가될 수 있다. 이승만 정부 시기 이승만 개인의 강경한 태도와 반일감정 자체도 장애물이었지만, 외교력의 미비 역시 한·일회담이 실익을 거두지 못한 이유로 꼽히기 때문이다. 그런 점에서, "청구권 협정은 단순한 역사적 사건이 아닌 외교교섭의 산물이다." 합의 결과는 당연히 불완전할 수밖에 없으나 "그와 같은 불완전함 속에서도 한국 정부가 빈약한 외교 인프라 속에서 패전국이긴 하나 한때 제국주의 국가로서 막강한 외교 진용과 경험을 그대로 유지하고 있던 일본을 상대로 13년 8개월간의 치열한 교섭 끝에 도출해 낸 성과물의 의미"는 결코 퇴색되어서는 안 될 것이다.[7]

식민지배에 대한 청구권 합의 이끌어 낸 유일한 사례

일본의 배상 문제를 식민지 지배 피해에 대한 배상이 아닌 모호한 '청구권'으로 하고 국가 차원의 경제협력 방식으로 타결지은 당시의 합의는, 현재의 시각에서 본다면 미완의 식민지 청산으로 평가될 수도 있다. 그러나 종전 이후 국제질서 재편의 맥락에서 당시 청구권 합의를 평가해 볼 경우 그 의미는 달라진다.

2차 세계대전 후 국제질서는 승전국인 48개 연합국과 패전국인 일본 사이에 맺어진 샌프란시스코조약에 기초하여 재편되었다. 이 조약은 일본의 전쟁 책임과 배상 문제를 종결하기 위한 것이었으며, 당연히 일본은 패전국으로서, 그리고 48개 연합국들은 전승국 자격으로 조약에 참여한다. 그렇다면 이 조약에 한국은 어떤 지위로 참여하여 일본에 대한 배상 책임을 물을 수 있었을까? 종전 당시 한국은 일본의 식민지였으며, 따라서 한국은 전승국도 패전국도 아닌, 굳이 엄밀히 말하면 바로 패전국인 일본의 일부였다. 샌프란시스코조약이 체결된 1952년 이전인 1948년 한국 정부가 수립되었다고는 하나, 종전 시점에 한국 정부는 존재하지 않았다. 또한 본 조약의 성격 역시 전쟁으로 인한 피해 보상을 논의하는 것이었기 때문에, 일본과 교전국이 아니었던 한국(조선)은 조약에 참여할, 그래서 일본에 대해 전쟁배상을 청구할 자격도 없었다.

그렇다면 '전쟁배상'은 아니더라도 '식민지배로 인한 피해에 대한 배상'은 받을 수 있었을까? 당시 샌프란시스코조약은 교전관계에 대한 배상, 즉 전쟁피해에 대해서 구제받을 수 있는 법적 근거를 마련한 것이며, 식민지배 관계에서 식민지배국의 피지배국에 대한 배상 의무를 인정하는 국제법 상의 근거나 원칙은 존재하지 않았다. 당연히 종전 이전 식민지배국이 피식민 국가 또는 지역에 대해 식민지배 통치에 대한 배상을 자발적으로 행한 사례 역시 존재하지 않는다.[8] 따라서 앞서 보았듯이 이승만이 일본에 대해 식민지배에 대한 배상을 요구한 것은 민족감정 상 제기할 수 있는 주장이긴 하나, 당시로서는 법적 근거도 선례도 없는 주장이라 할 수 있다. 즉, 당시의 국제법 상 한국이 36년간 식민통치에 대한 배상을 일본에 요구하는 것은 불가능한 상황이었다. 이승만이 대일청구권의 근거로 삼았던 필리핀은 전승국 자격으로 일본에게 전쟁피해 배상금을 받은 것이었기 때문에 사실상 한·일 간의 청구권 문제와는 전혀 성격이 다른 사례였다. 물론 이승만은 이를 몰랐을 리가 없고, 그가 전략적으로 법적 근거가 없는 무리한 대일청구권을 제기한 것 역시 실제로 일본으로부터 배상금을 받는 것이 목표가 아니라 미국을 견제하기 위한 것이었음을 앞서 지적한 바 있다. 이런 상황에서 본다면, 1965년 한·일간 청구권협정은 식민지배에 대한 배상을 받은 최초의 사례라 할 수 있다. 물론 일본은 '배상금' 대신 '독립축하금'이라는 명목으로 청구권을 인정하였다. 그러나 배상, 보상, 독립축하금, 격려금, 그 어떤 명칭을 사용하든, 전후 식민지배에 대한 경제적 청구권을 인정한 사례는 전 세계적으로 한·일 청구권이 최초인 셈이다.

최근 이탈리아 – 리비아(2008), 영국 – 케냐(2013), 영국 – 인도(2016) 등 과거 피식민국가들이 서구 열강의 식민지배에 대한 경제적 배상을 요구하는 사례들이 일부 등장하기 시작하였다. 이렇게 볼 때 박정희의 한·일 청구권협정은 이미 반세기 전에 식민지배 국가를 대상으로 취약한 국제환경 속에서 식민지배에 대한 청구권 합의를 이끌어 낸 셈이다. 그런 점에서 "일본의 과거 역사에 대한 인식과 교섭 태도, 교섭 과정에서의 미국의 직·간접적인 관여, 한국의 빈약한 외교 인프라 여건 및 교섭능력 등 교섭에 영향을 미친 여러 가지 요소들과, 한국 정부가 그러한 방식으로 타결할 수밖에 없었던 당시의 시대적 요구사항 등을 종합적으로 고려할 때, 청구권협정은 한국의 외교교섭사"는 물론 세계의 전후 외교사에서도 중요한 의미를 지닌 성과물로 인정받고 재평가되어야 할 것이다.[9]

3. 일본은 기꺼이 국교정상화를 하려 했는가

한·일 국교정상화가 15년의 기나긴 협의 과정에 종지부를 찍게 된 것이 박정희 정부의 역할과 공이기보다는, 일본이 자신들의 국익을 위해 적극적으로 협상에 임했기 때문이라고 여전히 의심의 눈초리를 던지는 이들이 있을 것이다. 앞서 서두에서 밝혔듯이, 당시 일본은 6·25전쟁을 계기로 전후복구를 마치고, 자국 경제의 산업구조 선진화를 위해 한국이라는 새로운 식민지, 즉 새로운 수출시장과 저가의 노동력 공급처가 필요했다. 그렇기 때문에, 뛰어난 외교력으로 일본과의 협상 과정을 성공적으로 마무리한 박정희 정부의 역할이 없었더라도, 일본과 미국의 이해에 따라 언젠가는 타결되었을 결과물이라고 보는 시각이 존재한다.

그러나 실제, 1950년대까지만 해도 한·일회담에 대한 일본의 태도는 비협조적이었다. 이들은 이승만 정부가 거액의 대일청구권 요구를 준비하고 있음을 이미 예상하고 있었다. 이에 대비해 일본 정부는 민간 일본인들의 재(在) 조선 재산에 대한 청구권, 이른바 역(逆) 청구권 내지 대한(對韓) 청구권 주장을 제기하고, 그리고 이를 한국 측이 주장하는 대일청구권과 일괄 상쇄하는 방안을 준비하고 있었다. 이들은 어차피 일본의 재조선 재산을 반환받거나 보상받을 수 있다는 기대는 거의 없었다. 한국이 주장하는 대일청구권과 일본의 역청구권, 양자를 상쇄하는 전략으로 최대한 시간을 끄는 것이 일본 정부의 노림수였다. 일본 정부의 미온한 대응 또는 오히려 국교정상화를 지연시키려는 의도는 '구보타 발언'으로 유명한 당시 한·일회담의 일본 측 대표 구보타 간이치로(久保田貫一郎)가 다음과 같이 당시 일본 정부의 태도를 회상하는 데에서도 잘 드러난다.

> 일본의 외무대신이나 당 수뇌부는 "해, 해" 하면서도 전혀 열의가 없었다. 위에서 적극적으로 무언가 해 보려 하지 않았기 때문에 나로서는 어려웠다.[10]

1960년대 들어 일본은 한·일회담에 보다 적극적인 태도를 보이기 시작한다. 1960년 새로운 일본 총리 이케다는 한국과의 국교정상화 합의에 강한 의욕을 보이기 시작한 것이다. 그렇다면 왜 일본은 기존 입장을 번복하고, 갑자기 한국과 파트너십을 형성하려는 태도 변화를 보였는가?

1950년 말부터 일본은 전후복구를 마치고 높은 경제성장세를 보이며 발전한다. 그러나 곧 일본은 임금 상승이라는 공급 측면의 문제와 미국의 보호주의 강화라는 수요 측면의 문제에 직면하게 된다. 이러한 상황은 일본으로 하여금 산업정책의 수정을 요구하였다. 즉, 일본은 노동집약적인 경공업을 임금이 낮은 주변국에 이전하는 대신, 본국 경제는 부가가치가 높은 중화학공업 위주로 산업을 재편하고자 하였다.[11] 동시에 자국 시장 보호를 위해 미국 정부가 일본 상품 수입 쿼터를 갈수록 제한해 가고 있던 시점에서, 일본은 한국을 통한 우회수출을 효과적인 해결책으로 선택하게 된다.

그러나 국교정상화 추진 배경에 일본의 경제적 이해만이 있었던 것은 아니었다. 안보 차원에서 당시 일본 언론과 자민당 내에서 대두된 부산적기론(釜山赤旗論), 즉 한국이 공산화되어 부산에 적기가 꽂히게 되면 일본 역시 공산주의의 위협으로부터 자유로울 수 없다는 논리는 일본이 한·일 국교정상화를 추진한 또 다른 동기였다. 왜냐면 이 논리는 일본의 장래에 있을지 모를 공산화의 우려를 막기 위해 한·일 국교의 조속한 정상화뿐 아니라, 평화헌법을 고쳐 군비를 강화하고 본격적인 재무장을 해야 한다는 입장과도 연결되기 때문이다. 이러한 논의들은, 한·일 국교정상화가 일본의 경제적 이해가 일방적으로 관철된 것이 아니라, 양국의 정치적, 안보적 이해가 결합된 결과임을 말해 준다.

일본과 한국의 이해가 교차된 결과 추진된 국교정상화였지만, 그 과정은 순탄치 않았다.

첫 번째로, 언급할 필요가 없을 정도로 거센 국내 여론의 저항은 한국 정부에게 가장 큰 장애물이었다. 이러한 반대에는 단순히 일제 식민지 경험에서 비롯된 민족주의 감정과 이승만 정부가 한껏 고조시킨 반일감정뿐만 아니라, 실리적인 측면에서 일본과의 수교가 향후 한국 경제를 잠식할 것이라는 국내 기업인들의 우려, 그리고 국교정상화와 동시에 추진되던 어업협정으로 인한 피해를 두려워한 국내 어민들의 반대가 덧입혀져 있었다.

두 번째로 이러한 국내 저항은 일본 정부 역시 부딪치고 있던 문제였다. 일본 사회 내에서도 하청 중소업자 단체들, 가공업체들, 서일본 영세어민들을 중심으로 반대 여론이 만만치 않았다.[12] 또한 "너무 이해타산만 앞세우는 일본 사람들", "일본 측의 무성의한 태도로 인한 민간 차관 취급의 지연", "경제적 동물", "야누스적 두 얼굴" 등 당시 언론의 표현에서 알 수 있듯이,[13] 일본 정부의 태도가 그렇게 우호적이지 않았음을 알 수 있다.

상황을 정리해 보자. 한국은 국내 여론의 극심한 반대에도 불구하고 경제개발을 추진하기 위한 자본금이 필요했으며, 이를 대일청구권을 통해 조달하고자 하는 계획을 가지고 있었다. 일본은 이승만 정부 시기부터 한·일 국교정상화 및 청구권 합의에 매우 비협조적인 태도를 견지해 왔다. 그나마 1960년대 내수시장의 필요에 의해 우호적인 태도로 변화하긴 하였으나, 막대한 청구자금을 주면서까지 한국과 수교를 맺어야 하는가에 대해 정부 내부의 의견 분열은 물론 일본 사회(영세어민, 중소기업)의 부정적인 여론에 부딪혀 일본 정부는 미온적인 태도를 보이고 있었다.

결국 이러한 우호적이지 않은 상황에서, 한·일 국교정상화에 결정적 종지부를 찍은 것은 미국의 압력이라 볼 수 있다. 1962년 1월 5일 라이샤워(Edwin O. Reischauer) 주일 미국 대사는 국무부의 지시로 일본 이케다 총리를 면담했다. 다음은 라이샤워의 발언 내용의 일부이다.

> 한일 양국 간 한일회담을 타결할 가장 좋은 기회이며, 이 기회를 놓치면 회담이 지연될 가능성이 있어요. 한국이 주장하는 대일청구권 8억 달러 또는 12억 달러는 너무 많으니 5억 달러 이하로 하고, 그중 일부를 청구권 지불액이 되도록 한국 측을 설득하겠습니다. 한국 경제발전을 위해 일본의 원조는 불가결하며, 일본자본의 도입, 기술원조의 실시가 매우 중요합니다. 미국, 서독, 이탈리아, 영국 등의 자본이 점차 한국에 진출하고 있는데, 일본이 시간을 끌 경우 일본 제품의 한국 진출이 어려워요.[14]

위의 인용문은 일본이 한국과의 회담에 얼마나 수동적이고 미온적이었는지를 보여 줄 뿐만 아니라, 동시에 한·일협정의 교섭 과정에 미국이 큰 영향을 미쳤음을 잘 보여 준다. 특히 가장 논란이 되었던 청구권 액수가 미국이 중재한 금액인 5억 달러(3억 달러의 무상 원조와 2억 달러의 공공차관)에서 결정되었다는 점은 미국의 영향력을 잘 보여 준다.

그렇다면 왜 미국은 양국이 수교를 맺도록 중재자 역할을 자처했을까? 중국이 공산화된 후 미국의 동아시아 정책 기조는 일본을 중심으로 하는 지역통합 전략으로 선회한다. 1950년대 말 미국은 전후 최초로 달러위기에 봉착했고, 그 결과 지금까지의 무상원조를 위주로 한 개발원조 정책을 유지하기 어렵게 되었기 때문이다. 더불어

개발원조 정책이 제3세계 국가들의 경제적 자립에 효과적이지 않다는 판단에 근거해서, 미국은 원조를 차관으로 돌리면서 일본에게 이 지역에 대한 경제, 군사적 지원의 일부를 분담토록 하는 정책을 추진하게 된다. 이러한 구상이 실현되기 위해서는 한국과 일본의 수교는 우선적으로 해결되어야 할 문제였다. 이는 미국이 일본은 물론 한국 정부에게 지속적으로 압력을 넣은 배경이며, 이것이 실질적인 결과를 맺게 된 것이 박정희 정부에 들어서 가능해진 것이다.

따라서 앞서 기술했던 국교정상화에 대한 오해, 즉 한·일 간의 국교정상화는 일본의 이해에 의해 졸속적으로 처리되었다는 이해는 역사적 사실들에 위배됨을 알 수 있다. 일본은 경제적, 안보적인 이유로 국교정상화를 어느 정도 필요로 하긴 하였으나, 이에 대한 찬반 의견이 분분한 가운데 적극적으로 한·일회담에 응하지 않았다. 한·일회담 과정에서 일본이 보여 준 회담 지연 시도나 고압적 태도들이 이를 보여 준다. 이러한 회담이 국교정상화에 대한 합의에 이를 수 있었던 것은, 한국 정부의 적극적 교섭력과 미국의 압력에 의한 것이라 할 수 있다.

한국의 입장에서, 청구권 합의로 인해 직접적으로 제공된 차관도 중요했으나, 이는 10년에 걸쳐 제공되는 것이었기 때문에 즉각적인 효과를 보기는 힘들었다. 그보다 한국 정부가 의도한 더 큰 효과는 국교정상화를 통해 일본 시장과 연계되고 그럼으로써 얻게 될 해외 수출의 기회였다. 일본과의 동맹이 가져온 해외시장에 대한 접근성은 박정희로 하여금 수출주도 산업화 전략을 신념을 가지고 추진해 나갈 수 있도록 해 주었다. 일본 기업은 한국 시장에 부족한 신용과

생산재, 기술 등을 제공했을 뿐만 아니라, 자신들의 한국 파트너 기업들이 경쟁이 심한 미국 시장에 진출하는 것을 도왔다. 아무리 국가가 기업들에게 높은 신용과 보조를 제공한다고 해도, 기업의 브랜드 이미지와 질이 중요한 해외시장에서 신생독립국의 무명 기업이 판로를 개척한다는 것은 거의 불가능하기 때문이다. 수출에 대한 경험과 지식이 부족한 한국으로서는 일본 수출시장과의 연계는 수출주도 산업화 전략으로의 전환에 중요한 디딤돌이었다. 이러한 관점에서 본다면, 수교보다 청구권 문제에 초점을 맞추고 회담에 응했던 이승만과 달리, 박정희는 청구권 문제보다는 수교에 회담의 목적을 두고 있었다고 볼 수 있다. 이는 박정희가 조속히 청구권 문제를 일단락 짓고 일본과 국교를 회복함으로써 더욱 장기적인 관점에서 세계경제의 흐름을 활용하여 수출주도 산업화를 추진하려는 의도가 반영된 것이라 할 수 있다.

4. 국교정상화는 오직 경제개발을 위한 차관 도입이 목적이었나

재일교포들의 법적 지위

미국의 중재로 결국 한·일 양국은 1961년 10월 제6차 한·일회담과 1964년 12월 3일 재개된 제7차 한·일회담을 통해 국교정상화에 합의하고 1965년 2월에 기본조약을, 4월에 청구권협정과 어업협정,

재일교포의 법적 지위에 관한 협정을 가조인하고, 최종적으로 1965년 6월 22일 한·일기본조약과 4개 부속협정을 체결하였다. 당시 체결된 협정들 가운데 청구권협정에 가려 다른 부속협정들의 내용은 상대적으로 주목을 받고 있지 못하고 있다. 다음의 박정희 대통령의 담화문을 보면 국교정상화를 통해 한국 정부가 모색했던 목표들이 잘 드러난다.

> 친애하는 국민 여러분!
> 한일간의 국교를 정상화함에 있어서 나와 현정부가 크게 배려한 것은 무엇보다도 우리의 원통스러운 과거를 청산하고 호혜평등, 협동, 전진의 앞날을 다짐하는 기본관계의 설정이었고, 다음으로는 대일평화조약에 규정된 청구권문제, 한국연안의 어족자원보호와 100만 어민의 장래를 보장하는 어업협정문제, 일본땅에 버려진 채 정당한 대우를 받지 못하고 있는 60만의 재일교포의 처우문제, 그리고 우리의 귀중한 문화재를 돌려받는 문제였습니다. ("한일회담 타결에 즈음한 특별담화문", 1965년 6월 23일)

한·일 간 국교정상화는 단순히 배상금을 둘러싼 청구권의 문제뿐만 아니라 국교 단절로 인해 초래된 다양한 경제외적인 문제들을 해결하고자 하는 목표를 가지고 있었다. 특히 한·일 국교정상화의 부속협정들 가운데 상대적으로 주목받고 있지 못한 재일교포들의 법적 지위에 대한 협정이 그것이다. "일본땅에 버려진 채 정당한 대우를 받지 못하고 있는 60만의 재일교포"들의 법적 지위에 대한 합의가 어떠한 의미를 가지고 있는지를 중심으로 한·일 국교정상화가 가지고 있었던 경제외적 중요성을 살펴보자.

앞서 박정희 대통령의 주장을 그대로 받아들인다면, 한·일 국교정상화는 단순히 식민지배에 대한 피해보상을 청구권의 형식으로 처리하고 그 대가로 차관을 도입하는 것을 목적으로 하는 경제적 차원 외에도, 재일교포들의 인권 문제에 대한 정부의 관심과 재외국민에 대한 정부의 최소한의 보호를 목표로 추진된 것이라고 볼 수 있다. 물론 재일교포에 대한 언급은 당시 국교정상화를 굴욕외교라 반대하던 시민사회의 비판적인 여론을 잠재우기 위해 박정희 정부가 명목상으로 제시한 이유였을 뿐이라고 비판받을 수도 있다. 그렇다면, 당시 일본 사회에 있던 재일교포들의 규모는 어느 정도였으며, 이들은 실제 양국 간의 국교 단절로 인해 어떠한 문제를 겪고 있었을까?

역사적으로 한국인의 일본 이주가 본격화된 시기는 1910년의 한일합병 이후로 볼 수 있다.[15] 이들은 유학, 취업, 강제동원 등 다양한 이유로 일본으로 이주한다. 식민지배기에 걸쳐 지속된 이주의 결과, 1945년 8월 제2차 세계대전이 끝날 무렵 일본에 체류하고 있던 조선인은 약 200만 명으로 추정된다. 이들 가운데 강제연행으로 일본에 끌려간 사람들과 유학을 목적으로 도일한 사람들, 약 150만 명은 종전 직후 연합군최고사령부(SCAP)의 귀국 프로그램을 통해 조선으로 귀국하였다. 그러나 약 60만에 달하는 조선인들은 귀국 프로그램이 공식 종료된 1946년 12월 이후에도 조선으로 귀국하지 못하고 다양한 이유로 일본에 정착하게 된다.[16] 일본 재류를 선택한 조선인들 대다수는 전시 동원기 이전, 즉 1910~30년대에 생계를 위해 일자리를 찾아 자발적으로 일본으로 이주를 결정한 이들이다. 그런

만큼 이들은 일본에서 오래 거주했기 때문에 고국의 생활기반이 취약할 뿐만 아니라, 귀국자들로부터 한반도의 혼란한 정치, 경제 상황을 전해 듣고 귀국을 보류하거나 단념하게 된다. 즉, 해방된 조국에 돌아가도 여전히 생계가 막막한 이들, 귀국을 위한 노자조차 준비할 수 없는 형편의 사람들, 또는 이미 일본에 경제적 터전을 닦은 이들은 일본에 남을 수밖에 없었다.[17]

문제는 종전과 해방 이후 일본 사회에서 이들의 지위가 모호해졌다는 점이다. 해방 이후 재일조선인들의 지위에 대한 김범수의 설명에 따르면,[18] 1910년 조선 병합 이후 일본 정부는 조선인에게 일본 국적법을 직접 적용하지는 않았으나 실질적으로 해외 거주자를 비롯한 모든 조선인을 '일본인'으로 처우하였다. 이에 따라 일제 시기 일본에 재류하던 모든 조선인은 비록 호적제도 등에 의해 '내지(內地) 일본인'과 구별되긴 하였으나 법적으로는 '일본인'의 지위를 유지하고 있었다. 그러나 1945년 8월 15일 일제 패망과 함께 이들의 국적과 법적 지위는 모호해졌다. 이는 부분적으로 당시 연합군 최고사령부의 모호한 태도에 기인한다. 연합군 최고사령부는 1945년 11월 1일 연합군 최고사령관 명의로 발표한 「일본 점령 및 관리를 위한 연합군 최고사령관에 대한 항복 후 초기 기본지령」이라는 제목의 포고문에서 '대만계 중국인 및 조선인을 군사상 안전이 허용하는 한 해방민족(liberated nationals)으로 취급하겠지만 그들이 과거 일본제국의 신민(Japanese subjects)이었기 때문에 필요한 경우 적국민(enemy nationals)으로', 즉 '일본인'으로 처우할 것이라는 입장을 표명한다. 이러한 상황에서 일본 정부는 '영토주권 변경과 그에 따른 주민의 최종적 국적 변동은 평화조약에 의한다'는 전통 국제법 이론에 근거, 아직 평화조약이 체결되지 않았다는 이유로 일본에 재류하는 조선인의 법적 지위를 공식적으로는 제국 시기와 마찬가지로 '일본인'으로 유지하였다. 일본 정부는 그러나 1952년 4월 28일 샌프란시스코 평화조약 발효와 함께 일본에 재류하는 조선인들의 일본 국적을 박탈하고 이들을 외국인으로 처우하기 시작하였다. 이 조치에 따라 제2차 세계대전 종전 이후 일본에 정착한 조선인들은 당시 일본이 남·북한 어디와도 공식적 외교관계를 맺고 있지 않았기 때문에 사실상 어떤 국가로부터도 법적 보호를 받을 수 없는 '무국적자'가 되었다.

60만 재일교포의 국적을 어떻게 결정할 것인가의 문제는 1951년 10월 도쿄에서 한·일 양국 간 국교정상화를 위한 예비회담이 개최된 이래 1965년 6월까지 7차례에 걸친 한·일회담에서 청구권 문제, 독도 영유권 문제, 평화선 문제, 어업협정 문제 등과 더불어 가장 중요한 문제 가운데 하나였다.

이승만 정부의 기민(棄民)정책

한국 정부는 해방 이후 재일교포들의 처우 문제에 대응하기 위한 노력을 시작했다. 이승만 정부는 1949년 1월 주일대표부를 설치하여 재외국민 등록 업무를 시작하였다. 또한 1951년 10월 예비회담으로 시작한 한·일협정 과정에서 이승만 정부는 일본에 사는 조선인들이 대한민국 국민임을 확인하려 하였으며, 이후 1952년 2월 15일 도쿄에서 열린 제1차 한·일회담에서도 일본에 거주하는 재일교포가 대한민국 국민이라는 입장을 견지하였다. 특히 '법적지위분과위원회' 논의 과정에서 이승만 정부는 일본과 "평화조약 발효 후는 재일동포는 한국의 국적을 소득(所得)케 됨을 확인할 것과 이들 한국인에 대해서는 일정한 기한은 될 수 있는 대로 관대한 취급을 할 것 등에 대해서 의견의 일치를 보았다."

그러나 사실상, 이승만 대통령 재임기의 한국 정부의 재일조선인들에 대한 정책은 '기민(棄民)정책'으로 압축적으로 정의될 수 있다. 한국 정부 스스로도 해방 후 재외동포 정책과 관련해서 "국내 정세 혼란 및 한국전쟁으로 인한 피해 복구에 급급한 나머지 해외동포 문제는 신경을 쓸 여유가 없었다"고 서술하고 있기 때문이다.[19] 아래의 이승만 대통령의 담화문은 당시의 기민정책 기조를 유지한 원인을 짐작하게 한다.

일본에 재류하는 동포들이 이번 총선거에 입후보 하는 사람이 잇다고 하야 거류민단의 요청으로 선거에 참석한다 하니 동포의 책임으로나 그 애국심을 가상(嘉賞)은 하나 일본은 지금 우리나라 전 재산의 85퍼센트를 저이 것이라고 하고 우리나라의 가장 최소한의 요구도 다 거부하고 우리가 어업선을 그어 양편이 평화롭게 살자는 것은 다 거부하고 우리 어장(漁場)을 빼스려 하며 일본정부당국이 선전하기를 저의 국군을 확장한 뒤에 한일 문제를 해결하며 또 일본 해군은 싸우라는 말만 잇으면 한국과 싸운다 하며 친일파를 보호해서 이전 이조 때 모냥으로 한국을 먹으랴하니 총선거에 당하야 물자를 잠입케 하야 저의 친일 하는 사람으로 정권을 도모하랴는 이때에 지금 일본에 잇는 한인 중에는 공산당원이 적지 안어서 지금도 종종 아편과 군기 등속을 틈틈이 잠매해서 지하공작을 도모하는 이때에 우리가 이번 한인 동포가 업슬 줄은 알지만 혹 이런 사람의 선거 운동을 하게 되면 대단히 위험하니 물론 이런 사실을 알면 누구나 투표를 행할 사람이 업슬 것이니 이런 점을 내가 재일 교민단에 알게 하라고 지시햇으나 일반 내외 인민들은 이대로 알고 일본과 한국 사이에 내왕 하는 것은 선거 끗날 때까지는 엄금하니 살펴보아야 할 것이다.[20]

위의 연설문을 통해, 재일조선인 문제에 대한 이승만 정부의 미온한 태도에는 두 가지 문제가 결부되어 있음을 짐작할 수 있다. 첫 번째는 앞서 확인했듯이, 한·일회담에서 한국 정부의 목적은 일본 정부와의 배상 문제 해결에 있었으며, 국교나 재일교포들의 지위에 대한 문제는 그 우선순위가 밀리는 사안이었다. 두 번째로 친일 인사 및 친북 인사들에 대한 경계가 배경으로 작용했음을 알 수 있다. 이승만 대통령은 해방 이후 도일한 친일파들이 재일교포 사회에 신분을 숨기고 있으며, 재일교포들을 일괄적으로 대한민국 국민으로 인정할 경우 이들 친일 인물들이 자신의 과거 경력을 숨기고 다시 한국 사회로 돌아올 것을 염려하였다. 이는 이승만 대통령의 강경한 반일 노선의 연장이라 할 수 있다. 더불어, 이승만 대통령의 강경한 반공 노선은 재일교포를 가장한 친북 인물들이 한국 사회에 잠입하는 계기가 될 수 있음을 경계하였다. 실제 1955년 총련이 결성되자 모든 재일교포들의 한국 입국을 금지하기도 하였다.

1959년에 재일교포의 북송이 시작되자, 한국 정부도 뒤늦게 재일동포들의 귀환 문제를 한·일회담에서 거론하였지만, 전반적으로 이승만 재임기 한국 정부는 재일교포들의 처우 개선을 위해 적극적인 자세를 보이지는 않았다. 결국 재일조선인들은 해방 이후 이승만 재임기까지, 그리고 길게 1965년 국교정상화가 되기 이전까지 약 20년 동안 무국적자라는 불안정한 지위로 인해, 생명과 재산에 대한 최소한의 보호도 일본 사회로부터, 그리고 본국인 한국으로부터도 보장받지 못하고 있었다. 아래 기사에서 보듯이, 일본 사회에서 조선인들은 언제든지 자신들의 주거지로부터 강제퇴거당하거나 일정 규모 이상의 재산을 보유하지 못하는 등 식민시기부터 지속되어 온 일본의 조선인들에 대한 차별에 무방비로 방치되어 있었다.

종전 이전부터 일본에 거주하는 교포는 일본의 식민지 정책 바람에 우리 본토에서 살 수 없게 되어서 일본으로 건너간 사람이거나 또는 일본의 강제징용으로 끌려간 사람들이다. 일본에 조금이라도 자기의 업장(業障)에 대한 회오의 기색이 있다고 하면, 일본에 한줄기의 눈물이 있다고 하면 일본은 죄 없이 고생한 그들에 대하여서는 일본 국민 이상의 후대가 있어야 마땅할 것이다. 그럼에도 불구하고 그들은 우리 교포를 마치 유랑민처럼 천시하고 나아가서는 불구대천의 원수처럼 적대시하여 지금까지 여러 가지로 차별대우를 하여왔는데 이는 실로 불쾌하고도 괘씸한 짓이었다. 그런데 이번 협정을 보면 주권에도 상당한 제한이 있고 강제퇴거사유도 상당히 광범위하게 되어있어 차별대우가 철폐되지 않았다. 우리는 왕년에 일본이 재일교포를 북송한 비인도적 처사를 아직도 잊지 않고 있다. 일본은 우리 교포에 대하여 '달면 삼키고 쓰면 뱉는' 식의 처우를 하여 왔는데 앞으로 그런 처사가 없다는 것이 충분히 보장되어있지 않다.[21]

재일조선인들이 무국적자로서 일본 사회에서 경험할 수밖에 없었던 차별은 다음 기사들이 잘 보여 준다. 이들은 교육, 경제적 측면에서 외국인이 누리는 지위조차도 보장받을 수 없었다.

처음 일본에 와 45원씩을 받고 노동을 하다가 해방을 맞았으나 '금의'는 고사하고 제대로 입고갈 옷조차 없어 고향에 돌아가지 못했다고 한다. [⋯] 그는 지금도 '마츠고로(上田松五郞)'라는 일본 이름을 써야 그나마 장사가 되고 또 아이들이 백안시를 당하지 않고 일본학교에 다닐 수 있는 현실을 서러워하고 있다. [⋯] 밖에서는 일본인, 안에서는 한국인으로 생활해야 하는 서러운 이중상이 교포사회가 지닌 큰 모순상 [⋯].[22]

[⋯] 교포들에 대한 차별과 멸시는 정도의 차이는 있지만 일본전역에 공통된 현상이고, [⋯] 조센징이라고 하는 일종의 멸시는 너무나 일반화돼있어 문제제기도 힘든 실정이긴 합니다. [⋯] 조센징이란 호칭은 교포의 2세 교육과 그들의 사회진출에 치명적인 타격이 되고 있습니다. 취직뿐 아니라 장사도 제대로 버젓한 것은 되기 힘듭니다. 그래서 돈을 벌었다는 교포들은 대개 카바레 빠찡꼬 음식점 등 서비스업이나 부동산투자가 고작입니다. 심지어 민단간부까지도 명함을 두개 갖고 다녀야하는 실정입니다.[23]

이들의 생활을 위태롭게 한 것은 일본 사회로부터의 차별만이 아니었다. 남한과 북한에 개별적으로 정부가 수립되고, 6·25전쟁으로 인한 분단 상황이 고착화되면서, 그로 인한 이데올로기적 대립이 재일교포 사회 내부에서 첨예하게 전개되었다. 남과 북, 서로 고향이

다르다는 이유만으로, 그리고 서로 다른 정부를 지지한다는 이유로 재일교포들은 서로 갈등과 반목을 반복하였다. 아래 기사에 나타난 민단과 조(총)련계의 갈등은 재일교포 사회의 분열과 갈등을 대변한다. 이들 재일교포 사회는 어떤 의미에서 남한과 북한 사이의 대리전이 전개되고 있던 양상이었다. 더불어 나날이 침투해 오는 북한의 적극적인 포섭 전략에 재일교포들은 그대로 노출되어 있었다.

> 생활의 이중성과 아울러 정치적인 분열은 교포사회의 특수성을 또 하나 단적으로 표시하고 있다. 前記 李씨가 살고 있는 다리 밑 부락의 경우 15세대의 교포 중 3세대가 민단, 4세대가 조련, 8세대가 중립계로 나누어져 있다. 같이 日本에 건너와, 같이 고물상을 하고 있으면서도 그들은 각기 다른 조국을 가지고 있다. 한쪽으로는 일본사회에 같이 끼어들어야하는 이중상에 고민하면서, 한쪽으로는 또 헐뜯고 싸우는 삼중상을 벌이고 있는 현실은, 그것이 무방비상태로 버려져있기 때문에 더 심각할 때가 많다.[24]

당시 재일교포들은 한국과 일본의 정상적인 국교가 수립되지 않았다는 이유로 무국적자로 취급되어, 외국인으로서 받아야 하는 최소한의 신체와 재산의 보호조차 받지 못하고 있었다. 이러한 불안정한 지위로 인해 재일교포들은 일본 사회로부터의 차별을 그들 스스로 견뎌 내야만 했다. 더불어 이러한 불안정한 지위를 빌미로 귀화를 요구하는 일본 정부의 협박과 회유, 그리고 북한 정부로부터의 포섭 공작에 지속적으로 노출되어 있었다. 어떤 형태로든지 이들을 보호하지 않는다면, 이들은 자신들의 생명과 재산의 보호를 위해 일본 귀화를 선택하든지 아니면 북한을 선택해야 하는 기로에 놓여 있었다. 이러한 상황에서 한국과 일본의 국교가 정상화된다는 것은, 재일교포들에게는 적어도 외국인으로서 일본 사회에서 적법한 보호를 받으며 살아갈 수 있음을 의미한다.

국교정상화의 부속협정으로 체결한 「대한민국과 일본국 간의 일본에 거주하는 대한민국 국민의 법적 지위와 대우에 관한 협정」은 1966년 1월 16일 정식 발효되었다. 이후 본협정에서 재일교포의 영주권 신청 마감 기간으로 언급한 협정의 효력발생일(1966년 1월 16일)로부터 5년의 기간, 즉 1971년 1월 16일까지 재일교포 신청 유자격자 55만 9,147명 가운데 35만 1,955명이 대한민국 국민 자격으로 영주권을 신청하고 이들 가운데 34만 2,366명이 최종 심사를 통과하여 일본 정부로부터 일본에서 살 수 있는 영주권을 부여받았다. 이로 인해 해방 이후 20년간 일본 사회에 사실상 방치되어 온 재일교포들은 일본 사회의 일원으로서 그리고 한국 사회의 국민으로서 보호를 받을 수 있는 권리를 되찾게 된다.

5. 1965년 한·일 국교정상화 이후

재일교포, 조국의 경제발전에 기여

한·일 국교정상화는 재일교포들이 일본 사회의 당당한 일원이 되는 계기가 되었을 뿐만 아니라, 공식적으로 한국 사회의 국민으로서 인정받는 계기가 되었다. 한국과 일본 사이의 공식적인 수교관계가 맺어짐에 따라 재일교포들은 한국 사회와 직접적으로 연결되는 계기를 마련한다. 이들은 더 이상 '상상의 공동체'의 일원이 아니라 실질적으로 한국 사회와 연결되기 시작한다.

특히 재일교포들이 한국 사회와 직접적으로 연결되는 계기는 모국의 경제발전에 적극적으로 참여하면서부터이다. 국교 수립 이전에도 재일교포들은 비공식적인 루트를 통해서 한국 사회와 연계된 경제활동을 도모해 왔었다. 1959년 6월 재일 한국 경제인의 전국 조직인 '재일한국인경제연합회'가 설립되었으며, 1962년에는 '재일한국상공인연합회'가 결성되어 "재일 동포의 경제력을 최고도에 결집하여 민족자산의 토대를 쌓아올리고, 민족 진영에서 각 기관의 활동에 협조"하고자 하는 의지를 다지고 있었다.[25]

당시 재일교포들은 중국, 사할린, 미국 등지의 다른 교포들보다 역사적으로 먼저 이주를 시작했으며, 지리적으로 가장 가까운 경제 선진국인 일본에서 경제 기반을 확립하고 있었다. 이들은 1965년 한·일 국교정상화 이후 재일조선인들에 대한 법적 지위 협정이 체결된 이후 자발적으로 한국 국적을 선택, 취득한 이들로, 주로 오늘날 남한지역(대구, 경북, 부산, 제주 등) 태생의 사람들이다. 아래의 기사에서 보듯이, 이들은 애향심과 경제력을 기반으로 한국 정부의 경제개발에 지대한 관심을 보이고 모국 발전에 기여하고자 하는 강한 의지를 표명해 왔다. 이런 배경에서 이들은 1950년대 말부터 모국 발전에 기여하고자 하는 의지를 한국 정부에게 강력하게 피력해 왔고, 장면 정부는 직접적으로 재일교포들에게 국내 투자를 촉구하기

도 하였다.[26]

> [⋯] 일본에 살고 있는 우리교포들도 조국의 근대화에 참여해야 되지 않
> 을까 하는 의무감 같은 것을 느끼고 있습니다. [⋯] 2차5개년계획도 이런
> 박력으로 추진해서 하루빨리 선진공업국이 되길 바랍니다. [⋯] 본국에서
> 잘하면 그것이 곧 우리 자랑이 되고 우리 입장도 강화되니까요. [⋯] 여건
> 만 허락된다면 모국에 시설 기술 자본을 들여오려는 의욕은 높습니다. [⋯]
> 교포들의 재력은 충분합니다. 대개 동경, 대판 등 대도시에 사는 우리 교
> 민들의 10% 이상이 억대 이상의 재산소유자입니다. 그러니 본국으로 자
> 유로이 투자할 수 있는 길만 열린다면 많은 도입을 상상할 수 있습니다.[27]

특히 이러한 재일교포들의 존재, 즉 경제력을 갖추고 모국 발전
에 기여하고자 하는 재일교포들은 박정희 정부에게는 반가운 존재
였다. 박정희 정부가 처해 있던 당시 상황, 즉 단절된 미국의 원조와
장기화가 예상되는 한·일회담으로 불투명한 일본의 차관 유입 등의
당시 상황을 감안해 보면, 당시 정부는 외자 유치에 발목 잡힌 상태
였다. 이러한 상황에서 정부가 기대할 수 있는 유일한 자금원은 재
일교포들이었다. 게다가, 재일교포들의 자본은 한·일 국교정상화를
위한 예비회담이 한껏 불붙여 놓은 국민들의 반일 민족주의적 감정
을 우회할 수 있는 통로이기도 하였다.

결국 박정희 정부가 의욕적으로 추진했던 경제개발 5개년계획의
자금원은 재일교포 기업인들로부터 나왔다. 국교정상화 이전부터
이미 박정희 정부는 재일교포들의 한국 투자 유치를 위한 작업에 들

어간다. 1963년 1월부터 1964년 8월까지 1년 8개월간 유입된 재일교포들의 재산은 공식 통계로 2,569만 달러로 알려져 있다. 당시 아직 국교정상화가 체결되기 전인 이 시기에, 재일교포 기업인들이 재산 유입 명목으로 도입한 외화가 한국의 외자 유치의 시작이었다.

무엇보다 수출주도 산업화에 있어서의 재일교포들의 기여는 한국 발전국가의 기틀을 이룬 '구로수출공단' 형성의 초기자본 투자에서 가장 빛을 발한다. 한국 정부는 재일교포 기업인들의 요청에 따라 수출산업공업단지를 만들기 위해 1964년 「수출산업공업단지개발조성법」을 제정하고, '한국수출산업공단'을 설립하였다. 이 공단은 정부의 지원 아래 재일교포들의 수출산업을 모국에 유치하는 일을 주목적으로 설립되었다. 이것이 바로 한국의 발전국가 전반기의 경공업 위주의 수출주도 산업화의 진원지인 구로공단이다.

구로공단은 명실공히 한국 최초의 공업단지이며, 1980년대 중반까지 한국 전체 수출액의 10퍼센트를 차지하기도 하였다. 표 1에서 보듯이, 1960년대 구로공단에 입주한 전체 31개 기업 중에 재일교포 기업은 18개로 국내기업 10개보다 많은 수를 차지하고 있다. 또한 국내기업의 과반수는 구로공단이 안정기에 접어든 1967년부터 입주한 것을 볼 때, 초기 구로공단 형성에 있어서 재일교포들의 기여는 결정적인 것이었다. 구로공단에 참여한 재일교포 기업인들은 단순히 자본 제공을 넘어서, 일본의 정교하고 세밀한 선진 기술과 경영 노하우를 아무런 조건 없이 이전하는 등 큰 역할을 한다.[28] 구로공단 이후에도 재일교포 기업인들은 마산 수출자유구역, 반월공단 등에 진출하며 지방경제 발전에도 크게 기여하는 역할을 한다.

표 1 구로공단 제1단지 입주 추이(1965~1967)

구분	1965	1966	1967	계
교포기업	10	4	4	18
국내기업	5	1	5	11
외국기업	-	-	2	2
계	15	5	11	31

한국수출산업공단, 『한국수출산업공단 50년사』(1984), 184쪽.

그런 점에서 이들의 모국 투자는 한국 발전국가의 성공적인 도약을 위한 발판이 된 셈이다.

재일교포, 한국 사회의 일원으로

재일교포들의 기여가 단순히 경제 부문에만 한정된 것은 아니다. 오히려 이들의 기여는 다양한 교육, 문화 사업, 지역사회 발전의 영역에서 빛을 발한다. 6·25전쟁에 참전한 재일학도의용군과 위문주머니부터 시작해서 IMF 엔화송금운동까지, 이들은 한국이 여러 위기에 직면할 때마다 발 벗고 위기 극복에 도움을 주기 위해 노력해왔다. 뿐만 아니라 1965년 국교정상화를 계기로 대한민국의 국적을 선택한 재일교포들은 대부분 남한 지역 출신들이었다.[29] 그런 만큼 재일교포들은 자기 고향에 대한 특별한 애착을 가지고 지역사회의 발전에 남다른 관심을 보였다. 1960~70년대 산림녹화사업은 물론 제주도 지역경제와 관광산업의 발전 모두 재일교포들의 관심과 투자를 통해 이루어진 결과물들이었다.

이러한 모국에 대한 기여는 재일교포들의 이미지 제고에도 중요한 결과를 가져왔다. 박정희 정부 이전까지 한국 사회는 재일교포들을 부정적인 시각으로 바라봐 왔다. 한국 사회가 재일교포들을 어떻게 재현하고 표상해 왔는가에 대한 연구들은 공통적으로, 1960년대 이전까지 '일본 사회의 차별 때문에 병들어 있는 비극적이고 불쌍한 한민족'이라는 이미지가 형성되어 있었음을 지적한다.[30] 그러나 이러한 동정적 시각만 있었던 것은 아니다. 때로 이들은 질시와 배제, 경계의 대상이기도 했다. 특히 재일교포들의 경제적 지위가 높아질수록 이러한 시각은 더욱 강화되었다. 권혁태는 한국 사회의 재일조선인에 대한 이미지를 '대체로 한국말을 잘 못하는 반(半) 쪽발이', 총련 등에서 연상되는 '빨갱이', 그리고 '경제대국 일본의 자본주의를 배경으로 한 부자(졸부)' 세 가지로 요약하는데, 이는 당시 한국 사회가 재일교포들에게 부여하고 있던 부정적 정체성을 집약적으로 보여 준다. 즉, 한국 사회가 바라볼 때, 이들은 일제 식민지배 기간에 조국을 등지고 떠난 것은 물론 해방 이후에도 일본 체류를 선택한 이들이며,[31] 해방 이후의 냉전과 분단 상황에서 대다수 북한의 이데올로기에 포섭된 이들, 그리고 일본에서 기피되는 사업에 종사하여 벼락부자가 된 이들이다.

박정희 시기, 국교정상화와 함께 재일교포 기업인들이 적극적으로 모국의 경제발전과 고향사회의 발전에 기여하게 되면서 이러한 부정적 시각은 크게 변화한다. 먼저 과거 이들을 '반쪽발이'로 부정적으로 바라보던 시각은 '조국 발전에 기여하고자 하는 한민족의 일원'으로 변화한다. 또한 조총련으로 대표되는 '빨갱이' 이미지 역시 반공을 내세운 '민단'에 의해 대체되고 있다. 마지막 '졸부'의 이미지 역시 일본 사회의 차별과 핍박에도 불구하고 어렵게 성공한 입지전적 인물로, 그리고 이제 조국 발전에 기여하고자 하는 '민족자본가'로 새로이 평가를 받는 계기가 된다. 결국 한·일 국교정상화를 계기로 재일교포들과 한국 사회 사이의 경제적, 사회적 교류가 활성화되면서, 그들에 대한 기존의 부정적인 이미지들이 수정되고 대한민국의 일원으로서 자리매김하게 된다.

6. 결론

한·일 국교정상화로 한국은 수출주도 산업화로의 발판을 다질 수 있었다는 경제적 효과와 함께 재일교포들의 권익을 향상시킴으로 재외국민들의 인권보호를 위한 조치를 취할 수 있었다. 재일교포들은 다시 모국의 경제발전과 지역사회 발전에 기여하며 대한민국의 국민으로서 그리고 당당한 한민족의 일원으로서 재평가되는 계기가 마련되었다. 특히 재일교포들의 지위 향상과 관련해서 국교정상화는 명분과 실익을 모두 얻어 내는 성과를 거두었다고 볼 수 있다.

물론 어떤 관점에서 그 효과를 평가하는가에 따라 여전히 한·일 국교정상화에 대해서는 엇갈린 평가가 존재한다. 역사에 대한 다양한 해석과 시각은 당연히 공존해야 한다. 다만, 이 글은 과거의 역사적 사건에 대해 근거가 모호한 부정적인 시각만이 팽배한 현재의 역사 인식에 몇 가지 문제를 제기함으로써, 박정희 시기를 균형 잡힌 시각에서 바라보고 평가해 보는 계기를 마련하는 것에 목적이 있다. 이 글에서 강조한 한·일 국교정상화의 경제적, 경제외적 효과들을 더욱 잘 이해하기 위해서 하나의 역사적 가정을 해 보면, 현재 우리에게 요구되는 균형 잡힌 역사 인식이란 무엇인지, 그 답은 더욱 명확하게 드러난다. 만일 1965년 한·일 국교정상화를 하지 않았더라면? 그래서 국교수립의 조건으로 식민지배에 대한 것이든 전쟁에 대한 것이든, 또는 배상금 형식이든 독립축하금 형식이든, 당시 대규모의 차관이 도입되지 않았다면? 그리고 여전히 일본과 국교를 단절한 상태로 더불어 세계경제로부터도 고립된 채 반세기를 보냈더라면? 이러한 역사적 가정들은 우문일 뿐이지만, 북한이라는 폐쇄된 사회를 한반도 이북에 마주보고 있는 우리의 현실은 이미 '현답'을 알고 있다.

지난 2015년 위안부합의 이후 1965년 국교정상화에 대한 비판적인 시각이 다시 힘을 얻고 있다. 이들은 1965년 한·일협정이 위안부라는 존재에 대한 묵살을 근거로 이루어졌으며, 이것이 현재까지 위안부 피해자들에 대해 일본 정부가 제대로 된 사과와 배상을 거부하는 법적 근거를 제공했다고 비판한다. 그러나 한국을 포함한 동아시아에서 일본 위안부의 문제가 발견되고 공론화되기 시작한 것은 1990년대에 들어서이다.[32] 과거 정부가 위안부 문제에 대해 인지를 하고 있었는지는 확실하지 않다. 이승만 대통령 재임기 한·일회담에 참여한 일본 측 문건에서 '위안부' 관련 내용이 등장하는데, 1952년 5월 19일 제2차 회담 청구위원회 제2차 회의에서 한국 측이 일본 측에 '위안부 보관금' 문제를 거론한 부분이 발견된다. 그 내용은 아래와 같다.

한국여자로서 전시에 해군이 관할했던 싱가포르 등 남방에 위안부로 갔다가 돈이나 재산을 놓고 귀국한 사람들이 있으며, 군 발행의 수령서를 보여주면서 무언가 해 달라고 오는데 사회정책적으로 동 수령서를 담보로 돈을 빌려준 경우도 있다. 후에 일본 자료를 통해 실태를 확인해 나가길 원한다.[33]

당시 기록으로 볼 때 한국 정부는 일본군 '위안부'의 존재를 인지하고 있었던 것으로 볼 수 있다. 다만, 현재 알려진 바와 같이 전시 중 성폭력의 희생자로서가 아니라, 단순히 재산청구권(미수금)과 관련한 문제로 인식하고 있었던 것으로 보인다. 박정희 정부 역시 위안부 문제에 대해 이승만 정부와 유사한 인식 및 정보를 가지고 있었을 것으로 보인다. 이는 비단 특정 정권의 문제는 아닐 것이다. 1991년 우리 사회에서 위안부라는 존재가 발견되기 이전, 한국 사회 역시 이 문제의 실체에 대해서 인지하지 못하고 있기는 마찬가지였다. 따라서 당시 한·일협정에서 적시한 '대일청구요강'에 현재 논의되고 있는 위안부 문제에 대한 합의가 포함된 것이라고 보기는 어려우며, 당연히 박정희 정부가 일본 정부에게 위안부 피해자에 대한 배상 책임에 대해서 면죄부를 주었다는 주장은 근거가 없다.

그렇다면, 1965년 한·일협정이 위안부 문제에 대해서 일본 정부에게 어떤 형태로든 면죄부를 주었으며, 이후의 개인 청구권까지도 박탈하는 법적 근거를 제공했다는 주장은 어디서 나온 것일까? 이는 한·일협정을 매우 자의적으로, 그리고 포괄적으로 해석하고 있는 일본 측의 주장에 불과하다. 일본 정부는 1965년 한·일 간 체결한 기본조약과 청구권협정을 통해 위안부 문제는 물론 모든 식민지배 시기 동안 자행된 범죄에 대한 배상은 종결되었다고 주장한다.[34] 경북대학교 법학전문대학원 김창록 교수의 말을 인용하면, "일본 측이 1992년에야 인정한 위안부 피해가 1965년에 해결됐다는 것은 난센스"라면서 "위안부 피해는 애당초 '청구권협정'의 대상이 아니었다"고 해석한다. 그는 협정을 체결했을 당시 양국이 합의했던 청구권 대상에 위안부 피해자들은 포함되지 않았기 때문에 위안부 문제는 협정의 영향을 받지 않는다고 주장한다.

해당 협정의 법리적 논쟁을 규명하자는 것이 아니다. 문제는 1965년 국교정상화의 의미와 이를 추진한 박정희 정부를 비판하는 이들이 이러한 일본 측 주장을 공공연하게 받아들이고 있다는 사실이다. 이들은 박정희 정부에 의해 졸속으로 한·일 국교정상화가 추진되었으며, 이 과정에서 위안부 문제나 임금 체불에 대한 문제 역시 일괄적으로 박정희가 일본 측에게 유리하게 합의를 해 준 것이라는 일본 정부의 주장을 그대로 반복하며 박정희를 비판한다. 아이러니하게도 이들은 박정희를 비판하기 위해 일본의 주장을 곧이곧대로 믿고 있는 셈이다.

1 유의상, 『대일외교의 명분과 실리: 한일 외교문서의 실증적 분석을 통한 청구권 교섭과정의 복원』 (역사공간, 2016), 13-14쪽.

2 조선의 식민지배 시기 일본으로 이주하여 종전 이후에도 잔류하게 된 이들은 재일조선인, 재일한 인 등 다양한 용어들로 지칭된다. 이 글의 목적상, 본문에서는 이들을 지칭하는 용어의 역사성과 그에 따른 구분을 엄밀히 따르기보다는, 맥락에 따라 '재일교포' 또는 '재일조선인'이라는 용어를 혼용할 것이다.

3 김일영, 『건국과 부국』(생각의 나무, 2004), 360쪽.

4 "일본 외교문서에 나타난 1965년 한일협정 뒷얘기", 『월간조선』 2016년 3월호, 230쪽. 기사에는 해당 발언이 1965년 6월에 한 것으로 기록되어 있다. 그러나 당시는 이승만 대통령의 임종 한 달 전으로 건강이 극도로 악화된 시기이다. 따라서 해당 발언은 1965년에 언급된 것으로 보기는 힘들 고, 다만 1965년에 기록으로 남겨진 것으로 추정된다.

5 일본은 1955년 5월 필리핀의 8억 달러(무상지원 5억 5천만 달러, 상업차관 2억 5천만 달러) 배상 요구를 그대로 수용했다.

6 한상일, 『의제로 본 한일회담』(선인, 2010). 여기서 한상일은 민주당 정부가 일본의 자금과 기술 도입을 위해 청구권 문제의 해결을 서둘렀다고 진단한다. 그의 해석을 따른다면, 일본과의 경제 협력과 청구권 문제를 연계시키려는 시도는 장면 정부에서 처음 시작된 것이다.

7 유의상, 『대일외교의 명분과 실리』, 17쪽.

8 한영수는 이탈리아 - 리비아 우호관계조약 체결(2008), 헤레로(Herero)족의 독일 상대 배상소송사 건 등과 같은 국제 사례들과 비교를 통해, 한·일 간 청구권 합의를 식민지배에 대한 경제적 배상 을 이끌어 낸 유일한 사례로 평가한다. 이탈리아 - 리비아 우호관계조약의 경우, 이탈리아가 리비 아의 식민지배에 대해 사죄는 했으나 협정문 본문에도 배상이라는 단어는 등장하지 않는다. 독일 은, 전후 전쟁피해 및 유대인 학살 관련 책임은 배상으로 해결한 사례가 있으나, 과거 식민지배에 대해 배상이라는 용어는 공식적으로 인정한 바가 없다(한영수, "한일 국교 정상화에 대한 오해를 바로잡는다", 『박정희 정신』 1: 122-33 (2017).

9 유의상, 『대일외교의 명분과 실리』, 474쪽.

10 "일본 외교문서에 나타난 1965년 한일협정 뒷얘기", 229쪽.

11 "조인완료, 지금부터 시작이다"; 『동아일보』 1965년 6월 23일; "현해탄에 물결 높다", 『동아일보』 1965년 6월 29일.

12 "서일본 영세어민", 『동아일보』 1966년 1월 18일.

13 "일본의 한일좌표: 아시아외교", 『동아일보』 1965년 9월 29일.

14 "일본 외교문서에 나타난 1965년 한일협정 뒷얘기", 221-22쪽.

15 『일본제국통계연감』을 인용한 연구에 따르면, 1909년 당시 재일조선인 인구는 790명으로 기록되어 있다(최영호, "재일교포사회의 형성과 민족 정체성 변화의 역사", 『한국사연구』 140: 67-97, 2008).

16 1944년 말 일본에 체류 거주하던 조선인 총수가 193만 6,843명이고, 1947년 9월 일본국 내무성 이 조사한 재일조선인 수는 총 52만 9,907명인 것을 보면, 약 140만 명의 사람들이 해방 직후 귀 국하였다(위의 글, 87쪽).

17 "코리안의 고동: 세계로 향하는 한국, 한국인, 한국상품(上)", 『동아일보』 1966년 7월 30일, 6면.

18 김범수, "박정희 정권 시기 '국민'의 경계와 재일교포: 5·16 쿠데타 이후 10월유신 이전까지 신문

기사 분석을 중심으로", 『국제정치논총』56(2): 171(2016).

19 국가안전기획부, 『21세기 국가발전과 해외민족의 역할』(1998), 5쪽(조경희, "한국사회의 '재일조선인' 인식", 『황해문화』 57: 48(2007)에서 재인용).

20 "재일교포의 입후보에 대하여"(1954년 4월 28일 연설), 공보실, 『대통령이승만박사담화집 2』, 1956.

21 "우리는 앞날을 걱정한다: 졸속과 저자세로 이루어진 회담 가조인을 보고", 『경향신문』1965년 4월 5일자.

22 "코리안의 고동: 세계로 향하는 한국, 한국인, 한국상품(上)".

23 "재일교포 이렇게 살고 있다", 『동아일보』1968년 2월 27일자.

24 "코리안의 고동: 세계로 향하는 한국, 한국인, 한국상품(上)".

25 나가노 신이치로(永野慎一郎), 『한국의 경제발전과 재일한국인기업인』(말글빛냄, 2010), 52-53쪽.

26 "재일교포 거액투자희망", 『동아일보』1960년 10월 31일자.

27 "성장하는 모국과 교포", 『경향신문』1967년 4월 29일자.

28 구로공단에 입주한 전기와 전자, 합성화학, 철강, 유압 등도 인력보다 기술력이 우선시되는 분야였으며, 포항제철과 기아자동차 설립시에도 핵심기술자들은 일본에서 왔는데, 이들은 사실상 재일교포였다. 따라서 산업화 초기 모국에 진출한 재일교포 기업들은 한국의 중화학공업 발전의 기초를 세웠다고도 볼 수 있다(재일동포모국공적조사위원회, 『모국을 향한 재일동포의 100년 족적』, 재외동포재단, 2008, 87쪽).

29 2007년 12월 말 재일한국인 59만 3,489명 가운데 31만 2,500명, 즉 52.7퍼센트가 경상도 출신, 그리고 제주도 출신이 9만 5,247명(16.1%)이다(나가노 신이치로, 『한국의 경제발전과 재일한국인기업인』, 256쪽).

30 권혁태, "'재일조선인'과 한국사회: 한국사회는 재일조선인을 어떻게 '표상'해왔는가", 『역사비평』78: 234-67(2007); 조경희, "한국사회의 '재일조선인' 인식", 46-75쪽; 최영호, "재일교포사회의 형성과 민족 정체성 변화의 역사"; 김태식, "누가 디아스포라를 필요로 하는가: 영화 〈엑스포70 동경작전〉과 〈돌아온 팔도강산〉에 나타난 재일조선인 표상", 『일본비평』4: 224-47(2011). 물론 이는 세대별로 차별화된 이미지를 보여 주기도 한다. 일제강점기에 도일한 1세대는 주로 강제연행이나 종군위안부로 일본에 끌려왔거나, 독립운동 과정에서 일본 제국주의에 의해 희생된 존재들로 그려지며, 한민족 정체성을 강하게 유지하고 있는 반면, 이들의 자녀인 2세대는 자의든 타의든 일본 사회와 국가에 동화해 가면서 자신의 정체성에 혼란을 느끼며 방황하는 존재로 그려진다.

31 "과거 가난했던 시절에 시작된 자발적 이민자에 대한 곱지 않은 감정"은 재일교포 일반에 대한 부정적 시각이다("돈 받고 싶으면 일본인이 돼라? 조국의 '모욕'", 〈오마이뉴스〉 2012년 6월 29일, http://www.ohmynews.com/NWS_Web/View/at_pg.aspx?CNTN_CD=A0001748825&CMPT_CD=P0001).

32 구체적으로 한국에서 위안부 문제가 '발견' 및 공론화되기 시작한 것은 1991년 일본군 위안부 피해자였던 김학순 씨의 증언 이후이다.

33 "일본 외교문서에 나타난 1965년 한일협정 뒷얘기", 231쪽.

34 1965년 체결한 협정의 제2조 3항에는 "본 협정의 서명일에 타방체약국의 관할하에 있는 것에 대한 조치와 일방체약국 및 그 국민의 타방체약국 및 그 국민에 대한 모든 청구권으로서 동일자

이전에 발생한 사유에 기인하는 것에 관하여는 어떠한 주장도 할 수 없는 것으로 한다"고 명시돼 있다. 일본 정부는 이 조항을 들어 위안부 문제는 이 협정으로 이미 '끝난' 사안이라고 주장한다("1992년 인정한 '위안부' 피해, 1965년 배상 끝났다?", 〈프레시안〉 2014년 7월 9일, http://m.pressian.com/m/m_article.html?no=118576).

박정희 바로 보기
우리가 알아야 할 9가지 진실

1판 1쇄 발행일 2017년 10월 16일
1판 3쇄 인쇄일 2022년 12월 24일

지은이 송복 | 김인영 | 여명 | 조우석 | 유광호 | 류석춘 | 이지수 | 최종부 | 배진영 | 왕혜숙
펴낸이 안병훈
펴낸곳 도서출판 기파랑
디자인 커뮤니케이션 울력
등록 2004년 12월 27일 제300-2004-204호
주소 서울특별시 종로구 대학로8가길 56(동숭동 1-49) 동숭빌딩 301호
전화 02-763-8996(편집부) 02-3288-0077(영업마케팅부)
팩스 02-763-8936
이메일 info@guiparang.com

ISBN 978-89-6523-677-1 03300